टीवी पत्रकारिता पुस्तकमाला 3

टीवी एंकरिंग

चैनलों के चेहरे

टीवी एंकरिंग

चैनलों के चेहरे

डॉ. श्याम कश्यप • डॉ. मुकेश कुमार

राजकमल प्रकाशन

ISBN : 978-81-267-2869-5

मूल्य : ₹ 550

पहला संस्करण : 2015

प्रकाशक : राजकमल प्रकाशन प्रा.लि.
1-बी, नेताजी सुभाष मार्ग, दरियागंज
नई दिल्ली-110 002

शाखाएँ : अशोक राजपथ, साइंस कॉलेज के सामने, पटना-800 006
पहली मंजिल, दरबारी बिल्डिंग, महात्मा गांधी मार्ग, इलाहाबाद-211 001
36 ए, शेक्सपियर सरणी, कोलकाता-700 017

वेबसाइट : www.rajkamalprakashan.com
ई-मेल : info@rajkamalprakashan.com

मुद्रक : बी.के. ऑफसेट
नवीन शाहदरा, दिल्ली-110 032

CHAINALON KE CHEHRE
by Dr. Shyam Kashyap & Dr. Mukesh Kumar

श्रृंखला के बारे में

भारत इस समय एक तरह की समाचार क्रान्ति से गुज़र रहा है। न्यूज़ चैनलों की बाढ़ आई हुई है। हर तरफ़ कैमरे नज़र आ रहे हैं और टीवी पत्रकार ख़बरों का पीछा करते दिख रहे हैं। टीवी ने मध्यवर्गीय समाज का रूपान्तरण इस अन्दाज़ में कर दिया है कि टीवी न्यूज़ उसकी दैनिक ख़ुराक का हिस्सा बन गई है। अब इससे प्रेम करे या घृणा, मगर इसके बिना वह रह नहीं पाता है। उसकी तमाम चर्चाओं में कहीं न कहीं से टीवी समाचार आ ही जाते हैं। यह इस बात का प्रमाण है कि वह इनसे किस हद तक प्रभावित है। टीवी न्यूज़ के इस क्रान्तिकारी विस्तार के साथ-साथ टेलीविज़न पत्रकारिता के प्रशिक्षण संस्थानों की भी बाढ़ आई है। इन संस्थानों की बहुत ही महत्त्वपूर्ण भूमिका इस अर्थ में रही है कि इन्होंने टीवी न्यूज़ के इस तेज़ विस्तार को पत्रकार उपलब्ध करवाकर सहयोग किया है। लेकिन यह सच्चाई भी किसी से छिपी हुई नहीं है कि ज़्यादातर संस्थानों में प्रशिक्षण की समुचित व्यवस्था नहीं है।

जहाँ तक विश्वविद्यालयों और उनमें थोक के भाव से खुल रहे पत्रकारिता और जनसंचार विभागों का सवाल है, तो एकाध अपवाद को छोड़कर, वे ज़्यादातर 'सेल्फ़-फाइनेंसिंग स्कीम' के तहत चल रहे हैं। इस तरह वे हज़ारों और लाखों में फ़ीस की मोटी रक़में वसूलनेवाली दुकानों की तरह हैं। 'फेकल्टी' का हाल यह है कि ज़्यादातर विभाग 'गेस्ट फेकल्टी' के बल पर चल रहे हैं। अगर इन विभागों में इक्का-दुक्का स्थायी नियुक्तियाँ होती भी हैं, तो अधिकांश शिक्षक ऐसे होते हैं, जिनका व्यावहारिक पत्रकारिता से कोई लेना-देना ही नहीं रहा। प्रिंट पत्रकारिता की पढ़ाई तो फिर भी किसी तरह से इधर-उधर की कुछ किताबों के बल पर खिंच जाती है, लेकिन टेलीविज़न पत्रकारिता के नाम पर मामला बिलकुल गोल नज़र आता है। शिक्षक ज़्यादातर ऐसे होते हैं जिन्होंने न कभी कैमरा हैंडल किया, न कभी किसी टेलीविज़न स्टूडियो के दर्शन किए। पाठ्य-सामग्री के नाम पर कुछ भी नहीं है। विश्वविद्यालय अनुदान आयोग (यूजीसी) के अन्तर्गत पाठ्यक्रम तैयार करनेवाले भी ज़्यादातर उसी श्रेणी में आते हैं, जिनका व्यावहारिक ज्ञान लगभग शून्य होता है। नतीजतन, ऐसे पाठ्यक्रम तैयार होते हैं, जिनकी उपयोगिता टेलीविज़न पत्रकारिता

की व्यावहारिक दुनिया में बिलकुल सिफ़र होती है। विश्वविद्यालयों के ऐसे विभागों से आनेवाले प्रशिक्षु पत्रकारों को कुछ सिखाने से पहले सीखे हुए को भूलने की हिदायत दी जाती है।

प्रशिक्षण-सामग्री का न होना उससे भी बड़ी वजह रही है। ख़ास तौर पर भारतीय भाषाओं में तो टीवी पत्रकारिता के बारे में पढ़ने-पढ़ाने के लिए किताबें या तो लिखी ही नहीं गईं या फिर वे ऐसी नहीं हैं जो इस कमी को पूरी तरह से भर सकें। हिन्दी में तो हालत यह है कि एक भी ढंग की किताब उपलब्ध नहीं है। सब कुछ विदेशी किताबों के आधार पर चल रहा है। ये किताबें, ज़ाहिर है कि पश्चिमी परिवेश को ध्यान में रखकर लिखी गई थीं और भारतीय सन्दर्भ में उनकी उपयोगिता सन्दिग्ध है। तकनीकी स्तर पर इतना कुछ बदल गया है कि पाँच साल पहले लिखी गई किताब भी आज अपनी प्रासंगिकता खो देती है। हाँ, कुछ बुनियादी जानकारी हासिल करने तक के लिए तो वे ठीक हैं मगर मातृभाषा में यही सब बहुत आसान और ग्राह्य हो जाता है। इसीलिए पिछले कई वर्षों से यह बात उठ रही है कि टेलीविज़न पत्रकारिता की पढ़ाई के लिए हिन्दी या किसी भी भारतीय भाषा में एक भी ढंग की किताब आख़िर क्यों नहीं है? प्रिंट पत्रकारिता पर तो बहुत सारी किताबें लिखी गई हैं। उनमें से कई बहुत अच्छी भी हैं और वे छात्रों की ज़रूरतों को काफ़ी हद तक पूरा करती हैं। प्रिंट पत्रकारिता की पढ़ाई इसीलिए भी थोड़ी आसान हो जाती है क्योंकि यह अब काफ़ी पुरानी हो चली है और अच्छे पेशेवर पत्रकारों की भी हमारे यहाँ कमी नहीं है।

लेकिन टेलीविज़न के मामले में ऐसा नहीं है। यह एक बिलकुल नया माध्यम है। टेलीविज़न के आविष्कार को अभी सौ साल भी पूरे नहीं हुए हैं। यही हाल टीवी की पढ़ाई का है। वह तो और भी नई है। अगर इक्का-दुक्का संस्थानों को छोड़ दें तो टेलीविज़न पत्रकारिता की पढ़ाई को दो दशक से भी ज़्यादा नहीं हुए हैं। टेलीविज़न पत्रकारिता भी सही मायनों में डेढ़-दो दशक पुरानी ही मानी जाएगी। एक तरह से देखा जाए तो प्राइवेट चैनलों के आने के बाद से ही इसे एक विशिष्ट पहचान मिली है। इस हिसाब से यह हद से हद डेढ़ दशक पुरानी बात मानी जाएगी। कहने का मतलब यह है कि जब टेलीविज़न पत्रकारिता ही अपने शैशव में है तो उसकी पढ़ाई कैसे व्यवस्थित और परिपक्व हो सकती है? यही वजह है कि टेलीविज़न पत्रकारिता के अभी जितने भी संस्थान हैं, वे बहुत अच्छा प्रशिक्षण नहीं दे पा रहे हैं और मेधावी छात्र अपनी लगन, मेहनत और व्यावहारिक स्तर पर काम करके ही ख़ुद को तैयार करते रहे हैं। इसमें प्रशिक्षण संस्थानों का योगदान केवल इतना है कि वे उन्हें मोटे तौर पर टेलीविज़न पत्रकारिता की दुनिया से परिचय-भर करवा देते हैं।

ज़ाहिर-सी बात है कि टीवी पत्रकारिता की पढ़ाई और उसमें गुणात्मक परिवर्तन लाने के लिए ज़रूरी है कि उसकी अध्ययन-सामग्री पर ज़ोरदार ढंग से काम किया

जाए। टीवी पत्रकारिता के विभिन्न आयामों पर श्रृंखलाबद्ध ढंग से पुस्तकें लिखने के पीछे हमारा यही इरादा है। इस श्रृंखला के तहत हम टीवी पत्रकारिता के सम्पादकीय और तकनीकी, दोनों ही पक्षों पर बराबर ध्यान दे रहे हैं। प्रिंट पत्रकारिता के मुक़ाबले टीवी में ये दोनों पक्ष एक-दूसरे से बेहद नज़दीकी से जुड़े हुए हैं। किसी भी अच्छे टीवी पत्रकार के लिए यह जानना अनिवार्य है कि कैमरे का बढ़िया ढंग से कैसे इस्तेमाल किया जाए या फिर वीडियो एडिटिंग के समय अपनी रिपोर्ट को कैसे प्रभावी बनाया जा सकता है। इस जानकारी के बिना वह टीवी पत्रकार अधूरा ही रहेगा। तकनीक से जुड़े और भी कई पहलू हैं जिन पर हम अपनी श्रृंखला में जानकारियाँ देंगे।

इस श्रृंखला की पुस्तकों के लेखन के समय हमारा सबसे ज़्यादा ज़ोर इस बात पर रहा है कि छात्रों की पाठ्यक्रम से जुड़ी आवश्यकताएँ तो इससे पूरी हों ही, साथ ही यह भी पता चले कि टीवी पत्रकारिता की दुनिया कैसी है, वहाँ कैसे काम होता है, किस तरह के परिवर्तन वहाँ घटित हो रहे हैं और इन सबके मद्देनज़र ख़ुद को कैसे तैयार किया जाए। हम कोई दावा तो नहीं करते, लेकिन हमें इस बात का भरोसा है कि यह श्रृंखला न केवल छात्रों के लिए अत्यन्त उपयोगी साबित होगी, बल्कि उनके अध्यापकों के लिए भी मददगार सिद्ध होगी। इसके अलावा टेलीविज़न के इतिहास और उसकी दुनिया को जानने के उत्सुक सामान्य पाठकों को तो यह श्रृंखला रुचिकर लगेगी ही।

चूँकि टेलीविज़न पत्रकारिता की शिक्षण-सामग्री तैयार करने के लिए हमारे जानते यह पहला महत्त्वपूर्ण प्रयास हो रहा है इसलिए हम प्रशिक्षण जगत से जुड़े तमाम लोगों से अनुरोध करना चाहेंगे कि वे हमें अपने बहुमूल्य सुझावों से अवगत कराएँ। हम मानते हैं कि इस तरह की किताबों की यह पहली श्रृंखला तो हो सकती है, मगर आख़िरी नहीं, क्योंकि निरन्तर विकास ही प्रकृति का नियम है।

श्रृंखला के सुरुचिपूर्ण प्रकाशन के लिए हम राजकमल प्रकाशन के प्रबन्ध निदेशक अशोक महेश्वरी और आकर्षक रूप-सज्जा के लिए नरेन्द्र श्रीवास्तव के अत्यन्त आभारी हैं।

प्रकाशकीय

प्रिय पाठक,

पिछले कई वर्षों से यह बात उठ रही है कि टेलीविज़न पत्रकारिता की पढ़ाई के लिए हिंदी या किसी भारतीय भाषा में आख़िर ढंग की एक भी किताब क्यों नहीं है?...अभी टेलीविज़न पत्रकारिता के जितने भी संस्थान हैं, वे बहुत अच्छा प्रशिक्षण नहीं दे पा रहे हैं। मेधावी छात्र अपनी लगन, मेहनत और व्यावहारिक स्तर पर काम करके ही ख़ुद को तैयार करते रहे हैं।...आज टीवी पत्रकारिता की पढ़ाई और उसमें गुणात्मक परिवर्तन लाने के लिए ज़रूरी है कि उसकी अध्ययन-सामग्री पर ज़ोरदार ढंग से काम किया जाए। टीवी पत्रकारिता के विभिन्न आयामों पर शृंखलाबद्ध ढंग से पुस्तकें प्रकाशित करने के पीछे हमारा यही इरादा है।

इस पुस्तकमाला की पुस्तकों में सबसे ज़्यादा ज़ोर इस बात पर है कि छात्रों की पाठ्यक्रम से जुड़ी आवश्यकताएँ तो इससे पूरी हों ही, उन्हें यह भी पता चले कि टीवी पत्रकारिता की दुनिया कैसी है, वहाँ कैसे काम होता है, किस तरह के परिवर्तन वहाँ घटित हो रहे हैं और इन सबके लिए ख़ुद को कैसे तैयार किया जाए।...हमें भरोसा है कि यह पुस्तकमाला न केवल छात्रों के लिए बल्कि उनके अध्यापकों के लिए भी अत्यंत उपयोगी साबित होगी। टेलीविज़न के इतिहास और उसकी दुनिया को जानने के उत्सुक सामान्य पाठकों को तो यह पुस्तकमाला रुचिकर लगेगी ही।

मीडिया, टीवी और पत्रकारिता विषयक पुस्तकें हम पहले भी प्रकाशित करते रहे हैं। लगभग दो वर्ष पूर्व माखनलाल चतुर्वेदी पत्रकारिता विश्वविद्यालय के साथ प्रकाशित पुस्तक शृंखला इस दिशा में एक बड़ी शुरुआत थी। इस शृंखला में हमने छात्रोपयोगी शैली में, अपने-अपने क्षेत्र के विशिष्ट विद्वानों द्वारा लिखी हुई ग्यारह पुस्तकें प्रकाशित की थीं जिनमें 'समाचार संपादन', 'भेंटवार्ता और प्रेस कॉन्फ्रेंस', 'आंचलिक संवाददाता', 'खेल पत्रकारिता', 'पत्रकारिता में अनुवाद', 'फ़ीचर लेखन : स्वरूप और शिल्प', 'संवाद समिति की पत्रकारिता', 'समाचार पत्र प्रबंधन' और 'राज्य सरकार और जनसंपर्क' शीर्षक पुस्तकें शामिल थीं।

मीडिया के सामाजिक-सांस्कृतिक विमर्श को बहस के बीच लाने के लिए हमने सुधीश पचौरी, रामशरण जोशी, यशवंत व्यास आदि मीडिया विशेषज्ञ लेखकों

की पुस्तकें प्रकाशित कीं, वहीं वरिष्ठ पत्रकार प्रभाष जोशी का पूरा लेखन पाँच जिल्दों में प्रकाशित किया है, जिससे न सिर्फ जिज्ञासु जनों को पत्रकारिता के स्याह-सफेद का पता चलेगा, बल्कि पिछले तीन-चार दशकों की भारतीय राजनीति और समाज के उतार-चढ़ाव का भी एक खाका मिलेगा।

प्रस्तुत पुस्तकमाला का आरम्भ 'टेलीविज़न की कहानी' (टीवी का इतिहास) और 'ख़बरें विस्तार से' (टीवी ख़बरें और न्यूज़ चैनल का कामकाज), दो पुस्तकों से हुआ था और अब इसी कड़ी में इस तीसरी पुस्तक 'चैनलों के चेहरे' (टीवी एंकरिंग) का प्रकाशन। उसके बाद आनेवाली पुस्तकें हैं : 'धार भी, रफ़्तार भी' (टीवी रिपोर्टिंग), 'कहानी कहने की कला' (स्क्रिप्ट राइटिंग), 'क़ानून और ईमान-धरम' (प्रेस क़ानून एवं आचारसंहिता), 'मीडिया मंडी' (मार्केटिंग और डिस्ट्रीब्यूशन), 'परदे के पीछे के पत्रकार' (पोस्ट प्रोडक्शन), 'चैनल चलाने की कला' (चैनल प्रबंधन), 'कैमरे का करिश्मा' (कैमरा, लाइटिंग और साउंड), 'दृश्यों की दुनिया' (वीडियो एडिटिंग), 'कार्यक्रमों का ककहरा' (प्रोग्रामिंग) और 'पारिभाषिक शब्दावली'।

प्रशिक्षु और जिज्ञासु पाठकों को ध्यान में रखते हुए जिन सीरियलों, कलाकारों, संस्थानों के प्रतीक-चिह्न इस पुस्तकमाला में इस्तेमाल किए गए हैं, हम उनके आभारी हैं। उक्त प्रकाशन सामग्री हमें इस पुस्तकमाला के लेखक-द्वय से प्राप्त हुई है, हम उनके आभारी हैं कि उन्होंने पाठकों की रुचि को ध्यान में रखकर हमें ये चित्र अपनी जिम्मेदारी पर उपलब्ध कराए।

हमें विश्वास है, टीवी पत्रकारिता पुस्तकमाला पाठकों को पसंद आएगी, और वे पूर्ववत् अपनी राय से हमें अवगत कराते रहेंगे।

अनुक्रम

आगे बढ़ने से पहले...

टीवी ख़बरों की दुनिया का सबसे आकर्षक हिस्सा माना जाता है **एंकरिंग**। अगर टीवी पत्रकारिता के छात्रों के बीच इस तरह का कोई सर्वेक्षण हो कि वे अपने कैरियर को किस रूप में देखना चाहते हैं तो निश्चय ही नब्बे प्रतिशत का जवाब यही होगा कि वे एंकर बनना चाहते हैं। यह अस्वाभाविक भी नहीं है। हर कोई शोहरत चाहता है। भीड़ में लोगों द्वारा पहचाना और सराहा जाना हर किसी की तमन्ना होती है। भला किसे अच्छा नहीं लगेगा कि लोग पहचानें, उससे ऑटोग्राफ़ माँगें? यही कारण है कि छोटे परदे पर आकर ख़बरें पढ़ना, तरह-तरह के कार्यक्रम प्रस्तुत करना, जाने-माने लोगों से सवाल-जवाब करना, टीवी पत्रकार बनने के किसी भी आकांक्षी की सबसे पहली पसंद होती है। फिर एंकरिंग टीवी पत्रकारिता का ऐसा हिस्सा है जिसमें नाम के साथ-साथ वेतन वग़ैरह भी आकर्षक होता है। लेकिन केवल चमक-दमक ही लोगों में एंकर बनने की इच्छा पैदा नहीं करती बल्कि बहुत से लोगों तक ख़बरों को सही ढंग से पहुँचाने और प्रभावी तरीक़े से सही परिप्रेक्ष्य देना भी उन्हें इसके लिए प्रेरित करता है। ये लोग इसे मुँह दिखाई का ज़रिया नहीं मानते बल्कि गम्भीर कर्म के रूप में लेते हैं।

ख़बरिया चैनलों की जब भी बात होती है तो उनके एंकर की भी बात ज़रूर होती है। और कैसे न हो! एंकर किसी भी चैनल की पहचान होते हैं। वे चैनलों के चेहरे होते हैं। किसी भी चैनल के एंकर जिस तरह के होते हैं, उसके आधार पर ही यह राय बनाई जाती है कि वह चैनल कैसा है। अगर एंकर ख़ूबसूरत, समझदार, चौकन्ने हुए तो उस चैनल को भी लोग उसी नज़र से देखेंगे। इसलिए कोई भी चैनल एंकर के चयन को सबसे ज़्यादा महत्त्व देता है। वह ऐसे चेहरों की तलाश में रहता है जो दर्शकों को उससे बाँध सकें।

कहने का मतलब यह है कि टेलीविज़न एंकरिंग एक आकर्षक एवं प्रभावशाली विधा है, पेशा है और यह बहुत स्वाभाविक है कि छात्र ही नहीं, टेलीविज़न में सालों से काम कर रहे पत्रकार भी यह सपना पाले रहते हैं कि उन्हें भी स्क्रीन पर आने का मौक़ा मिले। इसीलिए हम पाते हैं कि सबसे ज़्यादा प्रतिस्पर्धा भी एंकरिंग के लिए होती है। चैनल चलाने वाले भी एंकर के चयन के मामले में बेहद कठोर होते हैं। सम्भव है, कुछेक मामलों में पक्षपात भी हो, मगर अधिकांशतः कोई भी चैनल एंकर को लेकर कोई समझौता नहीं करना चाहता। अगर ग़लती से किसी का चयन हो भी गया और

वह स्क्रीन पर उनकी अपेक्षाओं पर खरा न उतरा तो उसे हटाने में भी वे देर नहीं करते। ज़्यादातर न्यूज़ चैनलों में एंकर के चयन का काम सर्वोच्च पदों पर बैठे लोग ही करते हैं और इसी से समझा जा सकता है कि वे इस काम को कितनी अहमियत देते हैं। इसलिए एंकर बनने के इच्छुक लोगों को यह ज़रूर पता होना चाहिए कि उनकी राह बहुत आसान नहीं होती। ऐसे में सपना कैसे पूरा हो सकता है या उसे पूरा करने के लिए उन्हें क्या करना चाहिए?

एंकर बनने के लिए तीन क़दम बड़े महत्त्वपूर्ण हैं। पहला तो यह कि एंकर बनने की ख़्वाहिश रखने वाले व्यक्ति को अपनी प्रतिभा और क्षमता को परखना चाहिए। उसे देखना चाहिए कि वह एंकर बनने के लिए जो ज़रूरी माँग है, उसे पूरी करता है या नहीं। **टेलीजेनिक** होने से लेकर, भाषा पर अधिकार, आवश्यक ज्ञान तक कई ऐसी कसौटियाँ हैं जिन पर उन्हें ख़ुद को परखकर फ़ैसला लेना चाहिए। लेकिन अक्सर ख़ुद अपने बारे में फ़ैसला लेना आसान नहीं होता, क्योंकि अपनी कमज़ोरियाँ और कई बार ख़ूबियाँ भी हमें नज़र नहीं आतीं या हम उन्हें कम अथवा ज़्यादा आँक लेते हैं। ऐसे में मित्रों, परिचितों और शुभचिन्तकों के अलावा उनकी राय लेना फ़ायदेमंद होता है जो इस पेशे से किसी रूप में जुड़े हुए हैं। दूसरे, अगर कोई एंकर बनना चाहता है और उसे लगता है कि वह ऐसा कर सकता है तो उसे इस विधा के बारे में गहराई से जानना चाहिए और उसके हिसाब से भरपूर तैयारी करनी चाहिए। ज़ाहिर है, तीसरा क़दम अपने लिए उपयुक्त अवसर की तलाश करनी है और यह भी बहुत मुश्किल चुनौती होती है।

आजकल सबसे बड़ी मुश्किल यह है कि एंकरिंग के बारे में विस्तार से जानने और फिर उसे सीखने का कोई इंतज़ाम नहीं है। दिल्ली, मुम्बई जैसे कुछ बड़े शहरों को छोड़ दें तो कहीं कोई प्रशिक्षण संस्थान नहीं हैं। जहाँ हैं, वहाँ सिखाने वाले पर्याप्त प्रशिक्षित नहीं हैं। बड़े शहरों में भी अधिकांश प्रशिक्षण संस्थान मोटी रक़म वसूलने के लिए ज़्यादा कुख्यात हैं। ऐसे में कमज़ोर हैसियत और छोटे तथा मझोले शहरों में रहने वाले लोग क्या करें, कहाँ जाएँ? उन्हें तो किताबों से ही काम चलाना होगा। उन्हीं में दिये गए पाठों से सबक सीखने होंगे और अपनी तैयारी करनी होगी। लेकिन मुश्किल यह है कि टेलीविज़न एंकरिंग पर ढंग की किताबें भी नहीं हैं। जो हैं, वे दशकों पुरानी एंकरिंग को ध्यान में रखकर लिखी गई हैं जबकि अब उसमें आमूल-चूल परिवर्तन आ चुका है।

टेलीविज़न पत्रकारिता-माला के तहत **चैनलों के चेहरे** शीर्षक से एंकरिंग पर किताब लिखने का हमारा मक़सद इस कमी को पूरा करना ही है। हमने कोशिश की है कि यह किताब एंकरिंग की एक परिपक्व पाठ्यपुस्तक और गाइड की भूमिका अदा करे। इसीलिए टेलीविज़न के मौजूदा दौर और भावी चुनौतियों तथा ज़रूरतों को ध्यान में रखकर हमने एंकरिंग के बारे में विस्तार से जानकारी जुटाकर इसे तैयार किया है। यह पुस्तक न केवल एंकरिंग के सम्बन्ध में पूरी जानकारी देती है, बल्कि छात्रों के लिए ऐसी सामग्री भी उपलब्ध कराती है, जिससे वह ख़ुद अपनी तैयारी को आगे बढ़ा सकें।

उम्मीद है कि यह किताब अपने इस उद्देश्य को पूरा करने में सफल होगी।

01

एंकर : टेलीविज़न का चेहरा

एंकर टेलीविज़न का चेहरा होते हैं। अपने चैनल की आवाज़। देखा जाए तो एक तरह से वे उसकी पहचान होते हैं। किसी चैनल या उसके किसी कार्यक्रम की छवि उसके एंकर से ही बनती है। कोई भी मशहूर एंकर अपने विशेष कार्यक्रम की लोकप्रियता और अपने चैनल की सफलता का मुख्य आधार होता है।

न्यूज़ चैनलों में ऐसे लोकप्रिय एंकर ही अक्सर प्राइम टाइम की ख़ास न्यूज़ भी प्रस्तुत करते हैं। उनकी एंकरिंग की वजह से ही उनके चैनल की रेटिंग ऊँची उठती रहती है। जब तक वे स्क्रीन पर रहते हैं, दर्शक किसी चुंबक की तरह उससे चिपके रहते हैं।

ऐसे मशहूर एंकर किसी चैनल में, अपवादस्वरूप, एक से अधिक भी हो सकते हैं। लेकिन फिर भी, उस चैनल का असली प्रतिनिधि—मुख्य एंकर—उनमें से कोई एक ही बन पाता है। संयोगवश यदि किसी चैनल के पास ऐसे एक से ज़्यादा एंकर हों तो यह उसका सौभाग्य ही कहा जाएगा। लेकिन देखा अक्सर यही गया है कि इनमें से कोई एक एंकर ही अपने चैनल की पहचान बन पाता है। साथ ही, उस चैनल का प्रतीक एक 'ब्रांड' नाम भी।

लेकिन कभी-कभी यह भी देखा गया है कि एक की बजाय दो एंकरों की जोड़ी उस चैनल का 'ब्रांड' बन जाती है। इतिहास में ऐसी मशहूर जोड़ियों के भी कई उदाहरण मिलते हैं। कभी ऐसी लोकप्रिय जोड़ी दोनों पुरुष एंकरों की होती है, तो कभी एक महिला और एक पुरुष एंकर की।

एंजिला रिप्पन

हंटली-ब्रिंकली की मशहूर जोड़ी

एंकरों की ऐसी जोड़ी का प्रयोग सबसे पहले अमेरिका की नेशनल ब्रॉडकास्टिंग कम्पनी (एनबीसी) ने किया था। उसने 1956 में अपने प्रमुख एंकर कैमरॉन स्वेज़ को हटाकर उसकी जगह चेट हंटली और डेविट ब्रिंकली की जोड़ी को प्राइम-टाइम न्यूज़ की एंकरिंग सौंपी। शीघ्र ही यह जोड़ी इतनी सफल और लोकप्रिय हो गई कि साठ के दशक में टेलीविज़न रेटिंग में बराबर सर्वोच्च स्थान पर रही।

इस सफलता से आकर्षित होकर दूसरे प्रतिद्वंद्वी चैनलों ने भी इसकी नक़ल की। यहाँ तक कि कई नेटवर्क तीन एंकरों की तिकड़ी भी ले आए। लेकिन हंटली-ब्रिंकली जैसी लोकप्रियता और सफलता किसी को नहीं मिली। अमेरिका की नेटवर्क न्यूज़ पर साठ के दशक में एंकरों की यह जोड़ी छाई रही।

पहली महिला एंकर

अमेरिकन ब्रॉडकास्टिंग कम्पनी (एबीसी) ने 1968 से बारबरा वाल्टर्स और ब्रिटिश ब्रॉडकास्टिंग कार्पोरेशन (बीबीसी) ने 1975 से एंजिला रिप्पन के रूप में नेटवर्क न्यूज़ में पहली बार महिला एंकरों के प्रयोग की शुरुआत की। इसी तरह आईटीवी की पहली महिला एंकर 1980 में सेलिना स्कॉट बनीं जो 1992 में स्काई न्यूज़ की प्रमुख एंकर बनीं।

बारबरा वाल्टर्स

कई नेटवर्क इसी दौरान एक महिला और एक पुरुष एंकरों की जोड़ी भी लाए। लेकिन सबसे मशहूर और सर्वाधिक सफल जोड़ी एनबीसी की टॉम ब्रोका और केटी करी की थी। ब्रोका द्वारा रिटायरमेंट घोषित करने के बाद केटी करी कोलंबिया ब्रॉडकास्टिंग सर्विस (सीबीएस) में चली गईं। जॉन रदर के रिटायमेंट के लगभग साल भर बाद केटी करी सीबीएस की 'नेटवर्क ईवनिंग न्यूज़' (प्राइम टाइम) की प्रमुख एंकर बन गई थीं।

केबल न्यूज़ नेटवर्क (सीएनएन) ने तो 1 जून, 1980 में अपनी शुरुआत ही एंकर-दम्पती डेविड वाकर और लोइस हार्ट की जोड़ी के पहले समाचार प्रसारण से की थी। हमारे देश में भी **आजतक** पर रितुल और राहुल की तरुण जोड़ी काफ़ी लोकप्रिय रही थी; ख़ासकर युवा वर्ग के बीच।

एडवर्ड मुर्रो की लोकप्रियता

एडवर्ड मुर्रो

अमेरिका के टीवी न्यूज़ नेटवर्क के इतिहास पर एक नज़र डालें तो हम देखेंगे कि पचास के दशक में सीबीएस की लोकप्रियता और सफलता का आधार मुख्यत: एडवर्ड मुर्रो जैसे निर्भीक और समझौताहीन पत्रकार की चुटीली और आक्रामक एंकरिंग ही थी। उनके नेटवर्क का उपाध्यक्ष बन जाने पर यह भूमिका उन्हीं के लाए हुए युवा एंकर वाल्टर क्रोंकाइट ने निभाई, जो 1962 से एनबीसी की हंटली-ब्रिंकली की जोड़ी की प्रतिद्वन्द्विता में सीबीएस के प्रमुख एंकर बनाए गए थे; जैसे कि 1965 में एबीसी में पीटर जेनिंग्स।

लेकिन साठ का दशक हंटली-ब्रिंकली की बदौलत एनबीसी के नाम ही रहा; जैसे कि सत्तर के दशक में बीबीसी को सबसे आगे बढ़ाने में एंकरों की तिकड़ी रिचर्ड बेकर, केनेथ केंडल और रॉबर्ट दुगाल की प्रमुख भूमिका रही।

एंकरों की केन्द्रीय भूमिका

अस्सी और नब्बे के दशक अगर अमेरिकन 'बिग थ्री' के नाम रहे (एबीसी के पीटर जेनिंग्स, सीबीएस के जॉन रदर और एनबीसी के टॉम ब्रोका), तो नब्बे के दशक में खाड़ी युद्ध के 'लाइव कवरेज़' से सीएनएन ने अपने एंकर-रिपोर्टरों बर्नार्ड शॉ, जॉन हॉलिमैन और पीटर अर्नेट की बदौलत अन्य सभी को पीछे छोड़ दिया।

इन तमाम उदाहरणों से नेवटर्क की लोकप्रियता और उसकी रेटिंग ऊँची उठाने में एंकरों की सबसे प्रमुख और लगभग केंद्रीय भूमिका का पता चलता है। यही

वजह है कि स्क्रीन पर उनकी उपस्थिति बराबर बनाए रखी जाती है। यहाँ तक कि उनकी बड़े पदों पर पदोन्नति हो जाने पर उनके विशेष कार्यक्रम और उनकी एंकरिंग जारी रखी जाती है, क्योंकि वे अपने नेटवर्क के ब्रांड बन चुके होते हैं।

मुर्रो अपने नेटवर्क के उपाध्यक्ष बन जाने के बाद भी अपने मशहूर कार्यक्रमों की एंकरिंग करते रहे थे। यहाँ तक कि नेटवर्क के अध्यक्ष विलियम पॉली से उनके गंभीर और कटु मतभेद हो जाने पर भी पॉली ने उनकी एंकरिंग और उनके कार्यक्रम जारी रखे। पॉली जानते थे कि सीबीएस की सफलता का मुख्य आधार एडवर्ड मुर्रो ही हैं।

इसी तरह केटी करी सीबीएस न्यूज़ की मैनेजिंग एडिटर बनने के बाद भी एंकरिंग करती रही थीं। बीबीसी के रॉबर्ट दुगाल ने प्रोग्राम मैनेजर बनने के बाद भी एंकरिंग नहीं छोड़ी थी। बीबीसी के केनेथ केंडल द्वारा कुछ वर्षों तक संस्थान छोड़कर फ्रीलांसिंग करने के दौरान भी बीबीसी ने उनकी एंकरिंग का लाभ उठाया था। एनबीसी के टॉम ब्रोका द्वारा 2002 में अपने रिटायरमेंट की घोषणा के बाद भी उन्हें और दो साल से ज़्यादा समय तक प्रमुख एंकर के रूप में रोके रखा गया था। ऐसे और भी अनेक उदाहरण गिनाए जा सकते हैं।

उम्र बाधक नहीं

टीवी स्क्रीन पर ऐसे मशहूर एंकरों की उपस्थिति से दर्शकों के जुड़े रहने के कारण ही लॉवेल थॉमस 1976 में रिटायर होने तक 85 साल की उम्र में भी कार्यक्रम प्रस्तुत करते रहे। बारबरा वाल्टर्स 78 साल की और क्रोंकाइट 91 साल की उम्र में भी टेलीविज़न की स्क्रीन पर सक्रिय नज़र आते रहे हैं। इनके अलावा एबीसी के पीटर जेनिंग, सीबीएस के जॉन रदर, एनबीसी के टॉम ब्रोका, बीबीसी के रॉबर्ट दुगाल और क्लिफ़ माइकेलमोर तथा सीएनएन के बर्नार्ड शॉ 60 साल की उम्र के बाद भी अपने-अपने नेटवर्क के प्रमुख एंकरों के रूप में सक्रिय रहे हैं।

कमलेश्वर

दर्शकों को चुम्बक की तरह खींचने की इनकी शक्ति और एंकरिंग की मोहक कला ही इन सभी मशहूर एंकरों को टेलीविज़न का चेहरा बना देती है। टेलीविज़न और उसके लोकप्रिय एंकरों के बीच ऐसा ही दिलचस्प रिश्ता बन जाता है और दर्शकों से एक तरह का सीधा और आत्मीय संवाद भी।

दूरदर्शन युग के एंकर

भारत की बात करें तो 'दूरदर्शन' के ज़माने से ही कमलेश्वर अपने अत्यन्त लोकप्रिय कार्यक्रम 'परिक्रमा' की बदौलत टेलीविज़न के लगभग एक 'ब्रांड' नाम बन गए थे। इसी तरह अंग्रेज़ी का 'वर्ल्ड दिस वीक' प्रणय रॉय और हिन्दी का 'जनवाणी' और 'परख' विनोद दुआ के नाम से पहचाने और टीवी स्क्रीन पर उनके चेहरे से जाने जाते थे।

सलमा सुल्तान

दूरदर्शन पर ही जुलाई, 1995 से शुरू हुए 'आजतक' की पहचान सुरेन्द्र प्रताप सिंह से थी, तो अक्तूबर, 1998 से शुरू हुए 'सुबह-सवेरे' कार्यक्रम की मुकेश कुमार से। कहना न होगा कि चुनाव विश्लेषणों में दूरदर्शन पर प्रणय रॉय और विनोद दुआ की सफलतम जोड़ी पहले ही अपना सिक्का जमा चुकी थी। दूरदर्शन पर न्यूज़, टॉक-शो, साक्षात्कार या आमने-सामने की बातचीत और बहस के सन्दर्भ में पहली पीढ़ी के इन पाँचों एंकरों के नाम और चेहरे लगभग ब्रांड बन चुके थे; जैसे कि प्रोग्रामिंग में फ़िल्मी कार्यक्रमों के सन्दर्भ में विपिन हांडा और तबस्सुम का नाम और उनके चेहरे।

सरला माहेश्वरी

दूरदर्शन पर समाचारों और एंकरिंग की कोई ठीक-ठाक-सी अवधारणा बन ही नहीं पाई थी। राजनीतिक सत्ता के दबाव तथा चापलूस, मूर्ख और अक्षम नौकरशाही के चलते यह सम्भव भी नहीं था। फिर भी, दूरदर्शन के सत्तापरस्त और उबाऊ समाचारों से लोगों की बढ़ती अरुचि के बावजूद, हिन्दी और अंग्रेज़ी के कुछ समाचार-वाचक और कार्यक्रम प्रस्तुत करनेवाले चन्द चेहरे अपनी पहचान और लोकप्रियता बना पाने में सफल रहे थे।

अंग्रेज़ी के समाचार-वाचक तेजेश्वर सिंह और रीनी साइमन (कपूर) तथा हिन्दी की सलमा सुलतान, साधना श्रीवास्तव और सरला माहेश्वरी के नाम इस सन्दर्भ में ख़ास तौर से लिए जा सकते हैं। उपर्युक्त तमाम उदाहरणों से एंकरिंग की अहमियत और टीवी स्क्रीन पर एंकर के लगातार दिखते रहने की ज़रूरत पर विशेष ध्यान जाता है।

प्रणय रॉय

टीआरपी की गलाकाट होड़

यूरोप और अमेरिका की बात करें तो चैनल को आगे बढ़ाने और उसकी लोकप्रियता की रेटिंग ऊँची उठाने में ऐसे मशहूर एंकरों की मुख्य भूमिका के कारण ही उन्हें उस चैनल से तोड़कर प्रतिद्वन्द्वी चैनलों में लाने के प्रयास शुरू होते रहे हैं। ऐसे उदाहरणों से भी टीवी चैनलों में उसके प्रमुख और लोकप्रिय एंकरों की केन्द्रीय भूमिका का पता चलता है। साथ ही टीवी स्क्रीन से उनके ग़ायब हो जाने पर उस चैनल को होने वाले नुक़सान का अन्दाज़ा भी सहज ही लग जाता है।

विनोद दुआ

हमारे देश में भी जब चौबीसों घंटे न्यूज़ के निजी चैनलों की शुरुआत हुई और धीरे-धीरे उनमें 'टीआरपी' रेटिंग की गलाकाट प्रतिस्पर्धा शुरू हुई, तो ऐसे मशहूर एंकरों को जो टीवी स्कीन पर ब्रांड बन गए थे, एक चैनल से तोड़कर दूसरे न्यूज़ चैनल में लाने की होड़ मचने लगी।

मीडिया मुग़ल मर्डोक की चालाकी

इस दिलचस्प क़िस्से से सभी परिचित हैं कि कैसे मीडिया मुग़ल रूपर्ट मर्डोक ने अपने प्रतिद्वन्द्वी चैनलों के प्रतिनिधि और सर्वाधिक लोकप्रिय एंकरों को

भारी-भरकम वेतन और कल्पनातीत सुविधाएँ देकर उनके चैनलों से तोड़ लिया था। उन चैनलों की स्क्रीन से इन मशहूर एंकरों के लगातार ग़ायब रहने से उनकी दर्शक-संख्या और लोकप्रियता में भारी गिरावट आने लगी थी।

रूपर्ट मर्डोक

लेकिन मर्डोक ने चालाकी यह की थी कि इन मशहूर एंकरों को अपने नेटवर्क में लाकर भी उनसे एंकरिंग एक दिन नहीं करवाई। वह उन्हें साल भर तक ख़ाली बैठाकर वेतन-भत्तों की भारी-भरकम रक़में और सारी सुविधाएँ बराबर देता रहा, पर एक भी दिन उनका चेहरा टेलीविज़न की स्क्रीन पर नहीं आने दिया। इस तरह मर्डोक ने ब्रांड बन चुके इन मशहूर एंकरों के चेहरे को धीरे-धीरे जन-स्मृति से बड़ी चालाकी के साथ धूमिल कर दिया।

बाज़ार का कला-विरोधी चरित्र

एक चालाक मीडिया व्यापारी के रूप में रूपर्ट मर्डोक भली भाँति यह जानता था कि जैसे ये एंकर टीवी स्क्रीन पर अपनी निरन्तर उपस्थिति से टेलीविज़न दर्शकों के बीच 'स्टार' और 'सेलिब्रिटी' बने हैं, ठीक वैसे ही स्क्रीन पर लम्बे समय तक अनुपस्थित रहने के बाद वे जन-स्मृति से भी धीरे-धीरे ग़ायब होते जाएँगे। कहना न होगा कि पूँजीवादी बाज़ार में आपसी व्यापारिक प्रतिस्पर्धा अपने मूल चरित्र में ही ऐसी कला-विरोधी और अमानवीय होती है।

इस घटना से **गोगोल** की मशहूर कहानी 'तस्वीर' सहज ही याद आ जाती है। एक प्रतिभाशाली और सम्भावनापूर्ण युवा कलाकार से ईर्ष्यालु धनपशु में बदल जाने वाला इस कहानी का नायक सभी कला-प्रदर्शनियों में जाकर मुँह-माँगी क़ीमतों पर सर्वोत्कृष्ट और महान कलाकृतियाँ ख़रीद लाता है। वह उन्हें जन-स्मृत्ति से मिटा डालने के इरादे से लाकर तिजोरी में बन्द करता रहता है। अन्ततः वह अपने पागलपन में उन्हें चीर-फाड़कर नष्ट कर डालता है।

मर्डोक के उपर्युक्त उदाहरण से और कुछ नहीं तो कम-से-कम एंकर की टेलीविज़न में केन्द्रीय महत्ता और उसकी 'एंकरिंग' के व्यापक प्रभाव का पता तो भली भाँति चल ही जाता है। यह बात ख़ास तौर से न्यूज़ चैनलों के सन्दर्भ में तो और भी शिद्दत के साथ लागू होती हुई दिखाई देती है।

एंकर और रेटिंग

जैसा कि पहले उल्लेख किया जा चुका है, हमारे देश में भी मशहूर एंकरों को ज़्यादा वेतन-भत्ते और सुविधाएँ देकर अथवा पदोन्नति पर प्रतिद्वन्द्वी चैनलों से खींच लिया जाता है। एंकर ख़ुद भी ज़्यादा वेतन अथवा पदोन्नति पर एक चैनल छोड़कर दूसरे किसी प्रतिस्पर्धी चैनल में चले जाते हैं। फलस्वरूप उनके पिछले चैनल की दर्शक-संख्या और लोकप्रियता में गिरावट आने लगती है तथा जहाँ वे जाते हैं, उस टीवी चैनल की रेटिंग उनकी बदौलत ऊँची होने लगती है।

एनडीटीवी के रूप में चौबीसों घंटे न्यूज़ का अपना चैनल शुरू करने से पहले प्रणय रॉय ने एक साल के करार पर **स्टार न्यूज़** की ज़िम्मेदारी ली थी और उस दौरान उसे बुलंदियों पर पहुँचा दिया था। स्टार के 'स्टार' एंकरों के रूप में अंग्रेज़ी में राजदीप सरदेसाई और हिन्दी में दिबांग भारतीय टेलीविज़न पर उभरे थे। ख़ुद प्रणय रॉय और विनोद दुआ तो पहले से टेलीविज़न स्क्रीन के सबसे बड़े 'स्टार' और 'सेलिब्रिटी' थे ही। जब प्रणय रॉय ने अपनी पूरी टीम के साथ स्टार न्यूज़ से सम्बन्ध विच्छेद किया तो उसकी लोकप्रियता और रेटिंग में बड़ी तेज़ी के साथ गिरावट आ गई थी।

इसी तरह जब प्रणय रॉय के एनडीटीवी (अंग्रेज़ी) से राजदीप सरदेसाई और एनडीटीवी-इंडिया (हिन्दी) से दिबांग चैनल के एडिटर एवं डायरेक्टर-न्यूज़ के पदों से (और दोनों) और प्राइम-टाइम न्यूज़ की एंकरिंग से हट गए तो एनडीटीवी के स्तर और लोकप्रियता, दोनों में कमी आ गई। उस वक्त तो प्रणय रॉय के इस नेटवर्क के स्तर और लोकप्रियता में ज़बर्दस्त गिरावट ही नहीं आई थी, बल्कि उनकी टीम ही पूरी तरह असंगठित और बिखर गई थी।

बेमिसाल विनोद दुआ

यह नेटवर्क न्यूज़ के ऊँचे स्तर और श्रेष्ठ अन्तर्वस्तु की निरन्तर कमी की भरपाई तब घटिया मनोरंजन और फूहड़ कार्यक्रमों से करता था। अपवाद रहे हैं तो बस रात 8 से 8.30 तक का विनोद दुआ का 'खबरदार' और 'विनोद दुआ लाइव' या पंकज पचौरी का 'हम लोग'। पंकज पचौरी के जाने के बाद अब तो वहाँ निधि कुलपति को छोड़कर एक भी अच्छा एंकर नहीं बचा है। उम्मीद बस **कमाल ख़ान** और **रवीश कुमार** जैसे बेहतरीन रिपोर्टरों से ही की जा सकती है, बशर्ते इन्हें कमान सौंपी जाए!

दूसरा उदाहरण 'नम्बर वन' कहे जाने वाले और लगभग ब्रांड बन चुके चैनल **आजतक** का है। इस नेटवर्क से आशुतोष, दीपक चौरसिया और पुण्य प्रसून वाजपेयी—इन तीनों मशहूर एंकरों की विदाई से आजतक के स्तर और लोकप्रियता में भारी गिरावट आ चुकी है। आज इन दोनों बड़े चैनलों में एक भी स्तरीय एंकर नज़र नहीं आता।

ठीक इसी तरह **सहारा समय** मध्य प्रदेश एवं छत्तीसगढ़ से तथा बाद में **एस-1** से मुकेश कुमार के हट जाने से दोनों चैनलों की रेटिंग तेज़ी से गिर गई थी, जैसे कि सहारा समय उत्तर प्रदेश एवं उत्तराखंड से और फिर इंडिया टीवी से प्रमुख एंकर अबुल नस्र इक़बाल के हट जाने से उसकी रेटिंग में गिरावट आ गई थी।

लेकिन हमारे यहाँ अभी रूपर्ट मर्डोक-जैसा उदाहरण देखने में नहीं आया है। तोड़कर लाए गए अथवा ख़ुद अपनी मर्ज़ी से एक टीवी चैनल छोड़कर दूसरे चैनल में जाने वाले मशहूर एंकरों से हमारे यहाँ बराबर काम लिया जाता है। स्क्रीन पर उनकी अधिकतम उपस्थिति का पूरा-पूरा लाभ उठाया जाता है। वे ख़ुद भी एंकर के रूप में स्क्रीन पर आना नहीं छोड़ते।

यहाँ तक कि तरक़्क़ी करके सम्पादक, प्रधान सम्पादक, प्रबन्ध सम्पादक या डायरेक्टर न्यूज़-जैसे वरिष्ठ पदों पर पहुँचकर अथवा चैनल के सीईओ या मालिक तक बन जाने पर भी वे एंकर के रूप में टीवी स्क्रीन से अपनी अनुपस्थिति गवारा नहीं करते। इस सन्दर्भ में भी प्रणय रॉय, विनोद दुआ, रजत शर्मा, बरखा दत्त, राजदीप सरदेसाई, दिबांग, मुकेश कुमार, आशुतोष, दीपक चौरसिया और पुण्य प्रसून वाजपेयी जैसे मशहूर एंकरों के नाम लिए जा सकते हैं।

विलियम पॉली—मुर्रो विवाद

मशहूर एंकरों और उनकी एंकरिंग का नेटवर्क की सफलता और लोकप्रियता में इतना अधिक महत्त्व है कि नेटवर्क छोड़कर जाने वाले ऐसे एंकरों के कार्यक्रम पहले की तरह जारी रखे जाते हैं, जब तक कि वे किसी अन्य नेटवर्क से नहीं जुड़ जाते। यहाँ तक कि नेटवर्क के प्रमुख से गम्भीर मतभेद के बावजूद ऐसे मशहूर एंकरों

मुकेश कुमार

पुण्य प्रसून वाजपेयी

रवीश कुमार

आशुतोष

राजदीप सरदेसाई

दिबांग

के लोकप्रिय कार्यक्रम और उनकी एंकरिंग जारी रखी जाती है।

मुर्रो के सीबीएस के अध्यक्ष विलियम पॉली से मतभेद के बावजूद मुर्रो के कार्यक्रम और उनकी एंकरिंग जारी रखने का ज़िक्र पहले किया जा चुका है। पॉली मुर्रो और उनकी आक्रामक पत्रकारिता को केवल इसीलिए मन मार कर झेलते और बर्दाश्त करते रहे, क्योंकि नेटवर्क की लोकप्रियता और सफलता का सबसे बड़ा आधार एडवर्ड मुर्रो ही थे।

इसी तरह एनडीटीवी प्रबन्धन से मतभेद के बाद दिबांग ने एनडीटीवी इंडिया (हिन्दी) के डायरेक्टर न्यूज़ (चैनल प्रमुख) का पद छोड़ दिया। वे प्राइम-टाइम न्यूज़ की एंकरिंग से भी हट गए। लेकिन नेटवर्क पर उनका लोकप्रिय कार्यक्रम 'मुक़ाबला' काफ़ी समय तक आता रहा। नेटवर्क की रेटिंग के लिए उनका यह कार्यक्रम और उनकी एंकरिंग ज़रूरी मानकर ज़ारी रखी गई। जैसे कि विनोद दुआ किसी नेटवर्क की नौकरी में नहीं हैं, लेकिन प्राइम-टाइम न्यूज़ के उनके मशहूर कार्यक्रम को भी एनडीटीवी-इंडिया की सफलता का एक आधार माना जा सकता है।

चैनल की सफलता के आधार

ऊपर के तमाम उदाहरणों से यही बात उजागर होती है कि किसी भी टेलीविज़न चैनल की लोकप्रियता और सफलता के लिए उसके सबसे अच्छे एंकरों की बेहतरीन एंकरिंग मुख्य आधार होती है। न्यूज़ चैनल के लिए तो यह बात और भी शिद्दत से सामने आती है।

लेकिन यहाँ अब सवाल यह उठता है कि आख़िर एंकरों की एंकरिंग की यह केन्द्रीय भूमिका बन कैसे गई! आख़िर उन्हें इस तरह सबसे ज़्यादा महत्त्व मिला कैसे? उनका यह काम, यानी यह 'एंकरिंग' कुल मिलाकर बला क्या है?

साथ ही, यह प्रश्न भी विचारणीय है कि अच्छी और बेहतरीन एंकरिंग किसे कहेंगे, ऐसी एंकरिंग की सफलता का राज़ क्या है? कुल मिलाकर यह कि लगभग एक 'सेलिब्रिटी' बन जाने वाले 'स्टार' एंकरों की इस लोकप्रियता का आधार क्या है?

दरअसल, इस पूरी पुस्तक का विषय ही यह है। आगे के अध्यायों में क्रमश: इन्हीं सवालों के जवाब छिपे हुए हैं। इन उत्तरों के विस्तृत विवेचन के बाद ही तस्वीर मुकम्मल होती है। कहना न होगा कि आगे के अध्यायों में अब हम क्रमश: इसी दिशा में अग्रसर होंगे।

02

आख़िर एंकरिंग है क्या ?

दूरदर्शन के ज़माने में कार्यक्रम की शुरुआत उद्‌घोषिका (एनाउंसर) के नमस्कार से होती थी। इसी तरह कार्यक्रमों का समापन भी नमस्कार से ही होता था। इस 'नमस्कार' से 'नमस्कार' के बीच की अवधि में उद्‌घोषिकाएँ-उद्‌घोषक विभिन्न कार्यक्रमों की रूपरेखा और उनके प्रसारण-समय आदि के बारे में यथावसर बताते रहते थे; या अन्य ज़रूरी घोषणाएँ करते थे। समाचारों का प्रसारण शुरू होने पर इनमें से कुछ समाचार-वाचिकाएँ और समाचार-वाचक (न्यूज़ रीडर्स) भी बन गए थे। बाद में और भी नये-नये 'न्यूज़ रीडर्स' आते गए।

ये 'न्यूज़ रीडर्स' या समाचार-वाचक टेलीविज़न की स्क्रीन पर बड़े अजीब और लगभग हास्यास्पद ढंग से आँखें मटका-मटकाकर और गर्दन हिला-हिलाकर समाचार 'पढ़ते' थे। और अन्तत: नमस्कार कर स्क्रीन से विदा ले लेते थे। इस सारे क्रियाकलाप में कहीं से भी पत्रकारिता की पेशेवर कला (प्रोफ़ेशनलिज़्म) या जीवन्तता की कोई झलक नहीं मिलती थी।

इसी तरह 'पैनल डिस्कशंस' या 'टॉक शोज़' आदि में भी किसी क़िस्म की जीवन्तता और रोचकता के दर्शन नहीं होते थे। कुल मिलाकर यह सारा क्रिया-व्यापार निहायत

ही ठस, उबाऊ और ग़ैर-पेशेवराना ही नज़र आता था। लगता था कि दूरदर्शन का टेलीविज़न पत्रकारिता की कला से दूर-दूर तक कोई रिश्ता नहीं है। शुरू में तो रेडियो के समाचार ही टीवी पर 'पढ़े' जाते थे।

दूरदर्शन और निजी न्यूज़ चैनलों का अन्तर

दूरदर्शन के ज़माने के राष्ट्रीय चैनल पर हिन्दी और अंग्रेज़ी समाचारों के प्रसारण का समय पूर्व-निर्धारित होता था। इसी तरह बाद में मेट्रो और अन्य क्षेत्रीय चैनलों पर भी। आज चौबीसों घंटे समाचारों के कई निजी न्यूज़ चैनल हैं। आप जब चाहें अपना टेलीविज़न सैट 'ऑन' करके इनमें से किसी भी न्यूज़ चैनल पर देश और दुनिया के ताज़ा हालात की जानकारी पा सकते हैं। उस समय अगर कोई अन्य विशेष कार्यक्रम चल रहा होगा, तो भी कुछ देर बाद समाचारों का और बीच-बीच में मुख्य समाचारों की 'हैडलाइंस' का प्रसारण होता रहता है। इन न्यूज़ चैनलों के इन समाचारों का चरित्र और प्रस्तुति दूरदर्शन के समाचारों से एकदम भिन्न, बेहतर और रोचक नज़र आते रहे हैं।

दूरदर्शन के सत्तापरस्त चरित्र और ग़ैर-पेशेवराना अफ़सरशाही ढाँचे की वजह से उसके समाचारों की विश्वसनीयता और साख निरन्तर गिरती गई थी। विविधता तो उनमें थी ही नहीं। यही नहीं, समाचारों का प्रस्तुतीकरण भी हद दर्जा ठस, यांत्रिक और उबाऊ बना हुआ था। दूरदर्शन के उद्घोषक-उद्घोषिकाएँ और समाचारवाचक-वाचिकाएँ कठपुतलियों की तरह हास्यास्पद लगते थे। निजी न्यूज़ चैनलों के आने से समाचारों में विविधता, निष्पक्षता और वस्तुनिष्ठता के साथ-साथ रोचकता भी बढ़ गई थी। यही नहीं, उनके प्रस्तुतीकरण की कला और पत्रकारिता की पेशेवराना शैली का स्तर भी पूर्वापेक्षा बहुत ऊँचा उठ गया था।

टीवी न्यूज़ में मूलगामी परिवर्तन

कुल मिलाकर **टेलीविज़न न्यूज़** के सम्पूर्ण चरित्र में ही एक मूलगामी परिवर्तन लक्षित किया जाने लगा था। हालाँकि ग़ौर किया जाए तो इसकी शुरुआत निजी न्यूज़ चैनलों की आमद से कुछ पहले ही होने लगी थी। वह तब जब दूरदर्शन पर निजी निर्माताओं द्वारा निर्मित समाचार-पत्रिकाओं (न्यूज़ प्रोग्राम्स) का प्रसारण होने लगा था। ऐसा ही परिवर्तन निजी निर्माताओं द्वारा बनाए गए दूरदर्शन के अन्य कार्यक्रमों में भी लक्षित होने लगा था।

दूरदर्शन पर जैसा कि पहले भी उल्लेख किया गया है, उनके समाचारवाचक-वाचिकाएँ समाचार 'पढ़ते' थे। उनका ख़बरें पढ़ने का ढंग भी बड़ा बनावटी, यंत्रवत और प्रायः संवेदनाशून्य होता था। इसके अलावा, दूरदर्शन में सत्ता-विरोधी जन-कार्रवाइयों, विपक्ष से सम्बन्धित ख़बरों और सरकार या उसकी ग़लत नीतियों की

पोल खोलने अथवा उनकी आलोचना करने वाली ख़बरों के लिए कोई जगह नहीं थी।

ऐसी ख़बरें किसी मजबूरी के चलते जब देनी भी पड़ती थीं तो या तो उन्हें तोड़-मरोड़कर पेश किया जाता था अथवा अत्यन्त संक्षेप में तेज़ी से निपटाकर औपचारिकता-मात्र का निर्वाह कर दिया जाता था। दूरदर्शन के ये समाचार-वाचक न तो उन ख़बरों का विश्लेषण और विवेचन कर सकते थे और न ही उन पर कोई आलोचनात्मक अथवा व्यंग्यात्मक तीखी टिप्पणी!

दूरदर्शन : फूहड़ सरकारी प्रचार

ख़बरों का निर्माण भी दूरदर्शन में प्राय: सरकारी 'हैंडआउट' और सरकारी विज्ञप्तियों की तर्ज़ पर होता था। इन ख़बरों के अधिकांश में सत्ताधारी नेता, उनकी सरकार की नीतियों का विज्ञापन और उनकी उपलब्धियों का फूहड़ प्रचार ही छाए रहते थे।

कुल मिलाकर दूरदर्शन के इन कर्मचारियों के किसी भी क्रियाकलाप से टेलीविज़न पत्रकारिता की पेशेवराना कला की कोई झलक नहीं मिलती थी और न ही उनकी प्रस्तुतीकरण की अपनी निजी शैलियों की विविधता या दर्शक को बाँध लेने वाली रोचकता। इनके ये तमाम कार्य-व्यापार और टीवी स्क्रीन पर इनके ये क्रियाकलाप किसी भी लिहाज़ से 'एंकरिंग' नहीं कहे जा सकते। फलस्वरूप, दूरदर्शन के इन उद्घोषक-उद्घोषिकाओं और समाचारवाचक-वाचिकाओं को 'एंकर' भी नहीं माना जा सकता। वास्तव में वे एंकर हैं भी नहीं।

दूरदर्शन में एंकर नहीं होते थे

दूरदर्शन में 'एंकर' नाम का न तो कोई पद था और न ही उसके क्रियाकलापों के दायरे में 'एंकरिंग' की कोई औपचारिक व्यवस्था दर्ज़ की गई थी। यानी, यह जो कुछ भी था, 'एंकरिंग' नहीं था। तो सवाल उठता है कि फिर 'एंकरिंग' है क्या? वह इससे भिन्न तो है, पर किन अर्थों में? इन तमाम बातों को समझने के लिए हमें एक बार फिर चौबीसों घंटे समाचारों के निजी न्यूज़ चैनलों के क्रियाकलापों पर नज़र डालनी होगी।

आप अपने रिमोट का बटन दबाकर किसी भी न्यूज़ चैनल को खोलते हैं : टीवी स्क्रीन पर कोई सुदर्शन नौजवान अथवा कोई सुमुखी तरुणी लगातार आपको देश और दुनिया के ताज़ा हालात से परिचित कराते नज़र आते हैं। अथवा किसी विशेष कार्यक्रम के अन्तर्गत कोई सनसनीख़ेज भंडाफोड़ करते हुए या किसी विशेष रिपोर्ट में किसी ख़ास ख़बर के रेशे-रेशे को उधेड़कर अपनी रोचक टिप्पणियों के साथ उसका सूक्ष्म विश्लेषण करते हुए दिखाई देते हैं।

यह भी हो सकता है कि वे किसी राजनेता को सामने बिठाकर अपनी हाज़िरजवाबी और तीखे व्यंग्य-बाणों से उसकी छिलाई कर रहे हों अथवा आप उन्हें टीवी स्क्रीन पर किसी 'पैनल डिस्कशन' या 'टॉक-शो' का बड़े रोचक और दिलचस्प अन्दाज़ में संचालन करते हुए देखें।

टीवी एंकरिंग का मतलब

वस्तुतः यही **टीवी एंकरिंग** है और इन तमाम कार्यक्रमों का सफलतापूर्वक संचालन करने वाले ये हाज़िरजवाब और तुर्शी-ब-तुर्शी सामने वाले को लाजवाब कर देने वाले पत्रकार ही **एंकर** कहलाते हैं।

ये एंकर स्क्रीन पर अपनी एंकरिंग के दौरान जब समाचारों का प्रस्तुतीकरण कर रहे होते हैं तो वे साथ ही उन ख़बरों के प्रासंगिक दृश्य (विजुअल्स) भी आपको दिखाते

चलते हैं। बीच-बीच में वे किसी ख़ास ख़बर को 'कवर' करनेवाले अपने रिपोर्टर से सवाल भी पूछते चलते हैं। उनके सवाल और उन सवालों को पूछने का उनका ढंग इस तरह का होता है कि उन सवालों के जवाब से उस ख़बर का कोई न

कोई नया पहलू सामने आता है या उस ख़बर के पीछे की पृष्ठभूमि उजागर होती है अथवा ख़बर के विभिन्न पहलुओं की विवेचना होती रहती है।

लोकमत और सामाजिक सरोकार

जवाबों पर अपनी सूझ-बूझ भरी टिप्पणी से एंकर दर्शक-समुदाय को प्रभावित भी करते हैं। इस तरह वे बड़े प्रभावशाली और असरदार तरीक़े से लोकमत का निर्माण करते हैं। जनमत को किसी ख़ास मुद्दे पर जागरूक बनाने, किसी ख़ास दिशा में प्रेरित करने की लोकप्रिय एंकरों की यह कला पत्रकारिता की सक्रिय और सकारात्मक भूमिका की प्रतीक होती है। एंकरिंग की यह कला और एंकरों की यह असरदार भूमिका पत्रकारिता के सामाजिक सरोकारों को भी उजागर करती है।

सूत्रधार भी, संचालक भी

अपने रिपोर्टरों से सवाल पूछने के अलावा ये एंकर कभी ख़बर से सम्बन्धित किसी नेता या अधिकारी की 'बाइट' अथवा उनके 'फ़ोनो' को भी आपको सुनाते और दिखाते चलते हैं। दरअसल, किसी नेता या सम्बन्धित अधिकारी की संक्षिप्त टिप्पणी या 'सफाई' अथवा उसके रू-ब-रू बयान के 'लाइव' या पहले से रिकॉर्ड किए गए 'विज़ुअल्स' को उसकी 'बाइट' कहते हैं। जब 'विज़ुअल्स' नहीं होते तो फ़ोन पर उसकी आवाज़ सुना दी ज़ाती है। तब प्राय: उपलब्ध होने पर उनका चित्र भी स्क्रीन पर दिखा दिया जाता है। इसे ही 'फ़ोनो' कहा जाता है।

कभी-कभी किसी रिपोर्ट के 'विज़ुअल्स' न होने पर रिपोर्टर के चित्र के साथ उसका भी 'फ़ोनो' करा दिया जाता है। इन सभी कार्यों को टीवी स्क्रीन पर संयोजित करते रहने वाला और एक से दूसरे कार्य का सम्बन्ध जोड़ते चलने वाला, टीवी स्क्रीन पर मौजूद यह चतुर पत्रकार ही एंकर होता है। इन तमाम क्रियाकलापों का **सूत्रधार** और उनका **संचालन** करने वाला एंकर ही होता है।

विश्लेषण और सटीक टिप्पणी

टीवी स्क्रीन पर बराबर छाए रहने वाले इन पत्रकारों की विशेषता यह भी होती है कि वे मात्र 'सूचनाएँ' नहीं देते, वे समाचारों को सिर्फ़ जस-का-तस 'पढ़' कर ही छुट्टी नहीं कर लेते; बल्कि वे ख़बरों के सभी पहलुओं के विस्तार में जाने के साथ-साथ प्राय: उनका विवेचन और सूक्ष्म विश्लेषण भी करते चलते हैं। यही नहीं, वे उन ख़बरों पर अपनी टिप्पणियाँ भी करते हैं।

वे नेताओं या अधिकारियों की 'बाइट' या 'फ़ोनो' के अन्तर्विरोध उजागर करते हुए अथवा उनकी 'सफ़ाई' या उनके किसी झूठ (ग़लतबयानी) को बेपर्द करते हुए अपनी प्रसंगानुकूल और दिलचस्प टिप्पणियाँ भी जड़ते रहते हैं। कभी-कभी इनकी

ये अत्यन्त संक्षिप्त किन्तु सटीक टिप्पणियाँ बड़ी तीखी, मारक, व्यंग्यात्मक और चुटीली भी होती हैं।

गतिशीलता और कुशल संयोजन

इन विशिष्ट टीवी पत्रकारों की यह हाज़िर-जवाबी और बात कहने का रोचक अन्दाज़ ही कार्यक्रम में दिलचस्पी बनाए रखता है और उसे आगे बढ़ाता रहता है। ये पत्रकार एक कुशल सूत्रधार और संयोजक की तरह एक से दूसरी, फिर दूसरी से तीसरी और तीसरी से चौथी ख़बर को जोड़ते हुए एक तरह से ख़बरों के सम्पूर्ण प्रवाह को गतिशीलता प्रदान करते रहते हैं।

एक अर्थ में वे सम्पूर्ण कार्यक्रम का संयोजन और संचालन करते हैं। वह भी इस ख़ूबी के साथ कि दर्शक टीवी स्क्रीन से चुम्बक की तरह चिपके रहें। उनकी शैली ऐसी आकर्षक होनी चाहिए कि दर्शक रिमोट उठाकर चैनल न बदल ले, बल्कि बराबर उन्हीं के चैनल और उनके कार्यक्रम को दिलचस्पी और उत्सुकता से देखता रहे।

इनकी यह कला ही **एंकरिंग** है। कहना न होगा कि दूरदर्शन के ज़माने में यह सब नदारद था। चौबीसों घंटे के निजी न्यूज़ चैनलों की तर्ज़ पर **डीडी न्यूज़** के आने के बाद भी न तो दूरदर्शन में एंकरिंग की इस कला का आज तक विकास हो पाया है और न ही वहाँ पेशेवर तथा प्रतिभाशाली पत्रकारों और एंकरों के लिए कोई गुंजाइश बन सकी है।

भारत में धीमी शुरुआत

दरअसल, भारत में टेलीविज़न की शुरुआत ही बड़ी हिचकिचाहट के साथ और बड़ी देर से हुई थी। सारी दुनिया में टेलीविज़न और न्यूज़ चैनलों के बड़े पैमाने पर लोकप्रिय होने के बहुत बाद, वह भी रेडियो (आकाशवाणी) के एक छोटे से विभाग के रूप में 15 सितम्बर, 1959 को यह शुरुआत भी तब मात्र प्रयोगात्मक ही थी। इसीलिए टेलीविज़न की इस प्रायोगिक शुरुआत का दायरा और प्रसारण अवधि तो

बेहद सीमित थे ही, उनकी विषयवस्तु भी सामाजिक शिक्षण का निहायत ही उबाऊ और फूहड़ प्रचार मात्र था।

समाज-कल्याण, नागरिक दायित्वबोध और स्कूली शिक्षा पर आधारित कार्यक्रमों की अनाकर्षक रूपरेखा और उनकी बेजान प्रस्तुति में जब बाद में कुछ मनोरंजन का मसाला मिलाया गया या और आगे चलकर समाचारों का प्रसारण भी शुरू किया गया, तो भी बात बनी नहीं।

सृजनात्मक कल्पना, पेशेवराना रुख़, बौद्धिक स्वतंत्रता और कुशल कलात्मक कार्यशैली की कोई सम्भावना वहाँ नहीं बन सकी। अकुशल सरकारी विभागों का निठल्लापन, जी-हुज़ूरी और बुद्धिहीन अफ़सरशाही का शिकंजा वहाँ निरन्तर कसा रहा। कहना न होगा कि ऐसे में पत्रकारिकता और एंकरिंग की पेशेवर स्वतंत्रता और सृजनात्मक शैली का विकास सम्भव ही नहीं था।

भारत में टेलीविज़न को लेकर तब कोई उत्साह ही नहीं था, उसके चरित्र और सामाजिक रूपांतरण के सन्दर्भ में उसकी भूमिका की समझ की तो बात ही दरकिनार है। भारतीय राजनीतिक नेतृत्व ही नहीं, स्वतंत्र भारत के बौद्धिक और सांस्कृतिक क्षेत्रों का अधिकांश टेलीविज़न को अनावश्यक फ़िज़ूलख़र्ची और अत्यन्त महँगी विलासिता की वस्तु मानता था।

साराभाई और श्रीमती गांधी की भूमिका

लेकिन कुछ अपवाद भी थे। मिसाल के लिए भारतीय बुद्धिजीवियों में अन्तरिक्ष-विज्ञानी **डॉ. विक्रम साराभाई** और राजनेताओं में **श्रीमती इंदिरा गांधी** ने सबसे पहले टेलीविज़न की शक्ति और सामाजिक रूपांतरण की प्रक्रिया में उसकी असरदार भूमिका पहचानी थी। आगे चलकर मार्क्सवादी समाज-विज्ञानी और अर्थशास्त्री **डॉ. पी.सी. जोशी** ने टेलीविज़न के मूल चरित्र को भली भाँति समझ-बूझकर भारतीय समाज की अपनी आवश्यकताओं के अनुरूप उसके स्वतंत्र पेशेवराना और कलात्मक सर्जनात्मकता के विकास का 'एजेंडा' सामने रखा था।

डॉ. विक्रम साराभाई

लेकिन फिर भी, टेलीविज़न के सत्ता पक्ष में राजनीतिक इस्तेमाल, भ्रष्ट और बुद्धिहीन अफ़सरशाही के दबाव और स्वतंत्र बौद्धिक एवं पेशेवराना आज़ादी के अभाव के कारण वह माहौल ही वहाँ नहीं बन सका जिसमें बेहतर पत्रकार और एंकर विकसित होते हैं और स्वतंत्रतापूर्वक काम कर पाते हैं। कहना न होगा कि किसी भी क़िस्म के अनुचित दबाव, कल्पनाहीन बौद्धिक परतंत्रता और जी–हुज़ूरी के वातावरण में एंकरिंग की कला का विकास सम्भव ही नहीं है।

चौबीसों घंटे के निजी न्यूज़ चैनलों ने इसमें कोई शक नहीं कि अपने शुरुआती दौर में वह स्वतंत्र माहौल बनाया था और वह पेशेवर रुख़ अपनाया था जिसमें एंकरिंग की कला का विकास होता है तथा एंकरों की प्रस्तुतीकरण की निजी शैलियों में निखार और विविधता आती है। यानी, ख़बरों की खोज, उनके निर्माण और उनकी भाषा से लेकर टेलीविज़न पर उनकी प्रस्तुति तक, समाचारों के क्षेत्र में यह एक क्रान्ति थी। स्वभावतः दूरदर्शन से ऊबे और चिढ़े हुए जनसाधारण का इस ओर तेज़ी से मुड़ना और दूरदर्शन से विमुख होना लाज़िमी था। वस्तुतः हुआ भी यही!

पहला प्रशिक्षण दूरदर्शन में ही

लेकिन ऐसा नहीं है कि दूरदर्शन में कभी अच्छा ज़माना था ही नहीं। वस्तुतः पहली पीढ़ी के टीवी एंकरों का विकास दूरदर्शन से ही हुआ था। बाद में भी कई अच्छे एंकर दूरदर्शन से ही निकले। ऐसे भी कई उदाहरण मिल जाते हैं कि जब तक कई अच्छे पत्रकार और एंकर दूरदर्शन या आकाशवाणी में रहे, कुछ ख़ास नहीं कर सके। लेकिन जैसे ही वे इन सार्वजनिक प्रसारकों (पब्लिक ब्रॉडकास्टर्स) से अलग होकर निजी न्यूज़ चैनलों या बीबीसी आदि में गए, उनकी पत्रकारिता और एंकरिंग ने नई से नई ऊँचाइयाँ हासिल कीं।

श्रीमती इन्दिरा गांधी

आकाशवाणी छोड़कर बीबीसी गए कई पत्रकारों ने नाम कमाया। ऐसे ही दूरदर्शन से निजी न्यूज़ चैनलों अथवा विदेशी चैनलों में गए पत्रकारों और एंकरों ने भी बड़ा नाम कमाया। चाहे कमलेश्वर हों

या प्रणय रॉय अथवा विनोद दुआ हों या मुकेश कुमार और रजत शर्मा हों या राहुल देव—ये सभी पत्रकार और एंकर दूरदर्शन की ही देन हैं।

सूचना और प्रसारण मंत्री के रूप में श्रीमती गांधी ने न केवल भारत में टेलीविज़न की प्रायोगिक शुरुआत को 1965 से दैनिक और नियमित प्रसारण में बदला था, बल्कि प्रधानमंत्री के रूप में 1968 से हिन्दी और अंग्रेज़ी में नियमित न्यूज़ बुलेटिनों की भी शुरुआत की थी। उन्हीं के नेतृत्व और पहलक़दमी के फलस्वरूप 1 अप्रैल, 1976 से रेडियो से अलग होकर 'दूरदर्शन' का स्वतंत्र अस्तित्व क़ायम हुआ था।

दूरदर्शन का स्वर्ण-युग

एशियाड के समय 1982 से भारत में रंगीन प्रसारण की शुरुआत हुई थी और देश-भर में टीवी केन्द्रों, स्टूडियो-सिस्टम और छोटे-बड़े ट्रांसमीटरों का जाल बिछने लगा था। आगे चलकर बड़े पैमाने पर उपग्रह प्रसारण की भी शुरुआत हुई। यही नहीं, एक के बाद एक दूरदर्शन के कई नये-से-नये चैनल खुलते गए।

सबसे बड़ी बात यह हुई कि श्रीमती गांधी की निजी दिलचस्पी के कारण दूरदर्शन के कार्यक्रमों का स्तर ऊँचा उठाने, उसे पूर्णतः पेशेवर रुख़ और सामाजिक सरोकारों से लैस करने के लिए उसके कामकाज की समीक्षा और भावी परिप्रेक्ष्य की ख़ातिर डॉ. पी. सी. जोशी की अध्यक्षता में 'जोशी कमेटी' गठित की गई थी।

डॉ. पी.सी. जोशी

इस दौर को दूरदर्शन का स्वर्णयुग भी कहा जा सकता है, जब न केवल उस पर कई बेहतरीन 'सीरियलों' और कलात्मक फ़िल्मों का प्रसारण हुआ, बल्कि समाचारों के स्तर में सुधार हुआ और कई बेहतरीन कार्यक्रम भी टेलीकास्ट हुए, जिनमें कमलेश्वर के 'परिक्रमा' के अलावा 'फ़ोकस', 'सामयिकी', 'आजकल', 'सच की परछाईं', 'न्यूज़ लाइन', 'रोमिंग आई' और 'जनवाणी' आदि का उल्लेख किया जा सकता है।

इन कार्यक्रमों में हमें तब पहली बार दूरदर्शन पर कुछ बेहतरीन एंकरिंग की सम्भावना नज़र आई और चन्द सम्भावनापूर्ण एंकरों के नाम उभरे। आगे चलकर 'परख', 'हैलो ज़िन्दगी', 'सुरभि', 'बात बन जाए', 'आई विटनेस', 'द वर्ल्ड न्यूज़', 'न्यूज़ ट्रैक' और 'वर्ल्ड दिस वीक' तथा और बाद में 'आजतक'—जैसे कार्यक्रमों से ही पहली पीढ़ी के एंकर और उनकी एंकरिंग सामने आए थे।

विराट संसाधनों वाला पब्लिक ब्रॉडकास्टर

धीरे-धीरे दूरदर्शन दुनिया का सबसे बड़ा सार्वजनिक प्रसारक (पब्लिक ब्रॉडकास्टर) बन गया था। हज़ारों प्रशिक्षित कर्मचारियों और अरबों-खरबों की विशालकाय

परिसम्पत्ति वाला दूरदर्शन विश्व में सबसे बड़े भू-भाग पर प्रसारित होता है। देश की 91 प्रतिशत से ज़्यादा आबादी इसके प्रसारण देख सकती है। लगभग 1700 टेरैस्ट्रियल ट्रांसमीटरों और उपग्रह के माध्यम से दूरदर्शन 64 केन्द्रों और स्टूडियो-केन्द्रों से अपने टीवी कार्यक्रम टेलीकास्ट करता है।

इस समय दूरदर्शन के 25 चैनल हैं। इनमें से 5 राष्ट्रीय चैनल और 11 क्षेत्रीय भाषाओं के उपग्रह चैनल (आरएलएससी) तथा 8 राज्यों के अपने नेटवर्क (एसएन) और एक अन्तर्राष्ट्रीय चैनल कार्यरत हैं। आज डीडी इंडिया इंटरनेशनल को उपग्रह के ज़रिए सारी दुनिया में देखा जा सकता है।

महाबली का पतन

इस तथ्य से किसी को भी हैरानी हो सकती है कि इतना सब होने पर भी दूरदर्शन से लोग क्यों विमुख हुए और इस महाबली का पतन क्यों हुआ। जैसा कि पहले भी

उल्लेख किया जा चुका है कि एंकरिंग के लिए पेशेवराना कुशलता (प्रोफ़ेशनलिज़्म) और कार्यगत स्वतंत्रता (वर्किंग फ्रीडम) के साथ ही बौद्धिक सम्पन्नता भी अत्यन्त लाज़िमी है। दूरदर्शन में इसीलिए एंकरों और एंकरिंग का विकास नहीं हो पाया, क्योंकि वहाँ न तो पेशेवर रुख़ की क़द्र थी और न ही ज़रूरी कार्यगत स्वतंत्रता का माहौल था। बौद्धिक क्षमता वाले पत्रकार या तो इस माहौल को भाँपकर और दूरदर्शन की सीमाओं को समझकर आते ही नहीं थे या फिर आ भी गए तो शीघ्र भाग खड़े होते थे।

जो किसी वजह से यहाँ पड़े रह जाते थे, कुछ कर न पाने की हताशा में उनकी प्रतिभा या तो ज़ंग खाकर नष्ट हो जाती थी अथवा फिर वे भी जी-हुज़ूर नौकरशाही में ढल जाते थे। इस समूचे प्रसंग से भी यह उजागर होता है कि एंकरिंग क्या है और सफलता के लिए लोकप्रिय और सक्षम एंकरों की आकर्षक एंकरिंग का क्या महत्त्व है। कहना न होगा कि बौद्धिक सम्पन्नता के बिना कोई भी एंकर अधिक नहीं चल सकता। इसके अभाव में उसकी एंकरिंग के लड़खड़ा जाने का ख़तरा बराबर बना रहता है।

यह बात नहीं भूलनी चाहिए कि उद्घोषकों और समाचारवाचकों से भिन्न एंकर एक सक्षम और कुशल **पत्रकार** होता है। विशिष्ट योग्यताओं से सम्पन्न एक ख़ास क़िस्म का पत्रकार! उसकी बौद्धिक क्षमता और ख़ुद को निरन्तर जानकारी और ज्ञान से लैस करते जाने तथा ताज़ादम बने रहना ही किसी भी एंकर की दूरगामी सफलता और लोकप्रियता का मुख्य आधार होता है। कहना न होगा कि जानकारी और ज्ञान के क्षेत्रों की विविधता, विस्तार और गहराई ही किसी भी एंकर की एंकरिंग को धार प्रदान करती है।

भाषा की सटीकता, सहजता और स्वाभाविक आचरण इस धार को निरन्तर तेज़ करते रहते हैं। इसी से एंकरिंग को विश्वसनीयता का आधार प्राप्त होता है, जो एंकर की निष्पक्ष वस्तुनिष्ठता और सत्यपरायणता से बराबर पुख़्ता होता रहता है। कुल मिलाकर यही एंकरिंग है और इसे सफलतापूर्वक निभानेवाला पत्रकार टेलीविज़न की दुनिया का सबसे अहम् किरदार—यानी एंकर होता है।

03

एंकरिंग का इतिहास (1)

अमेरिका और यूरोप में एंकरिंग

बीसवीं शताब्दी के तीसरे दशक में पहले अमेरिका, फिर ब्रिटेन में टेलीविज़न की व्यावसायिक शुरुआत हो चुकी थी। दोनों देशों में पहले ही से कई बड़ी टेलीग्राफ़ और रेडियो कम्पनियाँ थीं। ये कम्पनियाँ, ख़ास तौर से कुछ अमेरिकी कम्पनियाँ, प्रथम विश्वयुद्ध के दौरान फ़ौजी धन्धों और ठेकों से अकूत मुनाफ़े पीटकर बहुराष्ट्रीय कार्पोरेशन का रूप ले चुकी थीं। टेलीविज़न के विकास के साथ-साथ ये विशालकाय कम्पनियाँ टेलीविज़न के व्यावसायिक प्रसारणों के धन्धे में भी उतर आईं। इनमें ज़बर्दस्त आपसी होड़ भी थी।

रेडियो प्रसारणों की बढ़ती लोकप्रियता और रेडियो न्यूज़ के क्रमशः विकास के साथ अमेरिका में कोलम्बिया ब्रॉडकास्टिंग सिस्टम (सीबीएस) नेशनल ब्रॉडकास्टिंग कम्पनी (एनबीसी) और अमेरिकन ब्रॉडकास्टिंग कम्पनी (एबीसी) जैसी विशालतम निजी कम्पनियों के प्रसारणतंत्र

सीबीएस

एनबीसी

एबीसी

आरसीए

का साम्राज्य था, तो ब्रिटेन में सार्वजनिक क्षेत्र की ब्रिटिश ब्रॉडकास्टिंग कार्पोरेशन (बीबीसी) का एकच्छत्र राज था।

इन विशाल बहुराष्ट्रीय कम्पनियों के रेडियो न्यूज़ के अपने-अपने व्यवस्थित और विकसित आधार पहले से मौजूद थे। इस व्यवस्थित और विकसित आधार में उनके तकनीकी तंत्र और प्रशिक्षित पत्रकारों की विशाल फ़ौज शामिल थी। इसके साथ ही इनकी पहुँच भी प्राय: सभी महाद्वीपों तक थी। इसका संचार-तंत्र दुनिया के कोने-कोने तक फैलता जा रहा था।

रेडियो और न्यूज़-रीलों का आधार

ये कम्पनियाँ जब धीरे-धीरे टेलीविज़न प्रसारण और टीवी न्यूज़ के क्षेत्र में दाखिल हुईं, तो इनके पास मौजूद रेडियो ब्रॉडकास्टिंग और रेडियो न्यूज़ का यह व्यवस्थित और विकसित आधार बहुत काम आया। दूसरे, सिनेमा के विकास के साथ-साथ 'न्यूज़ रीलों' के रूप में क्रमशः विकसित टेलीविज़न न्यूज़ का एक और आरम्भिक आधार भी पहले ही से मौजूद था। कहना न होगा कि इन सभी बातों ने मिलकर वह ज़रूरी पृष्ठभूमि और आधार तैयार किया, जिस पर कि आगे चलकर सही मायनों में टेलीविज़न न्यूज़ की ज़ोरदार शुरुआत हुई। इसने फिर धीरे-धीरे अपना एकदम स्वतंत्र अस्तित्व और विशिष्ट चरित्र भी विकसित कर लिया। इस तरह द्वितीय विश्वयुद्ध के बाद, तकरीबन पाँचवें दशक के अन्तिम वर्षों में, टेलीविज़न न्यूज़ अपने विशिष्ट चरित्र के साथ सबसे पहले अमेरिका में, फिर ब्रिटेन और धीरे-धीरे लगभग सभी यूरोपीय देशों और जापान में विकसित हुई। इसी तरह टीवी एंकरिंग के इतिहास की शुरुआत भी अमेरिका और ब्रिटेन से ही होती है।

टेलीविज़न के आगमन से पहले रेडियो पर समाचार, न्यूज़ फीचर अथवा अन्य कार्यक्रम प्रस्तुत करने वालों को **नैरेटर** (Narrator) या **प्रेज़ेंटर** (Presenter) कहा जाता था। ये 'नैरेटर' या 'प्रेज़ेंटर' सामान्य उद्घोषकों (Announcers) से भिन्न होते थे। इनमें से जो समाचार पढ़ते थे, उन्हें ख़ास तौर से समाचार-वाचक या **न्यूज़रीडर्स** (Newsreaders) कहा जाता था।

भाषा-शैली और आवाज़ के जादूगर

ये सिर्फ़ आवाज़ के ही जादूगर नहीं होते थे, बल्कि उनकी भाषा शैली, प्रत्युत्पन्नमति, हाज़िर-जवाबी और समाचारों या रेडियो रिपोर्टों अथवा अन्य कार्यक्रमों को प्रस्तुत करने का उनका अन्दाज़ भी बड़ा दिलचस्प और आकर्षक होता था। इनमें भी पत्रकारिता के प्रशिक्षण और अनुभव से युक्त लोग ज़्यादा सफल होते थे। रेडियो पत्रकारों और रिपोर्टरों में से विकसित न्यूज़ रीडर, नैरेटर या प्रेज़ेंटर ज़्यादा लोकप्रिय होते थे।

टेलीविज़न प्रसारण शुरू होने पर जब बाद में नियमित टीवी न्यूज़ की शुरुआत हुई तो ठीक रेडियो और सिनेमा की 'न्यूज़ रील' की तर्ज़ पर, उसे प्रस्तुत करने वालों को 'नैरेटर, 'प्रेज़ेंटर' अथवा 'न्यूज़रीडर' या कभी-कभी 'होस्ट' (Host) भी कहा जाता था। वे समाचार प्रस्तुत करने के अलावा टिप्पणियाँ, विश्लेषण, इंटरव्यू या टॉक शोज़ आदि भी प्रस्तुत करते थे। इसके अलावा भी वे विभिन्न टेलीविज़न कार्यक्रम प्रस्तुत किया करते थे।

इनमें से ज़्यादातर प्रिंट मीडिया के अनुभवी पत्रकार और रेडियो के अनुभवी एवं प्रशिक्षित रिपोर्टर और पत्रकार होते थे। शुरू-शुरू में उनका अन्दाज़ भी रेडियो जैसा ही था। इसकी वजह यह थी कि शुरुआती दौर में ये 'न्यूज़रीडर' या 'प्रेज़ेंटर' अथवा 'होस्ट' टेलीविज़न के पर्दे पर दिखाई नहीं देते थे। हमें सिर्फ़ उनकी आवाज़ ही सुनाई देती थी।

न चेहरे, न लाइव विज़ुअल्स

टेलीविज़न के इस शुरुआती दौर में 'विज़ुअल्स' भी प्रायः नहीं होते थे। टीवी 'स्क्रीन' पर तब स्थिर चित्र अथवा नक़्शे आदि ही दिखाए जाते थे और पर्दे के पीछे से 'कमेंट्री' करने वाले की आवाज़-भर सुनाई देती रहती थी। कभी-कभी विशेष ख़बरों के सन्दर्भ में सिनेमा की 'न्यूज़ रील' के अंश दिखा दिये जाते थे। इनमें भी 'नैरेटर' की आवाज़ ही सुनाई पड़ती थी।

बाद में जब ये प्रस्तुतकर्ता या न्यूज़रीडर टीवी स्क्रीन पर दिखाई भी देने लगे थे तो इस आरम्भिक दौर में पहले ऐसा कभी-कभार ही होता था। वह भी किन्हीं ख़ास मौक़ों पर और बहुत कम समय के लिए। ख़ास तौर से द्वितीय विश्वयुद्ध के दौरान नक़्शों पर छड़ी (प्वाइंटर) से सेनाओं की स्थिति और युद्ध के ताज़ा परिणाम दिखाने

के लिए। जहाँ तक 'न्यूज़ रीलों' का सवाल है तो पर्दे पर चलते दृश्यों के साथ-साथ पीछे से उनकी सिर्फ़ आवाज़ ही सुनाई देती थी, जिसे प्रायः 'कमेंट्री' कहा जाता था। न्यूज़ रील के इन वाचकों को तो 'प्रेज़ेंटर', 'होस्ट' या 'न्यूज़रीडर' भी नहीं, बल्कि मात्र 'नैरेटर' ही कहा जाता था।

नैरेटर, प्रेज़ेंटर, होस्ट

शुरुआती दौर के ये नैरेटर, प्रेज़ेंटर, होस्ट अथवा न्यूज़रीडर्स ही दरअसल **एंकर** (Anchor) या **एंकरमैन** (Anchorman) के पहले-पहले रूप थे और इनके टेलीविज़न कार्यक्रम अथवा टीवी न्यूज़ प्रस्तुत करने के विशिष्ट क्रियाकलापों को ही एंकरिंग (Anchoring) के एकदम आरम्भिक रूप माना जा सकता है। देखा जाए तो एक तरह से, यहीं से एंकरों और एंकरिंग की विशिष्ट कला तथा उनके विशेष कौशल का इतिहास शुरू होता है।

इनके ये आरम्भिक क्रियाकलाप ही आगे चलकर आधुनिक 'एंकरिंग' और आधुनिक टेलीविज़न न्यूज़ के रूप में विकसित हुए। कहना न होगा कि ये एंकर और इनकी एंकरिंग ही आज टीवी न्यूज़ का मुख्य और पुख़्ता आधार है। समाचार ही नहीं बल्कि टेलीविज़न के ऐसे किसी भी कार्यक्रम की सफलता और लोकप्रियता का दारोमदार आज बहुत-कुछ इन एंकरों के कौशल और उनकी एंकरिंग की दिलचस्प और आकर्षक कला पर निर्भर करता है। इसीलिए ये एंकर, जैसाकि माना और कहा जाता है, अपने टीवी चैनल का चेहरा या 'ब्रांड' और उसके प्रतीक बन जाते हैं।

एंकर या एंकरमैन

जहाँ तक 'एंकर' शब्द के प्रथम प्रयोग का सवाल है तो उपलब्ध जानकारी के अनुसार इसका श्रेय सीबीएस न्यूज़ के प्रमुख माइकेल्सन (Mikelson) को दिया जाता है। इस शब्द का इस्तेमाल किसी टीवी पत्रकार के लिए सबसे पहले 7 जुलाई, 1952 को किया गया था।

डगलस एडवर्ड्स

बात उस समय की है जब अमेरिका के राष्ट्रपति चुनावों में उम्मीदवारों के चयन की प्रक्रिया चल रही थी। अमेरिका की दोनों प्रमुख प्रतिद्वन्द्वी पार्टियों—डेमोक्रेटिक पार्टी और रिपब्लिकन पार्टी—के राष्ट्रीय सम्मेलनों (नेशनल कन्वेंशंस) का 'कवरेज़'

सीबीएस (कोलम्बिया ब्रॉडकास्टिंग सिस्टम) के मशहूर टीवी पत्रकार वाल्टर क्रोंकाइट कर रहे थे। टेलीविज़न पर उनकी इन विशेष रिपोर्टों की तब ख़ासी धूम मची हुई थी।

अपनी राजनीतिक टिप्पणियों, सटीक विश्लेषण और दिलचस्प नोक-झोंक के साथ मनोरंजक प्रस्तुति के कारण ये विशेष टीवी रिपोर्ट बेहद लोकप्रिय हो रही थीं।

वाल्टर क्रोंकाइट

तभी इन राजनीतिक सम्मेलनों के इस 'कवरेज़' के सन्दर्भ में माइकेल्सन ने वाल्टर क्रोंकाइट के लिए 7 जुलाई, 1952 को पहली बार 'एंकर' और 'एंकरमैन' शब्दों का इस्तेमाल किया था।

प्रस्तुतीकरण की विशेष कला

इस छठे दशक के शुरुआती वर्षों से ही फिर अमेरिका और यूरोप में टेलीविज़न की स्क्रीन पर छाए रहने वाले इन विशिष्ट पत्रकारों को 'एंकर' और इनके प्रस्तुतीकरण की इस ख़ास कला को 'एंकरिंग' कहा जाने लगा। धीरे-धीरे सारी दुनिया की टेलीविज़न

केनेथ केंडल

शब्दावली में एंकर और एंकरिंग शब्द लोकप्रिय और रूढ़ हो गए। कालान्तर में इस कला के क्षेत्र का दायरा भी टीवी न्यूज़ और समकालीन घटनाक्रम (करेन्ट अफ़ेयर्स) से लेकर 'प्रोग्रामिंग' और हर तरह के टेलीविज़न कार्यक्रम के सफलतापूर्वक संचालन तक विस्तृत हो गया।

पीटर जेनिंग्स

जाहिर है कि आजकल किसी भी टीवी कार्यक्रम के स्क्रीन पर संचालन और प्रस्तुतीकरण के कौशल को एंकरिंग तथा इस कला का टेलीविज़न स्क्रीन पर प्रदर्शन करने वाले व्यक्ति को एंकर कहा जाता है। लेकिन यह नहीं भूलना चाहिए कि वास्तविक एंकरिंग समाचारों और घटनाक्रम के विशेष अन्दाज़ में प्रस्तुतीकरण और विश्लेषण की कला ही है तथा सही अर्थों में एंकर इस कौशल में माहिर विशिष्ट पत्रकार ही होते हैं।

एंकरिंग के इस इतिहास को भली भाँति जानने और उसके क्रमिक विकास को ठीक से समझने के लिए अमेरिका की प्रमुख टेलीविज़न कम्पनियों के 'नेटवर्क' और बीबीसी (ब्रिटिश ब्रॉडकास्टिंग कार्पोरेशन) से जुड़े अपने ज़माने के कुछ मशहूर एंकरों के क्रियाकलापों पर नज़र डालना ज़रूरी है। मजे की बात यह है कि ये सभी लोकप्रिय और प्रभावशाली एंकर प्राय: न्यूज़ से ही जुड़े रहे हैं। वे अपने दौर के सर्वश्रेष्ठ पत्रकार रहे हैं और अपनी एंकरिंग की विशिष्ट शैली के अलावा अपनी पत्रकारिता के बल पर भी मशहूर हुए हैं। अतएव, यह नहीं भूलना चाहिए कि एंकर ख़ास क़िस्म के पत्रकार होते हैं और उनकी एंकरिंग पत्रकारिता की ही एक विशेष श्रेणी और विशिष्ट कला होती है।

क्लिफ़ माइकेलमोर

आरंभिक दौर के मशहूर एंकर

इस विशेष क़िस्म की पत्रकारिता (एंकरिंग) का दायरा फिर चाहे जितना विस्तृत हो और विविधता लिए हुए हो। राजनीति से लेकर सामाजिक, सांस्कृतिक और आर्थिक से लेकर मनोरंजन के तमाम क्षेत्रों तक। कहना न होगा कि आधुनिक युग में राजनीति और समकालीन घटनाक्रम का क्षेत्र इस प्रसंग में प्राथमिक और सबसे महत्त्वपूर्ण बन गया है।

टॉम ब्रोका

अमेरिका के शुरुआती दौर के ऐसे कुछ महत्त्वपूर्ण एंकरों में लॉवेल थॉमस (Lowell Thomas), कैमरॉन स्वेज (Cameron Swayze), डगलस एडवर्ड्स (Douglas Edwards), एडवर्ड मुर्रो (Edward Roscoe Murrow), वॉल्टर क्रोंकाइट (Walter Cronkite) और हंटली-बिंक्रली (Hontley-Brinkley) की मशहूर जोड़ी का नाम लिया जा सकता है।

मैक्स रोबिन्सन

इन्हीं के समकालीन बीबीसी न्यूज़ से जुड़े आरम्भिक दौर के प्रमुख एंकरों में रिचर्ड बेकर (Richard Baker), केनेथ केंडल (Kenneth Kendall), रॉबर्ट डुगाल (Robert Dougall), क्लिफ़ माइकेलमोर (Cliff Michelmore) और रिचर्ड डिंबलीबाई (Richard Dimbleby) के नाम लिए जा सकते हैं। पहले दौर के टीवी एंकरों में अमेरिकी और यूरोपीय टेलीविज़न की स्क्रीन पर यही दर्जन-भर लोकप्रिय पत्रकार छाए रहे हैं। छठे दशक से लेकर प्रायः सातवें और आठवें दशकों तक। ये अपने ज़माने के सबसे प्रभावशाली पत्रकार थे।

जॉन रदर

एंकरिंग का दूसरा दौर

अमेरिका और यूरोप में एंकरिंग के इतिहास के दूसरे दौर की शुरुआत हालाँकि आठवें दशक के आख़िरी वर्षों से मानी जा सकती है, जब **एबीसी** ने वाशिंगटन, शिकागो और लन्दन से एक साथ तीन एंकरों को लेकर 'वर्ल्ड न्यूज़ टुनाटट' (WNT) नाम से दुनिया-भर में मशहूर टीवी कार्यक्रम का आरम्भ किया था। विश्व घटनाक्रम की जानकारी और उस पर तीन प्रतिभाशाली एंकरों—वाशिंगटन से फ़्रैंक रेनाल्ड, शिकागो से मैक्स रोबिन्सन और लन्दन से पीटर जेनिंग्स—की विश्लेषणात्मक टिप्पणियों से एबीसी का डब्ल्यूएनटी दुनिया-भर के टेलीविज़न दर्शकों के बीच बहुत मशहूर हो गया था और उसने बीबीसी की 'वर्ल्ड न्यूज़' को पीछे छोड़ दिया था।

सेलिना स्कॉट

लेकिन फिर भी एंकरिंग के इतिहास के इस दूसरे दौर की शुरुआत कई लोग प्राय: नौवें दशक से मानते हैं, जब 5 सितम्बर, 1983 से एबीसी के अकेले प्रमुख एंकर के रूप में पीटर जेनिंग्स (Peter Jannings) अमेरिकन टेलीविज़न पर छाने लगे थे। दरअसल, 20 जुलाई, 1983 को फ़्रैंक रेनाल्ड (Frank Reynold) की मृत्यु और सितम्बर में मैक्स रोबिन्सन (Max Robinson) के डब्ल्यूएनटी से हट जाने से 1983 के उत्तरार्ध से यह मशहूर तिकड़ी बिखर गई थी।

यह दूसरा दौर—अस्सी के दशक से लेकर नई सहस्राब्दी के आरम्भिक वर्षों तक लगभग 20-22 वर्षों तक—अमेरिकी एंकरों की एक दूसरी तिकड़ी के नाम रहा। ये हैं एबीसी के पीटर जेनिंग्स के साथ सीबीएस के प्रमुख एंकर जॉन रदर (John Rather) और एनबीसी के प्रमुख एंकर टॉम ब्रोका (Tom Brokaw)।

बिग-थ्री की मशहूर तिकड़ी

इस दौर के इन मशहूर एंकरों को टेलीविज़न की दुनिया में 'बिग-थ्री' (Big Three) कहा जाता है। बीबीसी के इस दौर के मशहूर एंकरों में 'प्राइम टाइम' की लोकप्रिय एंकर एंजिला रिप्पन (Angela Rippon), डेविड फ़्रॉस्ट (David Frost) और जॉन क्रावेन (John Craven) गिने जाते हैं।

स्मरणीय है कि एंजेला रिप्पोन ब्रिटेन की पहली महिला एंकर हैं, जो बाद में बीबीसी छोड़कर आईटीवी (ITV) में चली गई थीं। इसी दौर में आईटीवी की पहली महिला एंकर सेलिना स्कॉट (Selina Scott) थीं, जो जनवरी 1983 में पहले बीबीसी में, फिर 1988 में सीबीएस की एंकर बनकर अमेरिका चली गई थीं। सेलिना स्कॉट 1992 से स्काई (Sky) में और डेविड फ़्रॉस्ट भी बीबीसी छोड़कर नवंबर, 2006 से अल–ज़ज़ीरा : इंग्लिश (Al-Zazeera English) में चले गए थे।

बर्नार्ड शा

इस दौर के अन्य प्रमुख अमेरिकी टीवी एंकरों में 'बिग–थ्री' के अलावा लारी किंग (Larry King : असली नाम 'लारेंस हार्वे जेइगर'), बर्नार्ड शॉ (Bernard Shaw), जॉन हॉलिमैन (John Holliman), डेविड वाकर (David Walker), बारबरा वाल्टर्स (Barbra Walters), रिज़ ख़ान (Rizwan Khan), और केटी कॅरी (Katie Couric) रहे हैं।

टीवी रिपोर्टर से एंकर

इनके अलावा रिपोर्टरों से एंकर बने थॉमस ब्राडेन (Thomas Braden) और पीटर अर्नेट (Peter Arnett) को भी इस प्रसंग में नहीं भुलाया जा सकता। पीटर अर्नेट खाड़ी युद्ध के समय बर्नार्ड शॉ और जॉन हॉलिमैन के साथ सीएनएन के लिए बग़दाद के होटल अल–रशीद से 'लाइव रिपोर्टिंग' करके मशहूर हो गए थे, जबकि ब्राडेन 1982 से सीएनएन में इंटरव्यू के अपने मशहूर कार्यक्रम **क्रॉसफ़ायर** (Crossfire) से लोकप्रिय हुए थे।

रिज़ ख़ान

ऊपर जिन मशहूर एंकरों का ज़िक्र किया गया है, इनमें 'ब्रिग-थ्री' और एबीसी की बारबरा वाल्टर्स के अलावा सभी सीएनएन के पत्रकार-एंकर हैं। डेविड वाकर ने तो अपनी पत्नी लोइस हार्ट (Lois Hart) के साथ मिलकर सीएनएन के पहले 'न्यूज़ कास्ट' की एंकरिंग की थी। सीएनएन शुरू होने पर उसके प्रमुख (और मालिक) टेड टर्नर (Ted Turner) के उद्घाटन वक्तव्य के बाद इसी एंकर दम्पती ने 1 जून, 1980 को शाम पाँच बजे पहला न्यूज़ बुलेटिन प्रस्तुत किया था।

केटी-कॅरी भी सितम्बर, 2006 से सीबीएस की 'सीबीएस ईवनिंग न्यूज़' की प्रमुख एंकर और मैनेजिंग एडीटर बनने से पहले और 1991-96 के दौरान एनबीसी की 'को-एंकर' (बॉब शिफ़र के साथ) रहने से पूर्व 1984-86 में सीएनएन में असाइनमेंट एडीटर थीं। रिज़ ख़ान भी सीएनएन में कई वर्षों तक रिपोर्टर और एंकर रहने के बाद 2006 से अल-ज़ज़ीरा : इंग्लिश में हैं।

पत्रकारिता की आड़ में जासूसी

इस दौर के अन्य मशहूर ब्रिटिश टीवी एंकर बीबीसी के टिम सेबास्तियन (Tim Sebastian) हैं। ये पहले 'रॉयटर' के विशेष संवाददाता थे। फिर बीबीसी के 'हार्ड टॉक' (Hard Talk) कार्यक्रम से लोकप्रिय हुए। वे रिपोर्टर के रूप में 1985 में जासूसी करने के आरोप में मास्को से निष्कासित होने के बाद वाशिंगटन में 1986 से 1989 तक बीबीसी के ब्यूरो प्रमुख भी रहे।

वहाँ सीएनएन के ब्राडेन के साथ मिलकर अंध-कम्युनिस्ट-विरोधी अन्तर्राष्ट्रीय संगठन में सक्रियता के कारण वे काफ़ी बदनाम भी हुए, जैसे कि खाड़ी युद्ध के दौरान अमेरिकी युद्ध विभाग **पेंटागन** और अमेरिकी गुप्तचर एजेंसी **सीआईए** से सम्बन्धों के कारण बग़दाद से 'लाइव टेलीकास्ट' करने वाली सीएनएन की टीम

(बर्नार्ड शॉ, जॉन हॉलिमैन और पीटर अर्नेट) बदनाम हुई थी। ऐसी ही बदनामी सीएनएन के **पेंटागन** संवाददाता बोल्फ़ ब्लिट्ज़र (Wolf Blitzer) की भी हुई थी, जो अब इसी नेटवर्क में एंकर हैं।

खाड़ी युद्ध (बग़दाद)

पहली महिला अश्वेत एंकर

बीबीसी की एक अन्य प्रमुख टीवी एंकर इस दौर में मोइरा स्टुअर्ट (Moira Stuart) भी थीं, जिन्होंने मतभेद के कारण 3 अक्टूबर, 2007 को बीबीसी छोड़ दिया था। उनकी सुबह की न्यूज़ एंकरिंग 'ब्रेकफ़ास्ट टाइम' नाम से थी।

स्मरणीय है कि मोइरा स्टुअर्ट को बीबीसी में पहली अफ्रीकी-कैरेबियन महिला एंकर बनने का गौरव भी हासिल है। बीबीसी के ही एक और मशहूर एवं वरिष्ठ एंकर फ्रैंक बॅफ़ (Frank Bough) के ज़िक्र के बिना यह कहानी अधूरी होगी। वे 1964 में एंकरमैन बने थे और शीघ्र ही बीबीसी स्पोर्ट्स में खेल कार्यक्रमों की एंकरिंग करने लगे थे। इस क्षेत्र में वे सर्वाधिक लोकप्रिय एंकर बन गए थे।

लेकिन अस्सी के दशक के मध्य में वे आईटीवी में चले गए और 'टीवी एएम' कार्यक्रम में सेलिना स्कॉट और निक रोज़ (Nick Ross) के साथ मिलकर न्यूज़ की एंकरिंग करने लगे। शीघ्र ही टीवी एएम की तर्ज़ पर 3 सितम्बर, 1984 से **सिक्स ओ' क्लॉक** और 2006 से **टेन ओ' क्लॉक** न्यूज़ के नये कार्यक्रम भी शुरू कर दिये गए जो बेहद लोकप्रिय हुए। 'टेन' पहले **नाइन ओ' क्लॉक** था।

हल्के मूड की शैली

आईटीवी ने अस्सी के दशक में टीवी एएम के ज़रिए एक नई शैली की न्यूज़ शुरू की जिसे उसने 'रिलेक्स्ड स्टाइल' (Relaxed Style) या 'हल्के मूड की शैली' का

नाम दिया था। इसमें सुबह-सुबह के समाचार बड़े हल्के-फुल्के ढंग से और मनोरंजक शैली के साथ प्रस्तुत किए जाते थे।

इस क़िस्म के समाचारों के प्रस्तुतीकरण में एंकरिंग भी बदल गई। गम्भीर से गम्भीर और महत्त्वपूर्ण समाचारों को मनोरंजक बनाकर और हल्की-फुल्की शैली की एंकरिंग के साथ पेश किया जाने लगा था, जैसा कि प्राय: 'प्रोग्रामिंग' की एंकरिंग में होता है। धीरे-धीरे इसने मनोरंजक ही नहीं, हास्यास्पद प्रस्तुतीकरण का रूप ले लिया। हर चीज़ का जैसे मज़ाक बनाया जाने लगा और धीरे-धीरे मनोरंजन का अर्थ ही अगम्भीरता और फूहड़ हास्य हो गया।

इससे समाचारों के प्रस्तुतीकरण में गम्भीर विश्लेषण और सूक्ष्म विवेचन बिलकुल ही ग़ायब हो गया। बौद्धिक जगत में और पत्रकार बिरादरी में इस तथाकथित 'रिलेक्स्ड स्टाइल' या 'हल्के-फुल्के मूड' की एंकरिंग की कठोर आलोचना की गई। लेकिन दूसरी तरफ़ आम लोगों के बीच इस शैली की लोकप्रियता बढ़ती गई।

इस हल्के-फुल्के मूड वाली 'रिलेक्स्ड स्टाइल' की एंकरिंग से आईटीवी की 'रेटिंग' इतनी ऊँची जाने लगी कि आख़िरकार यूरोप और अमेरिका के अन्य टेलीविज़न न्यूज़ नेटवर्कों ने भी कमोबेश उसकी नक़ल करनी शुरू कर दी। बीबीसी को अपवाद मानें तो स्काई और फ़ॉक्स ही नहीं, कई अमेरिकन टीवी नेटवर्कों पर भी इसका असर देखा गया।

इन्फ़ोटेनमेंट की संक्रामक बीमारी

आज हालत यह है कि न्यूज़ की इस नई क़िस्म की एंकरिंग का असर भारत सहित तीसरी दुनिया के टेलीविज़न नेटवर्कों पर भी कमोबेश पड़ने लगा है। इससे एंकरिंग की बौद्धिक तेजस्विता ग़ायब होने लगी है और समाचारों की गम्भीरता नष्ट होने लगी है। अब प्रत्येक समाचार और हरेक सूचना को मनोरंजन का पुट देकर हल्के-फुल्के ढंग से पेश करने की प्रवृत्ति बढ़ती जा रही है। भारत के विभिन्न निजी न्यूज़ चैनलों, ख़ासकर हिन्दी समाचार चैनलों में तो हम इसकी फूहड़ नक़ल देख ही रहे हैं।

छूत की बीमारी की तरह फैलती जाने वाली इस नई शैली को **इन्फ़ोटेनमेन्ट** (Infotainment) का नाम दिया गया है। यह शब्द 'इन्फ़ार्मेशन' या सूचना और 'इन्टरटेनमेन्ट' या मनोरंजन शब्दों के बेमेल मेल से बना है, अर्थात् प्रत्येक सूचना या समाचार मनोरंजन का पुट देकर ही पेश किया जाए।

उससे लोगों का मनोरंजन होना चाहिए, भले ही उनकी बुद्धि कुन्द होकर नष्ट हो जाए और वे देश, दुनिया और समाज की ज्वलंत समस्याओं से मुँह फेरकर मनोरंजन और मस्ती में डूबे रहें। दुनिया की प्रत्येक सत्ता यही चाहती है। इस तरह आज मीडिया मनोरंजन की चाशनी में जनसाधारण को अफ़ीम खिलाकर सत्ता से नापाक गठजोड़ कर, उन्हें सुलाने में लगा हुआ है। विशेष रूप से टेलीविज़न।

खाड़ी युद्ध ने बदला चरित्र

हम सीएनएन द्वारा चौबीसों घंटे खाड़ी युद्ध के लाइव प्रसारण के रूप में इसकी अत्यन्त घृणित और अमानवीय तस्वीर देख ही चुके हैं। मीडिया जो सकारात्मक सामाजिक रूपांतरण में एक 'कैटेलेटिक एजेन्ट' या उत्प्रेरक की तरह प्रेरक भूमिका निभाता था, अब सत्ता की चाकरी में इसे रोकने और लोगों की चेतना को कुन्द बनाकर उन्हें सुलाने की भूमिका निभा रहा है।

कहना न होगा कि सत्ता का अर्थ है साम्राज्यवाद (या ग्लोबलाइज़ेशन की नई शब्दावली में 'नव-साम्राज्यवाद') और साम्राज्यवादी सत्ता का मतलब है अमेरिकी प्रशासन के नेतृत्व में पश्चिमी विकसित देशों का गिरोह। इसके निशाने पर तीसरी दुनिया के विकासशील और अविकसित देशों की आबादी—दुनिया के दो-तिहाई से भी अधिक जनसाधारण हैं।

खाड़ी युद्ध

आज का मीडिया इनकी आवाज़ नहीं उठाता। ख़ुद इन देशों का मीडिया भी नहीं, क्योंकि इनके सत्ताधारियों का अधिकांश भी साम्राज्यवाद की सेवा में घुटनों पर झुका बैठा है। इस तरह आज मीडिया अपने उद्देश्यों, चरित्र और धर्म से पतित होकर 'दुनिया के हवलदार' अंकल सैम का ठुल्ला या भोंपू बना हुआ है।

मुर्रो की अनुकरणीय एंकरिंग

लेकिन तस्वीर तब तक मुकम्मिल नहीं होगी, जब तक कि उसका दूसरा रुख़ भी सामने न लाया जाए। टेलीविज़न एंकरिंग का यह इतिहास तब तक अधूरा रहेगा जब तक कि ख़ुद अमेरिका के उन महान् पत्रकारों और एंकरों का ज़िक्र न किया जाए जिनके समझौताहीन संघर्षों और सच्चाई एवं अभिव्यक्ति-स्वातंत्र्य के लिए मर-मिट जाने के

एडवर्ड मुर्रो

जज़्बे ने ख़ुद अमेरिकी सत्ता की नींद हराम कर दी थी और अमेरिकी प्रशासन के दिग्गजों को धूल चटा दी थी। अमेरिका के ऐसे ही एक निर्भीक पत्रकार और टीवी एंकर थे **एडवर्ड मुर्रो** (Edward Roscoe Murrow), जो साठ के दशक की शुरुआत तक कोलंबिया ब्रॉडकास्टिंग सिस्टम (सीबीएस) के वाइस-प्रेसिडेंट (उपाध्यक्ष) और सीबीएस न्यूज़ के प्रमुख एंकर थे।

उन्होंने ही सीबीएस से सम्बन्ध-विच्छेद के बाद **वॉयस ऑफ़ अमेरिका** के रूप में अमेरिका में पहली सार्वजनिक टेलीविज़न सेवा की नींव डाली थी और वहाँ शैक्षणिक टीवी की भी शुरुआत की थी। मुर्रो मात्र 57 वर्ष ही जीवित रहे (जन्म : 25 अप्रैल, 1908 एवं मृत्यु : 27 अप्रैल, 1965)। इतनी अल्पायु में ही वे विश्व-विख्यात पत्रकार और टीवी एंकर बनकर सच्चाई और अभिव्यक्ति-स्वातंत्र्य की लड़ाई के प्रतीक माने जाने लगे थे।

साहसी कवरेज़ : निर्भीक प्रस्तुति

मुर्रो अपनी प्रतिभा के बल पर 27 वर्ष की अल्पायु में ही 1935 में सीबीएस के 'डायरेक्टर ऑफ़ टॉक' के पद पर पहुँच गए थे। दो साल बाद ही वे सीबीएस के 'यूरोपियन ऑपरेशंस' के डायरेक्टर होकर 1937 में लंदन चले गए थे। मुर्रो को द्वितीय विश्वयुद्ध के दौरान रेडियो पर (जो उस समय सर्वाधिक लोकप्रिय और सबसे ज़्यादा पहुँच वाला प्रभावशाली माध्यम था) अपने न्यूज़ रिपोर्ताज़, टिप्पणियों और विश्लेषणात्मक विशेष न्यूज़-रिपोर्टों से दुनिया भर में बड़ी प्रसिद्धि मिली थी।

हिटलर के नाज़ी जर्मनी द्वारा आस्ट्रिया हथियाने के 'कवरेज़' से मुर्रो पत्रकारिता के शिखर पर पहुँच गए थे। वे हिटलरी आतंक और नृशंसताओं से आँखें फेरे रहने के लिए अमेरिकी प्रशासन की और हिटलर को बढ़ावा देने के लिए ब्रिटेन और अन्य यूरोपीय सत्ताओं की तुष्टीकरण की नीति ('पॉलिसी ऑफ़ अपीज़मेंट') की बराबर कठोर आलोचना करते रहे थे।

द्वितीय विश्वयुद्ध के दौरान आस्ट्रिया के पत्रकार शिरर (Shirer) के साथ मिलकर वे 'यूरोपियन न्यूज़ राउंड-अप' ('European News Round-up') पेश करते थे, जो सारी दुनिया में लोकप्रिय था और बारम्बार उद्धृत होता था। इसमें वे

युद्धरत यूरोप के अनेक शहरों के पत्रकारों की रिपोर्टों को अपने ढंग से गूँथकर अपने विश्लेषण और टिप्पणियों के साथ प्रस्तुत करते थे।

एंकरिंग का असाधारण असर

उनके इस प्रोग्राम के आधार पर ही आगे चलकर सीबीएस टेलीविज़न नेटवर्क का विख्यात 'वर्ल्ड न्यूज़ राउंड-अप' शुरू हुआ था, जिसकी नक़ल दुनिया भर के टेलीविज़न नेटवर्कों ने की थी। हिटलर की योजनाओं, उसके मंसूबों के बारे में मुर्रो की तक़रीबन सभी चेतावनियाँ और भविष्य-कथन सही निकले थे।

मुर्रो इस दौरान कितने प्रसिद्ध और महत्त्वपूर्ण हो गए थे, इसका अन्दाज़ा इस बात से भी लगता है कि दिसम्बर, 1940 में अमेरिका वापिसी पर राष्ट्रपति फ़्रैंकलिन रूज़वेल्ट ने उनका स्वागत करते हुए उन्हें 'वैलकम-बैक' टेलीग्राम भेजा था। दो दिसम्बर को उनके सम्मान में सीबीएस ने एक डिनर दिया था। अपने स्वागत और सम्मान का उत्तर देते हुए मुर्रो ने अपने भाषण में जापान के हवाई हमलों की आशंका व्यक्त करते हुए अमेरिकी प्रशासन को चेतावनी दी थी, लेकिन अमेरिकी प्रशासन ने उसे तब भी गम्भीरता से नहीं लिया था। वह जापानी राजदूत की कूटनीतिक चालों में फँसकर उसकी अनाक्रमण और शान्ति-वार्ताओं पर भरोसा कर रहा था।

अमेरिकी प्रशासन मित्र राष्ट्रों के युद्ध-प्रयासों की भरपूर मदद करते हुए भी ख़ुद सीधे युद्ध में कूदने से हिचकिचा रहा था। मुर्रो की चेतावनी के एक हफ़्ते से भी कम में **पर्ल हार्बर** पर जापानी हवाई हमला हो गया था और अमेरिका युद्ध में सीधे शामिल हो गया था।

पर्ल हार्बर पर जापानी हमला

विश्वयुद्ध की औपचारिक समाप्ति से कुछ ही पहले, अप्रैल, 1945 में मुर्रो ने नाज़ियों के बुख़ेनवाल्ड कन्सन्ट्रेशन कैम्प (यातना शिविर) की मुक्ति के सन्दर्भ में अपनी विख्यात रिपोर्ट में अमेरिकी सत्ता और उसकी यूरोपीय सहयोगी उपनिवेशवादी सरकारों की नीतियों पर कड़े प्रहार किए थे। चारों तरफ़ से भारी दबाव डाले जाने पर भी मुर्रो ने खेद व्यक्त करने से इनकार कर दिया था। यहाँ तक कि इससे उनका अपने घनिष्ठ मित्र और साथी पत्रकार शिरर से भी सम्बन्ध विच्छेद हो गया था। मुर्रो इस बीच युद्ध के बाद सीबीएस नेटवर्क के वाइस-प्रेसिडेंट (उपाध्यक्ष) बन गए थे।

ट्रूमैन डॉक्ट्राइन का पर्दाफ़ाश

युद्धोत्तर यूरोप में फैलते हुए कम्युनिज़्म के प्रभाव को रोकने के लिए जब नये राष्ट्रपति ट्रूमैन की बदनाम 'ट्रूमैन डॉक्ट्राइन' आई तो मुर्रो ने उसकी धज्जियाँ उड़ाते हुए उसकी और राष्ट्रपति ट्रूमैन की कठोर आलोचना की। इससे उनके मित्र और सीबीएस के 'बॉस' विलियम एस. पॉली (William S. Paley) से भी गहरे मतभेद हो गए।

अमेरिकी राष्ट्रपति ट्रूमैन

मुर्रो अपनी इस कटु आलोचना से एक डग भी पीछे हटने के लिए तैयार नहीं थे। उल्टे उन्होंने मीडिया और राजनीतिक सत्ता तथा मीडिया और पूँजी—प्रतिष्ठानों के बीच बनते जा रहे 'अपवित्र गठजोड़' ('अनहोली अलायंस') की कटु आलोचना की। मुर्रो अमेरिकी प्रशासन पर बढ़ते जा रहे पूँजी-प्रतिष्ठानों और युद्ध विभाग **पेंटागन** के नाजायज़ प्रभाव तथा बदनाम अमेरिकी गुप्तचर एजेंसी **सीआईए** की अमेरिका के बौद्धिक जगत् में लोकतांत्रिक संस्थाओं और अभिव्यक्ति-स्वातंत्र्य को कुचलने की हरकतों की भी लगातार कठोर आलोचना करते रहते थे। इसमें वे अपने-पराये या मित्रों तक को, किसी को नहीं बख़्शते थे।

ना काहू से दोस्ती, ना...

मुर्रो की इस निर्भीक पत्रकारिता से बिल पॉली से उनके मतभेद बढ़ते गए और दोनों दोस्तों की मित्रता टूटने के कगार पर पहुँच गई। दरअसल, मुर्रो कहीं भी समझौता

करने या झुकने के लिए तैयार नहीं होते थे—न दोस्तों, न दुश्मनों के आगे; जिनमें बेहद प्रभावशाली राजनेता, प्रशासक और धन्ना सेठों के कार्पोरेट हाउस तक थे।

सीबीएस के वाइस-प्रेसिडेंट होते हुए भी वे एंकरिंग करते थे और उनके टीवी स्क्रीन पर आते ही समूचे अमेरिका के लोग सब काम छोड़कर साँस रोक देखते थे कि आज किसकी शामत आएगी, आज किसका भाँड़ा फूटेगा। उनके तीनों प्रमुख टीवी कार्यक्रमों की समूचे अमेरिका में रेटिंग सबसे ऊँची थी। यही नहीं, उनके 'फुटेज़' तमाम यूरोपीय देशों के लगभग सभी टेलीविज़न नेटवर्क दिखाते थे, क्योंकि उनकी लोकप्रियता सबसे ज़्यादा थी।

एंकर के रूप में मुर्रो के तीनों विख्यात कार्यक्रम थे : 'सी इट नाउ' (See It Now : 1951-58) 'पर्सन-टू-पर्सन' (Person To Person : 1953-59) और 'स्माल वर्ल्ड' (Small World : 1958-60)। 'सी इट नाउ' की शुरुआत 18 नवम्बर, 1951 में हुई थी और यह कार्यक्रम 'सीबीएस ईवनिंग न्यूज़' के दिलचस्प पुछल्लों (Tailpieces) के रूप में था। इसमें मुर्रो कुछ विशेष किन्तु विवादास्पद समाचारों (Special Stories on Conteroversial issues) पर आधे घंटे तक चर्चा करके उनकी सभी पहलुओं से चीर-फाड़ करते थे।

मैकार्थीवाद का भंड़ाफोड़

इनमें सबसे ज़्यादा विवादास्पद और पूरी दुनिया में तहलका मचा देनेवाला कार्यक्रम था 'ए रिपोर्ट ऑन सिनेटर जोसेफ़ मैकार्थी' (A Report on Senator Joseph Mecarthy)। इस शीर्षक से 9 मार्च, 1954 में मुर्रो की कई खंडों में एक पूरी श्रृंखला (Series) टेलीकास्ट हुई थी।

इस कार्यक्रम ने न केवल पूरी दुनिया में तत्कालीन अमेरिकी प्रशासन और उसकी **सीआईए** और **एफबीआई** की राजनीतिक शाखा—जैसे कुख्यात संगठनों की ग़ैरक़ानूनी हरकतों का सप्रमाण भंडाफोड़ किया था, बल्कि मैकार्थी के राजनीतिक भविष्य का भी अन्त कर डाला था। अमेरिका पूरी दुनिया में बदनाम हो गया था।

जोसेफ़ मैकार्थी

दरअसल, पूरी दुनिया से 'कम्युनिज़्म का सफ़ाया' करने के नाम से शीत-युद्ध की घृणित राजनीति के तहत **मैकार्थीवाद** ने नागरिक स्वतंत्रताओं और अभिव्यक्ति—स्वातंत्र्य को कुचलने का ग़ैरक़ानूनी अभियान छेड़ रखा था। अमेरिका के सभी प्रगतिशील और बौद्धिक-

सांस्कृतिक आन्दोलनों, विचारों और व्यक्तियों की झूठे लांछन लगाकर बदनामी फैलाने, उनकी जासूसी कराने और फ़र्जी दस्तावेज़ों के आधार पर उन्हें झूठे मुक़दमों के फँसाकर उनका दमन करने का अभियान ही मैकार्थीवाद था।

इसके तहत लेखकों, पत्रकारों, शिक्षकों, कलाकारों, संस्कृति-कर्मियों, वैज्ञानिकों और बुद्धिजीवियों का दमन किया जा रहा था और जेल की सज़ाएँ या देशनिकाला थोपा जा रहा था। यहाँ तक कि मैकार्थी के बदनाम गुर्गों ने महान् वैज्ञानिक **अल्बर्ट आइंस्टीन** को भी बेहद परेशान किया था और उन्हें राष्ट्रपति को विरोधपत्र लिखना पड़ा था।

मुर्रो ने अपने कार्यक्रम 'सी इट नाउ' में शृंखलाबद्ध रूप से इसी पाखंड, झूठे षड्यंत्रों, अलोकतांत्रिक दमन और आतंकराज का दस्तावेज़ी सप्रमाण भंडाफोड़ करते हुए इसे अमानवीय, ग़ैरक़ानूनी और अमेरिकी सत्ता एवं समाज के लिए कलंक कहा था। इस कार्यक्रम से मैकार्थीवाद का विनाश और जोसेफ़ मैकार्थी का राजनीतिक पतन हो गया था।

स्पांसरों ने हाथ खींचे

मुर्रो की एंकरिंग वाले इस लोकप्रिय कार्यक्रम की 'स्पांसर' कम्पनी अलकोआ (Alcoa) द्वारा अपने भारी-भरकम विज्ञापन हटा लेने के बाद 1955 से यह नियमित कार्यक्रम बन्द हो गया। हालाँकि अन्तिम रूप से 1958 में बन्द होने से पहले यह छिटपुट रूप में चलता रहा था, क्योंकि गहरे मतभेदों और कटु सम्बन्धों के बावजूद बिल पॉली सीबीएस की रेटिंग गिरने का ख़तरा नहीं उठाना चाहते थे।

इसके अन्तिम रूप से बन्द हो जाने के बाद 1958 से ही 'स्माल वर्ल्ड' नाम से मुर्रो का दूसरा विशेष कार्यक्रम शुरू हुआ। इस 'टॉक-शो' में भी वे राजनेताओं की जमकर छिलाई किया करते थे।

नवम्बर, 1960 में 'शर्म की खेती' नामक अन्तिम कड़ी के बाद जब यह भी बन्द हो गया तो मुर्रो ने त्यागपत्र देकर सीबीएस से सम्बन्ध तोड़ लिये। इन अत्यन्त लोकप्रिय कार्यक्रमों के अलावा मुर्रो का तीसरा साप्ताहिक कार्यक्रम 'पर्सन-टू-पर्सन' 1953 से 1959 तक चला था। इसमें वे विभिन्न क्षेत्रों के प्रसिद्ध व्यक्तियों के 'इंटरव्यू' लिया करते थे। इसने बराबरी की हैसियत से आपसी बातचीत और दो-टूक बहस के रूप में 'इंटरव्यू' की प्रचलित विधा को भी नया रूप देकर उसे सकारात्मक विस्तार दिया।

बाद में दुनिया-भर के टीवी एंकरों ने इसी शैली को अपने-अपने ढंग से अपनाया। मुर्रो पचास के दशक के आरम्भ से लेकर 1959-60 तक सीबीएस ही नहीं, सम्पूर्ण अमेरिकन टेलीविज़न और यूरोप में भी सबसे लोकप्रिय और सर्वप्रमुख एंकर-रिपोर्टर रहे। सभी उनकी शैली की नक़ल करने का प्रयास किया करते थे।

सब एडवर्ड मुर्रो बनना चाहते थे

मुर्रो सीबीएस की 'डेली न्यूज़ रिपोर्ट्स' ('Daily New Reports') के 'प्राइम-टाइम एंकर' के रूप में इन शब्दों के साथ शुरुआत करते थे : "दिस इज़ सीबीएस... (This is CBS...)" मुर्रो अपनी असरदार आवाज़ में, सिर की हल्की-सी जुम्बिश के साथ अपनी गहरी नीली आँखों की पलकें कुछ उठाकर मुस्कराते हुए जिस तरह शुरू करते थे, उसकी सभी एंकर नक़ल करने लगे। हालाँकि उनकी इस आकर्षक किन्तु सहज-स्वाभाविक शैली की नक़ल असम्भव थी—फिर उनकी हाज़िरजवाबी, चुभती हुई तीखी पर सटीक टिप्पणियों और सक्षम विश्लेषणात्मक प्रतिभा का तो कहना ही क्या!

वे अपनी आवाज़ के उतार-चढ़ाव, आँखों की भंगिमा या होंठों के हल्के से खिंचाव अथवा सिर की मामूली-सी जुम्बिश के साथ—यानी अपनी सम्पूर्ण 'बॉडी लैंग्वेज़' के विशिष्ट अन्दाज़ से सामान्य समाचारों में भी विशिष्ट और इच्छित प्रभाव पैदा करने की अद्‌भुत क्षमता रखते थे। ऐसी क्षमता जो आकर्षित तो करती ही थी, भरोसा भी पैदा करती थी और बिना पक्ष या विपक्ष में एक भी शब्द कहे अपनी 'बॉडी-लैंग्वेज़' से ही सही या ग़लत का दो-टूक संकेत दे देती थी। यह कला फिर किसी भी और एंकर में कभी दिखाई नहीं दी—न अमेरिका या यूरोप में और न कहीं और भी!

लेकिन मुर्रो की सबसे बड़ी विशेषता थी उनकी बौद्धिक क्षमता और मानवीय एवं नैतिक दृष्टि से अटल जन-पक्षधरता। यही कारण है कि न उन्होंने राष्ट्रपति ट्रूमैन का लिहाज़ किया, न सीबीएस के मालिक बिल पॉली का। बिल उनके 'बॉस' ही नहीं, घनिष्ठ मित्र भी थे। दोनों में गहरे मतभेद तो बराबर होते ही रहते थे। और झुकना सीबीएस और बिल को ही पड़ता था। लेकिन सम्बन्ध-विच्छेद की मुख्य वजह बनीं तीन घटनाएँ। मैकार्थी मामले से सम्बन्धों में जो दरार पड़ी, वह अक्टूबर, 1958 में और गहरी एवं चौड़ी हो गई जब बिल ने मुर्रो की निंदा करते हुए उन पर कटाक्ष किया कि 'मुर्रो उसी हाथ को काटता है जो उसे खिलाता है!' मतभेद तो पहले से थे, पर दोस्ती और सम्बन्ध यहाँ से टूट गए।

अवसर था 15 अक्टूबर, 1958 को शिकागो में आयोजित 'रेडियो एंड टेलीविज़न न्यूज़ डायरेक्टर्स एसोसिएशन' के अधिवेशन में दिया गया मुर्रो का भाषण। अपने इस ऐतिहासिक भाषण में मुर्रो ने टेलीविज़न के राजनीतिक सत्ता से नापाक गठजोड़ और घटिया क़िस्म के 'कमर्शिएलाइज़ेशन' की बढ़ती प्रवृत्ति पर कठोर प्रहार किए थे।

अपने भाषण में उन्होंने कहा था कि टेलीविज़न अब सार्वजनिक सेवा के बदले बेशर्मी के साथ कार्पोरेट पूँजी और राजनीतिक सत्ता के गठजोड़ की सेवा करने लगा है। उन्होंने टीवी पर बढ़ते हुए घटिया और फूहड़ मनोरंजन तथा 'कमर्शिएलाइजेशन' की कटु निंदा की थी।

सीबीएस से सम्बन्ध विच्छेद लगभग दो साल बाद नवम्बर, 1960 में **शर्म की खेती** (Harvest of Shame) नामक कार्यक्रम के फ़ौरन बाद त्याग-पत्र देने से हुआ।

सार्वजनिक टीवी और शैक्षणिक टीवी का आरम्भकर्ता

मुर्रो के त्यागपत्र के बाद सीबीएस की रेटिंग लगातार और तेज़ी से गिरती चली गई। तत्कालीन राष्ट्रपति **जॉन एफ. केनेडी** (John F. Kennedy) के विशेष आग्रह पर मुर्रो ने 1961 से **युनाइटेड स्टेट इन्फ़ॉर्मेशन एजेंसी** (US Information Agency) के प्रमुख का पद सँभाला। यही सार्वजनिक संस्था बाद में **वॉयस ऑफ़ अमेरिका** (Voice of America) कहलाई।

मुर्रो ने ही 16 सितम्बर, 1962 से अमेरिका में टीवी शैक्षणिक सेवा (Educational TV) शुरू की थी। केनेडी की हत्या के बाद वे जॉनसन के राष्ट्रपति बनने और वियतनाम में अमानवीय बमबारी और क़त्लेआम के विरोध में अमेरिकी प्रशासन से अलग हो गए थे। केनेडी की हत्या और मुर्रो की मृत्यु के साथ ही इस दौर का भी अन्त होता है और टेलीविज़न पत्रकारिता और टीवी एंकरिंग के इतिहास के एक स्वर्णिम दौर का भी!

मुर्रो के बाद सीबीएस के प्रमुख एंकर वाल्टर क्रोंकाइट बने, जिन्हें 1950 में मुर्रो ही लाए थे। उन्हें द्वितीय विश्वयुद्ध के दौरान और बाद में भी रिपोर्टर के रूप में ख़ासा अनुभव था। वे लगभग दो दशक तक (1962-81) **सीबीएस ईवनिंग न्यूज़** के प्रमुख एंकर रहे। उनकी एनबीसी की हंटली-बिंक्रली की टीम से प्रतिद्वन्द्विता थी। उनके लोकप्रिय टीवी कार्यक्रमों में 'यू आर देअर' और 'ऐंड दैट्स द वे इट इज़' थे।

अंकल वाल्टर का दौर

वाल्टर क्रोंकाइट ने ही 22 नवम्बर, 1963 को केनेडी की हत्या की **ब्रेकिंग न्यूज़** दी थी। वियतनाम युद्ध के कॅवरेज़ के अलावा 20 जुलाई, 1969 के अपोलो-11 मिशन की एंकरिंग भी क्रोंकाइट ने की थी जब मनुष्य ने पहली बार चाँद पर क़दम रखे थे। वे 'अंकल वाल्टर' के नाम से प्रसिद्ध हुए और 90 साल की उम्र में भी सक्रिय रहे।

इन्हीं के समकालीन पीटर जेनिंग्स थे। वे केनेडियन-अमेरिकन थे और केनेडा के पहले निजी टीवी नेटवर्क **सीटीवी** में एंकर-रिपोर्टर थे। केनेडी की हत्या के बाद डलास पहुँचकर कॅवरेज़ करनेवाले वे पहले केनेडियन पत्रकार थे। पहले वे न्यूयॉर्क ब्यूरो में थे। फिर फरवरी, 1965 से एबीसी में एंकर बने। जब वे वाल्टर क्रोंकाइट और हंटली-ब्रिंकली के सामने एंकरिंग में नहीं टिक पाए तो 1968 में मध्य-पूर्व के विशेष संवाददाता बनाकर बेरूत (लेबनान) भेज दिये गए।

मध्य-पूर्व में रिपोर्टर के रूप में पीटर जेनिंग्स को ख़ासी सफलता और प्रसिद्धि मिली। वहाँ 70 के दशक के अरब-इस्राइल युद्ध के कॅवरेज़ के अलावा उनके द्वारा लिए गए अयातुल्ला ख़ोमेनी, अनवर सादात और यास्सेर अराफ़ात के इंटरव्यू बेहद

लोकप्रिय हुए। इसके बाद जब फ्रैंक रेनाल्ड (वाशिंगटन) और मैक्स रोबिन्सन (शिकागो) के साथ मिलकर लंदन से एंकरिंग करते हुए तीन एंकरों के साथ 10 जुलाई, 1978 से एबीसी ने 'वर्ल्ड न्यूज़ टुनाइट' शुरू की तो वे एंकर के रूप में भी बेहद लोकप्रिय हो गए। शीघ्र ही वे 5 सितम्बर, 1983 से एबीसी के अकेले प्रमुख एंकर बन गए।

अंकल वाल्टर

पीटर जेनिंग्स विद न्यूज़...

उनका कार्यक्रम **पीटर जेनिंग्स विद द न्यूज़** बहुत पसन्द किया जाता था। जेनिंग्स के नाम अनेक ऐतिहासिक मौक़ों की एंकरिंग दर्ज़ है। इनमें 1986 की **चैलेंजर दुर्घटना** की लगातार 11 घंटों की एंकरिंग; 16 जनवरी, 1991 के **गल्फ़-वार** के पहले 24 घंटों में से शुरू के 20 घंटों की एंकरिंग और 11 सितम्बर, 2001 के **टॉवर-विस्फोटों** के लाइव कॅवरेज़ की लगातार 17 घंटों की एंकरिंग शामिल हैं। उनकी एंकरिंग के दौरान एबीसी न्यूज़ की रेटिंग सबसे ऊँची हो जाती थी।

पीटर जेनिंग्स अप्रैल, 2005 में रिटायर होने तक एबीसी के प्रमुख एंकर रहे। वे 'बिग-थ्री' के अपने अन्य दो समकालीनों, सीबीएस के जॉन रदर और एनबीसी के टॉम ब्रोका के साथ मिलकर अस्सी और नब्बे के दशकों में लोकप्रियता के शिखर पर रहे। वस्तुत: ये दोनों दशक एंकरों की इस तिकड़ी के नाम ही रहे। मार्च, 2005 में जॉन रदर

चैलेंजर

9-11 : टावर विस्फोट

और 2004 के अन्त में टॉम ब्रोका के रिटायरमेंट के बाद एंकरों की यह **बिग-थ्री की तिकड़ी** बिखर गई थी।

ब्रोका के समय भी को-एंकर के रूप में सक्रिय केटी करी उनके रिटायरमेंट के बाद उभरीं, जो एनबीसी छोड़कर 5 सितम्बर, 2006 से सीबीएस में मैनेजिंग एडीटर और प्रमुख एंकर हो गईं। जेनिंग्स के बाद 29 मई, 2006 से एबीसी के प्रमुख एंकर चार्ल्स गिब्बसन बने। उनका कार्यक्रम **वर्ल्ड न्यूज़ विद चार्ल्स गिब्बसन** फरवरी, 2007 से नेल्सन रेटिंग में नंबर एक पर रहा।

लैरी किंग का ज़माना

इसी दौर में उभरने वाले अन्य लोकप्रिय एवं प्रमुख एंकरों में बर्नार्ड शॉ, लैरी किंग और बारबरा वाल्टर्स भी हैं। शॉ मार्च, 2001 में रिटायर होने तक 60-61 साल की उम्र में भी सीएनएन के प्रमुख एंकर रहे। उन्हें जॉन हॉलिमैन और पीटर अर्नेट के साथ 1991 में खाड़ी युद्ध के लाइव कॅवरेज़ से बहुत ख्याति मिली। सीएनएन की ही एंकर कैरोल लिन ने 11 सितम्बर, 2001 को सुबह 8.49 पर एक कमर्शियल रोक कर **वर्ल्ड ट्रेड सेंटर** में आतंकवादी विस्फोट से टॉवर-ध्वंसों की ब्रेकिंग न्यूज़ दी थी। लारी किंग शायद सीएनएन के सबसे विवादास्पद एंकर-रिपोर्टर रहे हैं। उनकी रिपोर्टों की वजह से सीएनएन और लैरी किंग पर 23 सितम्बर, 2004 से मुक़दमा भी चला था। पहले भी जब वे मियामी रेडियो और टीवी में

लैरी किंग

थे तो केनेडी हत्याकांड की जाँच के मामले में 1971 में गिरफ़्तार हुए थे। उनके दो कार्यक्रम **लैरी किंग लाइव** और **टेलिफ़ोन पर्सनैलिटी** उनकी एंकरिंग की विशिष्ट शैली की वजह से ही बेहद लोकप्रिय रहे।

मशहूर एंकर बारबरा वाल्टर्स

इस दौर की अन्य मशहूर एंकर-रिपोर्टर बारबरा वाल्टर्स भी 9 : 11 के अपने कॅवरेज़ से बहुत लोकप्रिय हो गई थीं। वे अमेरिका के तीनों बड़े टीवी न्यूज़ नेटवर्कों एनबीसी, सीबीएस और एबीसी में एंकर-रिपोर्टर और को-एंकर रह चुकी हैं। हालाँकि उन्होंने भी 2004 से 'सेमी रिटायरमेंट' ले लिया था, पर अभी 78-79 साल की उम्र में भी वे अत्यन्त सक्रिय हैं।

नवम्बर, 1977 में मिस्र के राष्ट्रपति अनवर सादात और इस्राइली प्रधानमंत्री मेनाशेम बेगिन के संयुक्त इंटरव्यू से उन्हें बहुत प्रसिद्धि मिली थी। इसके अतिरिक्त इंदिरा गांधी, फ़ीदेल कास्त्रो, कर्नल गद्दाफ़ी, ईरान के शाह रज़ा पहलवी, जोर्डन के किंग हुसैन, वेनेजुएला के क्रान्तिकारी राष्ट्रपति ह्योगो चावेल, ब्रिटिश प्रधानमंत्री मारग्रेट थैचर और माइकेल जैक्सन के उनके इंटरव्यू भी यादगार साक्षात्कार माने जाते हैं।

बारबरा वाल्टर्स

बारबरा वाल्टर्स द्वारा 3 मार्च, 1999 को लिये गए मोनिका लेविंस्की के इंटरव्यू ने अमेरिकी राष्ट्रपति बिल क्लिंटन का सिंहासन हिलाकर रख दिया था। नेल्सन रेटिंग में शिखर पर पहुँचे इस विवादास्पद इंटरव्यू को दुनिया-भर के 7 करोड़ 40 लाख से ज़्यादा दर्शकों ने देखा था।

विश्व-पटल पर अब नहीं हैं वैसे एंकर...

समकालीन परिदृश्य में अगर आज के दौर की एंकरिंग का ज़िक्र किया जाए तो अमेरिका और यूरोप या आस्ट्रेलियाई टीवी न्यूज़ नेटवर्कों में इन मशहूर वरिष्ठ

एंकर-रिपोर्टरों की समूची पीढ़ी के स्क्रीन से हट जाने के बाद नये-नये एंकरों और एंकर-रिपोर्टरों के चेहरे आते-जाते रहते हैं, लेकिन इन पूर्ववर्तियों-जैसा प्रभाव छोड़ पाने में कोई सफल नहीं हो पा रहा। न तो इनमें कोई मुर्रो-जैसा निर्भीक और प्रतिबद्ध एंकर-रिपोर्टर नज़र आता है और न ही ब्रोका, जेनिंग्स जैसा विराट बौद्धिक क्षमताओं से सम्पन्न तथा जेनिंग्स, ब्रोका और जॉन रदर—जैसी 'स्टाइलिश' और लोकप्रियता के शिखर पर पहुँची तिकड़ी जैसा। यहाँ तक कि बीबीसी के क्लिफ़ माइकेलमोर जैसा भी नहीं जो बीबीसी छोड़कर कई साल फ्री-लांसिंग करने के बाद 18 नवम्बर, 2007 से 88 साल की पकी उम्र में पुनः अपने नेटवर्क में लौट आए।

दरअसल अमेरिका में सीएनएन के ज़ोर पकड़ने और बीबीसी से एंजिला रिप्पोन के आईटीवी और सेलिना स्कॉट के पहले आई टीवी फिर स्काई में चले जाने तथा डेविड फ्रॉस्ट के अल-ज़ज़ीरा : इंग्लिश में चले जाने से इस नेटवर्क में भी अच्छे और मशहूर एंकरों और एंकर-रिपोर्टरों का टोटा पड़ गया है।

सत्ता, पूँजी और पत्रकारिता का नापाक गठजोड़

सीएनएन और अल-ज़ज़ीरा : इंग्लिश की अतिशय आक्रामक शैली के लोकप्रिय होते जाने और कुछ आईटीवी, स्काई, फ़ॉक्स और दूसरे कई नेटवर्कों द्वारा शुरू की गई हल्के-फुल्के मूड वाली **इन्फ़ोटेनमेंट** की शैली का असर ज़्यादा से ज़्यादा फैलते जाने से इस दौर की एंकरिंग से गम्भीर विश्लेषण की प्रवृत्ति धीरे-धीरे ग़ायब होती जा रही है।

दूसरे, मुर्रो ने बहुत पहले जिस बात की चेतावनी दी थी कि सत्ता, कार्पोरेट पूँजी और मीडिया का त्रिकोणीय गठजोड़ आज इस क़दर मज़बूत हो चुका है कि प्रतिबद्ध पत्रकारिता और गम्भीर विश्लेषणात्मक और वस्तुपरक एंकरिंग की कल्पना ही नहीं की जा सकती। बस, मनोरंजन या शैली का खिलंदड़ापन अथवा नक़ली तेवरों वाली तथाकथित आक्रामकता के ही भाँति-भाँति के अन्दाज़ देखने को मिल रहे हैं।

कुल मिलाकर, हम कह सकते हैं कि पश्चिम में एंकरिंग के इतिहास का स्वर्णयुग बीत चुका है। जो सामने है, वह ग्लोबलाइज़ेशन के नव-साम्राज्यवादी मंसूबों की चाकरी में अप-संस्कृति और प्रायोजित सूचना का आक्रामक विस्फोट है। कहना न होगा कि निशाने पर विकासशील तीसरी दुनिया के राष्ट्र और उनके जनगण हैं। सैटलाइट टीवी ने यह पहुँच अब अवरोध-रहित और सीधी बना दी है।

04

एंकरिंग का इतिहास (2)
भारत में टीवी एंकरिंग

टीवी एंकरिंग के इतिहास में हम देख चुके हैं कि एंकरिंग एक बहुत ही विविधतापूर्ण विधा है। एंकरिंग चाहे मनोरंजन के कार्यक्रमों की हो या फिर विशुद्ध रूप से न्यूज़ एवं समसामयिक कार्यक्रमों की, यह एक बहुत ही चुनौतीपूर्ण काम है। टीवी स्क्रीन पर डिज़ाइनर कपड़ों में सजे-धजे और मेकअप से चमकते चेहरे के साथ ख़बरें या कार्यक्रम प्रस्तुत करते एंकर भले ही लोगों को आकर्षित करते हों और उनमें एंकर बनने की तमन्ना भी जगाते हों मगर यह काम इतना सरल एवं सहज नहीं है। एंकरिंग तलवार की धार पर चलने जैसा है। ख़ास तौर पर जब लाइव एंकरिंग का मामला आता है तब तो और भी। उस समय एंकर की एक चूक उसके ख़ुद के लिए तो भारी पड़ ही सकती है, चैनल के लिए भी घातक साबित हो सकती है। मुश्किल परिस्थितियों में ही एंकर के कौशल की परीक्षा होती है। अचानक किसी बड़े मौक़े पर वह कितने आत्मविश्वास के साथ चीज़ों को प्रस्तुत करता है और अपने अनुभव तथा ज्ञान का इस्तेमाल करते हुए दूसरों से बेहतर कर दिखाता है, इसी में उसकी सफलता निहित होती है। इसलिए यह अच्छी तरह से समझ लेने की ज़रूरत है कि एंकरिंग टीवी स्क्रीन पर दिखने का करतब भर नहीं है, यह उससे भी आगे बढ़कर कुछ कर दिखाने का नाम है।

दरअसल, टीवी एंकरिंग पिछले एक-डेढ़ दशक में और भी चुनौतियों से भर गई है। हालाँकि हमारे कहने का

यह मतलब नहीं है कि इसके पहले यह कोई बाएँ हाथ का खेल हुआ करती थी। ऐसा मानना उस काल के समाचार-वाचकों और कार्यक्रमों के प्रस्तुतकर्ताओं के साथ अन्याय होगा। निश्चय ही उस समय के हिसाब से तब की एंकरिंग भी उतनी ही मुश्किलों से भरी होती होगी। उस समय समाचार और कार्यक्रम प्रस्तुत करने वालों से बात कीजिए तो पता चलता है कि उस नियंत्रित और प्रतिस्पर्धा-विहीन **दूरदर्शन युग** में भी प्रस्तुतकर्ताओं को पतली रस्सी पर चलने का करतब दिखाना पड़ता था। उनकी हर हरकत पर करोड़ों दर्शकों की नज़र तो होती ही थी, दूरदर्शन को चलाने वाले निरंकुश और सरकारपरस्त तंत्र की निगाहें भी उन्हें जाँचती रहती थीं। मगर फिर भी आज की परिस्थितियों से अगर तुलना करें तो लगता है कि उस समय सीमित योग्यता से काम चल जाता था। और यही वजह थी कि जब नई परिस्थितियों ने उनसे ज़्यादा की माँग की तो वे असफल होकर बाहर हो गए। यह मामला 'सरवाइवल ऑफ़ द फ़िटेस्ट' का था।

लेकिन अगर आप समाचार-वाचकों को छोड़ दें और समसामयिक कार्यक्रमों के प्रस्तोताओं की तरफ़ ग़ौर फरमाएँ तो आपको दूसरे तरह के कौशल के दर्शन भी होंगे। मसलन, 'द वर्ल्ड दिस वीक' की प्रस्तुति बिलकुल अलग तरह की होती थी। या फिर 'जनवाणी' में एंकरिंग का एक अलग अन्दाज़ दिखलाई पड़ता था। उस समय दिखाए जाने वाले बहुत से समसामयिक कार्यक्रमों में एंकरिंग के विभिन्न अन्दाज़ नज़र आने लगे थे। चाहे 'न्यूज़ लाइन' हो या फिर साप्ताहिक पत्रिका 'परख', सभी में एंकरिंग के वे रूप भी दिखलाई पड़ते थे जिनकी बाद में ज़रूरत समझी गई। प्रस्तुतीकरण की यह धारा आज भी प्रासंगिक बनी हुई है। इस सन्दर्भ में चुनाव परिणामों के विश्लेषण के समय की जाने वाली एंकरिंग को भी भुलाया नहीं जाना चाहिए।

टीवी एंकरिंग में आए इस बदलाव पर थोड़ा गहराई से नज़र डालने की ज़रूरत है, क्योंकि ऐसा करना दिलचस्प तो होगा ही, साथ ही इससे यह समझने में मदद मिलेगी कि परिवर्तनों के कारण क्या थे और आज के सन्दर्भ में उनका क्या महत्त्व है। टीवी एंकरिंग के परिवर्तन को हम तीन हिस्सों में बाँटकर देख सकते हैं :

1. दूरदर्शन युग की एंकरिंग,
2. चौबीस घंटे के न्यूज़ चैनलों में एंकरिंग और
3. एंकरिंग का आधुनिक चेहरा।

1. दूरदर्शन युग की एंकरिंग : समाचार-वाचकों का ज़माना

भारत में टेलीविज़न की शुरुआत (1959) होने के लगभग एक दशक बाद 1968 में जब ख़बरों का प्रसारण शुरू किया गया तो समाचार प्रस्तुत करने का

ज़िम्मा सौंपा गया **प्रतिमा पुरी** को। प्रतिमा पुरी मूल रूप से उद्घोषिका थीं और उनका समाचार-जगत या पत्रकारिता से कोई वास्ता नहीं था। चूँकि वे उद्घोषिका के तौर पर बहुत अच्छा काम कर रही थीं और उनका व्यक्तित्व गरिमामयी था यानी समाचारों की गम्भीरता से मेल खाता था इसलिए उन्हें इसके लिए चुना गया।

प्रतिमा पुरी

उस समय की माँग के हिसाब से उन्होंने इस दायित्व को भली-भाँति निबाहा भी। लेकिन जाने-अनजाने यहीं यह बात भी स्थापित हो गई कि समाचारों को प्रस्तुत करने के लिए सबसे बड़ी ज़रूरत टेलीजेनिक होना और कैमरे के सामने भरोसे के साथ अच्छी आवाज़ में बोलना है। यही चीज़ आगे चलकर परम्परा के रूप में विकसित होती चली गई। सबसे ज़्यादा ग़ौर करने वाली बात यह है कि ख़बरों को प्रस्तुत करने के लिए पत्रकार नहीं, समाचार-वाचकों की अवधारणा बनी, न कि एंकर की। इस तरह प्रतिमा पुरी से लेकर कुछ साल पहले तक समाचार-वाचकों का बोलबाला ही रहा।

उस ज़माने में समाचार-वाचकों से समाचार पढ़ाना सुविधाजनक भी था। स्थितियाँ पूरी तरह से नियंत्रण में होती थीं, क्योंकि ख़बरें रिकॉर्डेड होती थीं और उनके एंकर-लिंक पढ़ने के अलावा कोई और काम वाचकों का नहीं था। टेलीप्राम्पटर पर जो कुछ आया, उसे जैसा का तैसा पढ़ दिया, बस। ऐसे में दूरदर्शन चलाने वालों की समझ से अगर ख़ूबसूरत चेहरे ही ये काम करें तो भला क्या हर्ज़ है! यही वजह है कि समाचार-वाचक केवल अच्छा या बुरा समाचार पढ़ने की वजह से नहीं जाने जाते, बल्कि वे क्या पहनते हैं और कैसा दिखते हैं, इसकी वजह से भी उनकी चर्चा होती थी। समाचार-वाचक बनने के इच्छुक लोगों को भी यही ग्लैमर आकर्षित करता था।

दूरदर्शन

सत्यम् शिवम् सुन्दरम्

भविष्य में जब समाचार लाइव होने लगे तो यह स्थिति सरकारी अफ़सरों और सरकार को भी माफ़िक बैठने लगी, क्योंकि ग़ैर-पत्रकारों का होना उन्हें सुरक्षित रखता था। ऐसे वाचकों में दी गई स्क्रिप्ट से ज़्यादा या हटकर बोलने की हिम्मत या हुनर नहीं होता था।

प्रस्तुति का औपचारिक अन्दाज़

लेकिन ज़ाहिर है कि समाचार-वाचकों की इस परम्परा ने न्यूज़ रीडिंग को एक मशीनी काम बना दिया। समाचार प्रस्तुति के इस अन्दाज़ में एक तरह की जड़ता थी। समाचार-वाचक अकड़े-अकड़े से बैठकर समाचार पढ़ते थे। वाचन का यह तरीका बहुत ही औपचारिक होता था। इसमें दर्शकों के साथ तादात्म्य बनाने की न तो कोई गुंज़ाइश होती थी और न ही कोई कोशिश। दरअसल, समाचारों के बारे में धारणा यह थी कि यह बहुत ही गम्भीर काम है और इसमें वाचक को भी पूरी तरह गम्भीर दिखना चाहिए। निश्चय ही समाचारों को बताना एक गम्भीर काम है मगर इस क़िस्म की 'गम्भीरता' समाचार-वाचक का समाचार के साथ अलगाव ज़्यादा दिखाती थी। गम्भीरता के लिए ज़रूरी नहीं होता कि आप चेहरे पर मुर्दनी के भाव बनाए रखें और प्रसन्न करने वाली ख़बरों पर भी वे वैसे ही बने रहें। टेलीविज़न ऐसा माध्यम है जिसमें दर्शकों और प्रस्तुतकर्ताओं के बीच एक सम्बन्ध का बनना ज़रूरी होता है, अन्यथा संदेश सही ढंग से पहुँचता नहीं। शायद यही वजह है कि इस सबके बावजूद कि दूरदर्शन समाचार अत्यधिक लोकप्रिय थे, उनकी विश्वसनीयता कभी नहीं बन पाई। हालाँकि विश्वसनीयता के प्रश्न को केवल समाचार-वाचक से जोड़ देना सरासर ग़लत होगा, क्योंकि सरकार द्वारा दिये जाने वाले सरकारी समाचारों की अपनी विश्वसनीयता क्या हो सकती थी? मगर मज़े की बात यह थी कि उन्हें प्रस्तुत करने के ढंग में भी सरकारी मुहर लगी हुई थी, इसलिए उस हिसाब से भी उनकी साख नहीं बन पाई।

ग्लैमर आगे, पत्रकारिता पीछे

एंकरिंग की उक्त परम्परा ने पत्रकारिता को बहुत नुक़सान पहुँचाया। होना यह चाहिए था कि अनुभवी पत्रकारों को ख़बरें प्रस्तुत करने के लिए चुना जाना चाहिए था। एंकर बनने की कसौटी ख़बरों की समझ और उन्हें उनके महत्त्व तथा मूड के हिसाब से प्रस्तुत करने का हुनर होना चाहिए था न कि उसका चेहरा और उसकी आवाज़। हम इस बात से इनकार नहीं करते कि टेलीविज़न देखने और सुनने का माध्यम है और इसका ज़रूर ध्यान रखा जाना चाहिए।

मगर इसे इतना अधिक महत्त्व दे दिया जाना कि वह पत्रकारिता का फ़िल्मी संस्करण बन जाए और प्रस्तुतकर्ताओं की छवि पत्रकारों की बजाय हीरो-हीरोइनों की बने तो बात बिगड़ जाती है। आप देख लीजिए कि उस दौर के एक भी समाचार-वाचक की छवि पत्रकार की नहीं थी। वे फ़िल्मी ग्लैमर से लदे-फदे सितारे हुआ करते थे। दर्शकों के बीच उनकी यही छवि थी और इसका अफ़सोसनाक नतीजा यह निकला कि समाचार एवं समाचार प्रस्तुतीकरण दोनों ही गम्भीरता से ज़्यादा ग्लैमर के अधीन हो गए। आज भी यही हाल है। टीवी पत्रकारिता इससे मुक्त नहीं हो पाई है, ख़ास तौर पर हिन्दी की टीवी पत्रकारिता। यही वजह है कि उसमें तभी थोड़ी गम्भीरता और गहराई के दर्शन होते हैं जबकि कोई अनुभवी पत्रकार एंकरिंग कर रहा हो। मगर मुश्किल यह हुई है कि ग्लैमरस एंकर की परम्परा ने पत्रकारों के एंकर बनने में बाधा का काम भी किया है। चैनलों में यह सोच काबिज़ है कि एंकर को **ग्लैमर डॉल** या **चाकलेट ब्वॉय** होना चाहिए, चाहे वह पत्रकारिता में सिफ़र ही क्यों न हो! नतीजा सामने है कि हिन्दी में समझदार एंकर गिनती के हैं।

समाचारवाचक बनाम एंकर

लेकिन मज़े की बात यह है कि समाचार-वाचन के साथ-साथ ठीक उसके उलट दूरदर्शन में ही एंकरिंग की एक ज़्यादा स्वस्थ परम्परा भी विकसित हो रही थी। यह परम्परा थी समसामयिक विषयों के कार्यक्रम की एंकरिंग की। हालाँकि यहाँ भी कसौटियाँ कमोबेश वही थीं, लेकिन फिर भी यहाँ सीधे-सीधे ख़बरें पढ़ने से ज़्यादा कुछ करने को भी था। बहस-मुबाहिसों के ये कार्यक्रम अगर आज के नज़रिए से देखे जाएँ तो बेहद थके हुए होते थे और एंकरिंग का अन्दाज़ भी मशीनी होता था। इसके बावजूद इनमें एंकर के लिए अपने दिमाग़ से कुछ करने और अपनी प्रतिभा दिखाने का मौक़ा होता था। जिनमें एंकरिंग की कुछ प्रतिभा थी, वे आगे निकलकर भी आए। हालाँकि ये लोग भी गिनती के ही थे।

प्रणय रॉय

विनोद दुआ

अस्सी के दशक में एंकरिंग को थोड़ा और फलने-फूलने का मौक़ा मिला। इसकी एक बड़ी वजह यह थी कि दूरदर्शन ने स्वतंत्र निर्माताओं को कार्यक्रम बनाने और पेश करने का मौक़ा देना शुरू किया। इस सिलसिले में दो प्रमुख एंकर-निर्माताओं के नाम ख़ास तौर पर लिए जा सकते हैं। **द वर्ल्ड दिस वीक** को बनाने और प्रस्तुत करने वाले **प्रणय रॉय** और दूरदर्शन के कार्यक्रम **जनवाणी** के एंकर **विनोद दुआ**।

'द वर्ल्ड दिस वीक' उस समय के सर्वाधिक लोकप्रिय समसामयिक कार्यक्रमों में से था। दुनिया भर की घटनाओं की हफ़्तेवार जानकारी इसमें दृश्यों के साथ दी जाती थी जो कि दिलचस्प तो थी ही, ज्ञानवर्धक भी होती थी। अंग्रेज़ी और अंग्रेज़ियत का अपना दबदबा होता है और वह कार्यक्रम में दिखता भी था। लेकिन इसे पसंद किए जाने की एक बड़ी वजह प्रणय रॉय ख़ुद भी थे। स्क्रीन पर उनका व्यक्तित्व तो लोगों को प्रभावशाली लगता ही था, उनकी एंकरिंग में गहराई और विश्वसनीयता भी झलकती थी।

विनोद दुआ की बेबाक एंकरिंग

प्रणय रॉय के मुक़ाबले 'जनवाणी' के एंकर विनोद दुआ को ज़्यादा शोहरत मिली। इसकी वजह एक तो यह थी कि वे हिन्दी के एंकर थे और दूसरे उनका अन्दाज़ बिलकुल अलग था। वे बहुत बेबाकी से, बिना लाग-लपेट के मंत्रियों से सवाल-जवाब करते थे और उन्हें आड़े हाथों लेते थे। सरकारी नियंत्रण के उस ज़माने में मंत्रियों से इस तरह बात करने का साहस किसी एंकर ने नहीं दिखाया था। दर्शकों के लिए यह आश्चर्यचकित कर देने वाली बात थी। उन्हें पहली बार यह आनन्द भी मिल रहा था कि सर्वशक्तिमान बने फिरने वाले नेताओं की सार्वजनिक स्तर पर भी बखिया उधेड़ने वाला कोई है। विनोद दुआ निश्चय ही जोख़िम भरी एंकरिंग कर रहे थे और इसका उन्हें नुक़सान भी उठाना पड़ा। दूरदर्शन के तत्कालीन महानिदेशक भास्कर घोष और ज़ाहिर है कि सरकार

को भी उनका यह अन्दाज़ नहीं भाया और 'जनवाणी' का बीच में ही गला घोंट दिया गया। अलबत्ता यह कहना सही होगा कि विनोद दुआ ने जनवाणी के कुछ एपिसोड में ही ऐसी छाप छोड़ी जिसकी मिसाल आज तक दी जाती है।

नलिनी सिंह

चुनाव कार्यक्रमों की एंकरिंग

वैसे एंकरिंग का एक रूप **चुनाव कार्यक्रमों** के दौरान भी उभरकर आया। ख़ास तौर पर मतगणना और चुनाव परिणामों के विश्लेषण के समय। इसमें भी इन दोनों महारथियों की ही भूमिका रही। लाइव प्रसारित होने वाले इन चुनाव विश्लेषण को **विनोद दुआ** और **प्रणय रॉय** की जोड़ी ने इस अन्दाज़ में प्रस्तुत किया कि इसकी भी एक नई परम्परा चल पड़ी। हिन्दी और अंग्रेज़ी की जुगलबंदी तो इसमें थी ही, साथ ही बेबाकी के साथ चुनाव परिणामों की चीर-फाड़ और नेताओं तथा मंत्रियों आदि से खरे-खरे सवाल-जवाबों ने एंकरिंग की कला को एक नई ऊँचाई प्रदान कर दी। प्रणय रॉय अपने चिर-परिचित नफ़ासत भरे अन्दाज़ में थे तो विनोद दुआ महीन काटती धारदार हिन्दी में अपना काम कर रहे थे।

सईद नक़वी

एम.जे. अकबर

इस बीच कुछ और चेहरे भी मैदान में उतरे। इनमें एक नाम **नलिनी सिंह** का है। वे भी चुनाव पर अपने कार्यक्रमों और चुनाव रिपोर्टिंग के लिए ही जानी गईं। उनकी पहचान भी साहसी पत्रकार के रूप में उभरी। हालाँकि एक-दो अवसरों को छोड़कर यह पहचान ज़्यादा मज़बूती के साथ नहीं उभर पाई। मगर धीरे-धीरे वे हिन्दी में एक महिला एंकर के रूप में तो प्रतिष्ठित हो ही गईं। जहाँ तक अंग्रेज़ी का ताल्लुक़ है तो वहाँ भी अच्छे एंकर का अकाल ही था। अंतर्राष्ट्रीय विषयों के मामले में **सईद नक़वी**

प्रीतीश नन्दी

संजय पुगलिया

अलका सक्सेना

राजेश बादल

एक बड़े टीवी पत्रकार के तौर पर सामने आए, मगर एंकर के रूप में वे ख्यादा ख्याति नहीं हासिल कर सके। इसी तरह **एम.जे. अकबर** के **न्यूज़ लाइन** ने एक ज़माने में बहुत हंगामा खड़ा किया, मगर वे ख़ुद एंकर के तौर पर जम नहीं सके। इसकी एक वजह शायद यह भी रही कि बाद में टेलीविज़न से उन्होंने ज़्यादा नाता भी नहीं रखा। इसी दौर में **प्रीतीश नंदी** भी अपनी फ्रेंच कट दाढ़ी और गंजी खोपड़ी के साथ आए मगर बात बनी नहीं।

इस तरह दूरदर्शन के युग में समाचार-वाचन और एंकरिंग दो अलग-अलग विधाओं के रूप में विकसित हुईं। दोनों काम बँट गए या बाँट दिये गए, जिसका परिणाम यह हुआ कि समाचार-वाचकों को समाचार पढ़ने से ज़्यादा कुछ आता नहीं था। कभी-कभार इससे हटकर उन्हें कोई काम करने को दिया जाता, तो अक्सर वे फेल हो जाते थे। दूसरी तरफ़ एंकर समाचारों से अलग-थलग थे। उनकी भूमिका समसामयिक विषयों तक ही सीमित थी, इसलिए उनका विकास भी उसी सीमित दायरे में हुआ। यह और बात है कि इस विभाजन के बावजूद कुछ एंकर ख़ुद को समाचार-वाचक की भूमिका में ढालने में भी कामयाब रहे, मगर यदि ये दोनों धाराएँ मिल जातीं तो शायद ज़्यादा अच्छे एंकर सामने आ पाते।

पत्रकार-एंकर का आगमन

क़रीब तीन दशकों तक ग़ैर-पत्रकार समाचार-वाचकों का दौर दूरदर्शन पर चलता रहा। यही नहीं, शुरुआत में आने वाले निजी चैनलों ने भी उसकी इस परम्परा का अनुसरण किया। **जी टीवी** में न्यूज़ पढ़ने वाले ज़्यादातर लोग ग़ैर-पत्रकार ही थे। पुरुषों के मामले में तो यह था ही मगर महिला न्यूज़ रीडर तो ख़ास तौर पर विशुद्ध रूप से दर्शनीयता के आधार पर ली गई थीं।

इसीलिए उनसे अपेक्षा भी यही रखी गई थी कि वे ढंग से ख़बरें पढ़ दें, बस। यही वे करते भी थे। इस चैनल पर आने वाले बहुत सारे समसामयिक कार्यक्रमों के साथ भी यही स्थिति थी।

सन् 1995 के आसपास हालात बदलने शुरू हो गए। दूरदर्शन पर समसामयिक कार्यक्रमों का निर्माण करने वाले निजी निर्माताओं ने ट्रेंड को बदलना शुरू किया। हुआ यह कि दूरदर्शन ने जिन लोगों को कार्यक्रम बनाने की अनुमति दी, वे ज़्यादातर पत्रकार ही थे। साप्ताहिक पत्रिका **परख** को बनाने और प्रस्तुत करने का काम **विनोद दुआ** कर रहे थे। उस समय इस पत्रिका की लोकप्रियता ज़बर्दस्त थी। विनोद दुआ इस कार्यक्रम में अपने एक तेज़तर्रार अन्दाज़ में एंकर की भूमिका में तो थे ही, मगर वे हिन्दी के टीवी पत्रकारों और एंकर की एक फ़ौज भी खड़ी कर रहे थे। **राजेश बादल, रजत शर्मा, मुकेश कुमार, विजय त्रिवेदी, मोनीदीपा बैनर्जी, जितेंद्र रामप्रकाश, मनोरंजन भारती** आदि 'परख' के ज़रिए ही सामने आए।

न्यूज़ टुनाइट शुरू करने वाले **प्रणय रॉय** बेशक पत्रकार नहीं थे, मगर वे एक टीवी एंकर के तौर पर स्थापित हो चुके थे। वे भी अंग्रेज़ी में टीवी एंकरों और रिपोर्टरों की नई पीढ़ी तैयार कर रहे थे। यही वह समय था जब **एनडीटीवी** की बदौलत **विनोद चंद्रा, सोनिया, राजदीप सरदेसाई, श्रीनिवासन जैन, पंकज पचौरी, संजय अहिरवार, वर्मा, बरखा दत्त** आदि ने एंकर या रिपोर्टर के तौर पर अपनी पहचान बनानी शुरू कर दी।

एस.पी. की नई परम्परा

आजतक शुरू करने वाला **टीवी टुडे** पत्रकारिता का ही घराना था और अच्छी बात यह हुई कि उसने समसामयिक कार्यक्रमों की श्रेणी में शुरू की गई इस दैनिक बुलेटिन की कमान **एस.पी. सिंह** जैसे एक वरिष्ठ पत्रकार को सौंपी। एस.पी. सिंह इस बुलेटिन के एंकर भी थे। वे पहले भी टीवी कार्यक्रमों की एंकरिंग कर चुके थे, मगर उन्हें कामयाबी नहीं मिल पाई थी। 'आजतक' के भी शुरुआती दौर में बतौर एंकर वे जमे नहीं थे, मगर बुलेटिन की लोकप्रियता के बढ़ने के साथ-साथ वे भी लोकप्रिय होते चले गए और फिर तो हिन्दी एंकरों की दुनिया के जाने-माने चेहरे भी बन गए। निश्चय ही इसमें एक पत्रकार के रूप में उन्होंने जो प्रतिष्ठा और विश्वसनीयता अर्जित की थी, वह यहाँ काम आई।

अच्छी बात यह रही कि 'आजतक' ने एंकरिंग के लिए पत्रकारों को ही तरज़ीह दी। एस.पी. सिंह की अनुपस्थिति में या उनके निधन के बाद, इस कार्यक्रम की एंकरिंग पत्रकारों ने ही की। **संजय पुगलिया, राहुल देव, अलका सक्सेना,**

एस.पी. सिंह

मृत्युंजय झा आदि ने एंकर के रूप में 'आजतक' को प्रस्तुत किया और ख़ुद को टीवी एंकरिंग की दुनिया में स्थापित भी किया।

टाइम्स ऑफ़ इंडिया से निकलकर आए पत्रकारों के एक और समूह ने भी पत्रकार-एंकर की इस नई परम्परा को सींचने का काम किया। **दिलीप पडगाँवकर, अरविंद नारायण दास** और **अनिकेत नाथ सेन** ने मिलकर एशिया पैसेफिक कम्युनिकेशन एसोशिएट्स (**आपका**) के नाम से एक प्रोडक्शन हाउस की नींव रखी और फिर **द फर्स्ट एडीशन** (बाद में **द सेकेंड एडीशन** भी) के नाम से दूरदर्शन पर ही सुबह की बुलेटिन शुरू की। इस अंग्रेज़ी के कार्यक्रम की एंकरिंग पत्रकार ही करते थे। इस समूह ने जब हिन्दी में साप्ताहिक समसामयिक पत्रिका **फिलहाल** या टॉक शो **कही अनकही** शुरू किया तो उसके लिए भी एंकरिंग के लिए पत्रकार **मुकेश कुमार** को ही चुना।

कुछ और पत्रकार-एंकर भी सामने आए, हालाँकि इनका सम्बन्ध ख़बरों से ज़्यादा टॉक शो से था। **करन थापर** का नाम इनमें प्रमुख है। करन थापर ने इंटरव्यू में अति-आक्रामक शैली अपनाकर अलग पहचान बनाई। इस बीच दूरदर्शन ने बातचीत के तमाम कार्यक्रमों की एंकरिंग पत्रकारों से कराने की नीति अपना ली। इस तरह यहाँ भी पत्रकारों को प्रमुखता मिलने लगी, यह और बात है कि इन कभी-कभार एंकरिंग करने वाले पत्रकारों में अच्छे एंकर नहीं के बराबर थे।

समाचार-वाचकों की विदाई

जैसे ही समाचार प्रस्तुतीकरण में पत्रकारों का दबदबा बनना शुरू हुआ, समाचार-वाचकों की विदाई का वक़्त आ गया। उस समय के तमाम धुरन्धर और स्टार समाचार-वाचक नये माहौल में अनफिट साबित होने लगे। लगभग सभी समाचार-वाचक ख़ुद को नई ज़रूरतों के हिसाब से ढाल पाने में नाकाम रहे। उन्हें नाकाम होना ही था, क्योंकि उनका चयन जिन मानदंडों के आधार पर हुआ था, वे अब चलन से बाहर हो रहे थे। उनमें वह हुनर था ही नहीं जो कि ख़बरों के नये परिवेश में किसी भी प्रस्तुतकर्ता के लिए ज़रूरी था। अब ज़रूरत थी ख़बरों की अच्छी जानकारी और समझ रखने वालों की। किसी भी समय लाइव समाचार प्रस्तुत करने और संवाददाता या किसी मेहमान से सवाल-जवाब करने वालों की। ये सब समाचार-वाचकों ने कभी किया ही नहीं था, इसलिए वे इसके लिए तैयार नहीं थे। लिहाज़ा उन्हें बेदख़ल होना ही था।

करन थापर

फिर शायद दर्शक भी परिवर्तन चाहते थे। दूरदर्शन और यहाँ तक कि निजी चैनलों के समाचार-वाचकों की एकरस प्रस्तुति से वे भी ऊबे हुए थे और स्वाद बदलना चाहते थे। ऐसे में जैसे ही उन्हें नये चेहरे नये अन्दाज़ के साथ समाचार देने वाले मिले, तो वे उनके हो गए। उन्हें बँधे हुए ढंग से समाचार बताने वाले समाचार-वाचकों के बजाय ज़्यादा अनौपचारिक एंकर मिल रहे थे। ये युवा थे और इनमें रफ़्तार भी थी। पत्रकार होने का ठस्सा भी इनमें था जो कि इन्हें साहसी बनाता था। नेताओं और मंत्रियों के सामने उनकी घिग्घी नहीं बँधती थी। ख़बरों की बनावट और तेवरों में जो परिवर्तन आ रहे थे, वे नये एंकरों के साथ और भी धारदार होने लगे। इस तरह ख़बरों और एंकरों की एक नई जुगलबंदी शुरू हुई और इसने ख़बरों का मुहावरा भी बदलना शुरू कर दिया। समाचार-वाचकों की दिमाग़ी बनावट (माइंड सेट) इससे बिलकुल मेल नहीं खाती थी। उन्हें तो कुल मिलाकर एक बुलेटिन पढ़ना होता था, जबकि अब वक़्त बदल रहा था। अब उन्हें

आठ-दस घंटे एंकरिंग के लिए तैयार रहना होता। यह वे कर नहीं सकते थे, इसलिए धीरे-धीरे इतिहास के पन्नों में गुम होते चले गए।

2. चौबीस घंटे के न्यूज़ चैनलों में एंकरिंग

टेलीविज़न न्यूज़ इंडस्ट्री का क्रमिक विकास चौबीस घंटे के न्यूज़ चैनलों के लिए ज़मीन तैयार कर रहा था। ज़ाहिर है, इन न्यूज़ चैनलों के हिसाब से न केवल माहौल बनाया जा रहा था, बल्कि इंडस्ट्री से जुड़े तमाम हिस्से भी अपने-अपने तईं ख़ुद को बदल रहे थे। यह बदलाव अगर तकनीकी स्तर पर हो रहा था और सम्पादकीय सामग्री के चरित्र को बदल रहा था, तो उसके हिसाब से 'मैन पॉवर' यानी मीडियाकर्मियों को भी नये ढंग से ढाल रहा था। इसी का प्रभाव था कि समाचार-वाचक परिदृश्य से बाहर हो गए और पत्रकार-एंकर उनकी जगह लेने लगे।

चौबीस घंटे के चैनलों का अपना विशिष्ट चरित्र होता है और उसी के अनुरूप आवश्यकताएँ भी—ख़ास तौर पर उस भारत में, जहाँ इस पैमाने पर समाचार देखने की कोई स्थापित परम्परा नहीं थी। चैनल लाने वालों के लिए यह एक चुनौती भी थी कि वे कैसे चैनल को चलाएँ और आर्थिक रूप से उन्हें आत्मनिर्भर बनाएँ। इसके लिए आवश्यक था कि न्यूज़ चैनल को ऐसा रूप दिया जाए कि दर्शक उसे देखने को बाध्य हों और उन्हें इसकी आदत भी लगे। इसका यह मतलब नहीं है कि इस क़वायद में उन्होंने ख़बरों का कोई नया भारतीय मुहावरा खोजा हो। उन्होंने पश्चिमी चैनलों को ही मॉडल बनाया और उनका रंग-ढंग अपना लिया। किसी ने **सीएनएन** से कुछ लिया तो किसी ने **स्काई** और **फॉक्स** न्यूज़ चैनल से। थोड़ी-बहुत नक़ल **बीबीसी** की भी मारी गई। इस तरह चूँ चूँ का जो मुरब्बा या ख़बरों का फार्मूला तैयार हुआ, उसमें निम्नलिखित चीज़ें आईं (यहाँ हम उन्हीं तत्त्वों का ज़िक्र कर रहे हैं जिनका सीधा-सीधा ताल्लुक़ समाचारों को प्रस्तुत करने से है)—

1. निरंतर समाचार देना और समाचारों को ताज़ातरीन बनाते रहना,
2. समाचारों को तीव्र गति से दर्शकों तक पहुँचाना,
3. ख़बरों और ख़बरों के साथ-साथ चैनल को आकर्षक रूप देना,
4. किसी भी तरह से दर्शकों को चैनल की तरफ़ खींचना और उन्हें बाँधे रखना।

एंकर की बढ़ती भूमिका

ये ऐसी चीज़ें थीं जिनकी वजह से न्यूज़ चैनलों में एंकर की भूमिका एकदम से बढ़नी ही थी और वह बढ़ी भी। न्यूज़ चैनल में एंकर ड्राइवर की सीट पर बैठ गए। ख़बरों की सीधे-सपाट अन्दाज़ में पेश करने की परम्परा से हटकर, उन्हें नाटकीयता के साथ देखने के आग्रह के साथ बताने लगे। इसका थोड़ा-बहुत अन्दाज़ा तो मुख्य

समाचार बताने से ही लगाया जा सकता है। दूरदर्शन के समाचारों में मुख्य समाचार बताते समय वाचक चीख़ते नहीं थे और न ही नाटकीयता के साथ उनके महत्त्व को रेखांकित करते थे। दर्शक ख़ुद से ख़बरों के महत्त्व का आकलन करें या ख़बरों में दम हो तो वे स्वयं अपना महत्त्व ज़ाहिर करें, ऐसी धारणा प्रस्तुतीकरण के पीछे दिखलाई पड़ती थी। लेकिन अब ख़बरें बाज़ार की तरफ़ बढ़ रही थीं। उन्हें बिकाऊ बनाया जा रहा था, उनमें मिर्च-मसाला लगाया जा रहा था, इसलिए अब यह होना ही था। यही वजह थी कि एंकर मदारियों और फेरीवालों की तरह ख़बरों को चीख़-चीख़कर बताने लगे। दर्शकों को बाँधे रखना एंकर की ज़िम्मेदारी हो गई और उसकी क़ाबिलियत का हिस्सा भी। इसलिए एंकर बार-बार तरह-तरह से दर्शकों को बताने लगे कि उसका चैनल जो ख़बर दे रहा है वह कितनी महत्त्वपूर्ण है और आगे आपकी दिलचस्पी की फलाँ ख़बर हम दिखाने वाले हैं, इसलिए कहीं मत जाइएगा। यानी वे ख़बरें दिखाने के लिए भीड़ जुटाने का काम करना भी एंकर का दायित्व बन गया।

दर्शक भागें नहीं, ऊबें नहीं, इसलिए उन्हें छोटा और तेज़तर्रार बनाया जाने लगा और इसी क्रम में एंकर भी उन्हें फटाफट ख़बरें बताने लगे। समाचार-वाचकों की गति अगर तीस से चालीस किलोमीटर की थी तो नये एंकर सत्तर-अस्सी की रफ़्तार से ख़बरों को दौड़ाने लगे। ख़बरों को लगातार ताज़ा बनाने के लिए नये-नये जतन सोचे जाने लगे। बुलेटिन में नये-नये इनपुट (सामग्री) डाले जाने लगे यानी अब एक तयशुदा बुलेटिन के लगातार चलते रहने की गुंजाइश ख़त्म हो गई थी। इसका असर यह हुआ कि अब एंकरों को हर समय चौकन्ना रहने की ज़रूरत थी और बुलेटिन या यों कहें कि पूरे चैनल में उनका योगदान भी बढ़ गया। अब बहुत सारी चीज़ें उन्हें ही सँभालनी थीं। चैनल अट्ठारह-बीस घंटे तक लाइव रहने लगे, जिसका मतलब था कि सारा दारोमदार एंकर के कंधों पर आन पड़ा। **इनपुट** और **आउटपुट** सामग्री का संयोजन तो करते थे मगर एंकर की भूमिका बहुत महत्त्वपूर्ण हो गई थी। संवाददाताओं और दूसरे मेहमानों से बातचीत काफ़ी बढ़ने लगी और ऐसे में तो सब कुछ एंकर को ही सँभालना होता है। ख़ास तौर पर अगर मँजा हुआ एंकर हुआ तब तो वह पूरी बुलेटिन को ही नया रंग दे देता।

इस तरह एक तरफ़ तो समाचार-वाचकों की विदाई हुई तो दूसरी ओर एंकर एक नई और बड़ी भूमिका के साथ स्थापित होने लगे। सही है कि इस नई और बड़ी भूमिका में एंकर का पत्रकार होना लाज़िमी था और न्यूज़ चैनलों ने ऐसे एंकरों को महत्त्व देना भी शुरू कर दिया; मगर वे ख़ुद को एंकर के टेलीजेनिक होने या सुंदर होने की पूर्व-धारणाओं से मुक्त नहीं कर पाए। वे एंकर में अभी भी सुंदरता ढूँढ़ते रहे। अगर एंकर पुरुष है तो वह गोरा-चिट्टा हो, चाकलेटी हो, थोड़ा फ़िल्मी हो तो अच्छा समझा जाता है। महिला एंकर के मामले में तो यह ग्रंथि तथा धारणा और भी

ज़्यादा हावी है। उनके लिए तो अभी भी सुंदरता सबसे बड़ी कसौटी है। इसके बिना उनका चयन नामुमकिन ही है। सबसे पहले उन्हें सुंदरता की परीक्षा पास करनी होती है और उसके बाद पत्रकारीय गुण उनमें देखे जाते हैं। यही वजह है कि महिला एंकर अभी पत्रकारिता से कम ही आ रही हैं और फलस्वरूप वे पुरुष एंकर की तुलना में कमज़ोर, कम जानकार दिखती हैं। महत्त्वपूर्ण मौक़ों पर इसीलिए वे स्क्रीन से ग़ायब हो जाती हैं। ऐसे में (चुनाव, बजट आदि) कमान पुरुष एंकर सँभाल लेते हैं और महिला एंकर का काम उन्हें ब्रेक देना या बीच-बीच में दर्शकों की एकरसता को तोड़ना भर होता है। कुछ ही महिला एंकर इसके अपवाद के तौर पर सामने आई हैं। इसमें महिलाओं का दोष नहीं है और न ही महिला पत्रकारों की कोई कमी है। दरअसल, दर्शकों के एक बड़े वर्ग की मानसिकता भी ऐसी है कि वह टीवी स्क्रीन पर सुंदर महिलाओं को ही देखना चाहता है यानी अगर एंकर सुंदर न हुई तो वे चैनल बदल देंगे और कई बार केवल इसीलिए समाचार देखते रहेंगे क्योंकि एंकर उन्हें अच्छी लग रही है। चैनल उनकी इन भावनाओं का ख़याल रखते हैं या यों कह लें कि उनकी इस कमज़ोरी का लाभ उठाते हैं, उसे भुनाते हैं।

3. एंकरिंग का आधुनिक चेहरा

अभी तक हम बात कर रहे थे कि कैसे पत्रकार एंकर बनने लगे और धीरे-धीरे एंकरिंग के पेशे पर उनका वर्चस्व जैसा हो गया, मगर अगले दौर की पत्रकारिता ने एंकर के लिए मानदंड कुछ और मुश्किल कर दिये। न्यूज़ चैनलों ने एंकर से ये अपेक्षाएँ भी रखनी शुरू कर दीं कि वे भी फील्ड में जाएँ और रिपोर्टिंग करें यानी एंकर को घटनाओं की समझ रखने वाला ज्ञानी भर नहीं होना चाहिए, उसे ज़मीनी स्तर पर उतरकर सीधी जानकारी हासिल करनी चाहिए। न्यूज़ चैनलों की इस अपेक्षा या नई नीति की और भी वजहें थीं। एक तो यह कि हर उद्योग-धंधे की तरह यहाँ भी चैनल चलानेवालों का इरादा था कि मानव संसाधन का जितना ज़्यादा दोहन हो सके, किया जाए यानी एंकर एयरकंडीशंड स्टूडियो में ख़बरें पढ़कर या कार्यक्रम करके वापस घर न चले जाएँ। एंकरिंग से फ़ारिग होने के बाद वे रिपोर्टिंग पर निकलें। इससे उनसे दोहरा काम लिया जा सकेगा। वे आठ के बजाय बारह-पन्द्रह घंटे काम करेंगे। इसका चैनल को एक अतिरिक्त फ़ायदा यह होता कि एंकर आम लोगों के बीच जाएँगे तो उनके बीच की दूरियाँ घटेंगी। एंकर के साथ उनका तादात्म्य स्थापित होगा और वे उनकी एंकरिंग से लगाव रखने लगेंगे। अंततः इससे चैनल को ही फ़ायदा होगा।

बहरहाल, ये सारे कारण अपनी जगह पर सही हो सकते हैं, मगर इसका फ़ायदा निश्चय ही एंकर और एंकरिंग को भी हुआ है या हो रहा है। रिपोर्टिंग करने से एंकर एक तो वास्तविकता को देखने की दृष्टि विकसित कर पाते हैं। वे स्टूडियो में होते

हुए भी एक रिपोर्टर की तरह घटनास्थल को देखने की कोशिश करते हैं और दर्शकों को उसी अन्दाज़ में ज़्यादा से ज़्यादा जानकारी दे पाते हैं। वे देख सकते हैं कि संवाददाता इस समय किन सवालों के जवाब दे सकता है, उससे क्या पूछा जाना चाहिए और क्या नहीं। घटना के विशेषज्ञों या दूसरे मेहमानों से सवाल-जवाब के दौरान भी यह अनुभव काम आता है।

एंकर द्वारा रिपोर्टिंग करने का एक और पहलू भी है। रिपोर्टिंग करते समय एंकर को एंकरिंग का अनुभव काम देता है। आम तौर पर पहले के एंकर स्टूडियो की नियंत्रित स्थितियों में कार्यक्रम करने के अभ्यस्त होते थे। मगर नई टीवी पत्रकारिता की 'डिमांड' उन्हें स्टूडियो के बाहर खींच ले आई है। अब उन्हें **आउटडोर एंकरिंग** करने के लिए अलग-अलग स्थानों पर जाना पड़ता है यानी बिलकुल अपरिचित जगहें, अजनबी लोग और नये-नये वातावरण में एंकरिंग करने की चुनौती। ऐसे में रिपोर्टिंग के अनुभव का ज़बर्दस्त लाभ मिलता है। एंकर पहले ही चैनल पर लोगों के बीच से **सिमसेट** वगैरह दे चुका होता है, जिससे उसकी झिझक कम हो चुकी होती है। वह आसानी से लोगों के बीच घुल-मिल जाता है। दर्शकों को कार्यक्रम के हिसाब से भाग लेने के लिए तैयार कर सकता है। भारी भीड़ के बीच संचालन करने में उसे घबराहट महसूस नहीं होती। आउटडोर रिकॉर्डिंग में **टेलीप्राम्पटर** आदि की सुविधा नहीं होती। उसे ख़ुद ही सोच-समझकर बोलना होता है। अगर उसने लाइव रिपोर्टिंग की होती है तो वह आसानी के साथ ऐसा कर सकता है।

दरअसल, अगर सीधे शब्दों में कहा जाए तो आज यह लाज़िमी हो गया है कि एंकर के अन्दर एक रिपोर्टर बैठा हो और वह किसी भी समय डबल रोल निभाने के लिए तैयार हो। यह तभी सम्भव है जबकि एंकर को रिपोर्टिंग का तज़ुर्बा हो।

एंकर-अभिनेता

न्यूज़ के बदलते परिदृश्य ने एंकरिंग को और भी मुश्किल बना दिया है। अब एक ही एंकर को बहुत तरह के कार्यक्रम करने पड़ते हैं और उनकी प्रस्तुति भी भिन्न तरह की होती है। एंकरिंग के दूरदर्शन युग में हर दिन एक ही जगह पर, एक ही सेट पर एक ही तरह से ख़बरें प्रस्तुत करनी होती थीं और समाचार-वाचक उसके अभ्यस्त हो जाते थे। मगर अब सुबह, शाम, दोपहर, रात को सेट बदल जाते हैं। कभी बैठकर एंकरिंग करनी होती है, कभी खड़े होकर। यही नहीं, हर बुलेटिन या कार्यक्रम की प्रस्तुति का अन्दाज़ भी अलग हो जाता है। कहीं बेहद गम्भीरता की ज़रूरत होती है तो कभी चुहलबाज़ी की। कई बार अपराधों के कार्यक्रम भी पेश करने होते हैं जिनमें नाटकीयता चरम पर पहुँच जाती है यानी विविधता बहुत बढ़ गई है। इन्हीं के हिसाब से हाव-भाव, आंगिक भाषा (बॉडी लैंग्वेज़) भी बदलती रहती है यानी एंकर को अब अभिनय क्षमता का भी परिचय देना पड़ता है।

अब बेशक यह टेलीविज़न न्यूज़ के व्याकरण और पत्रकारिता की आचार-संहिता के लिहाज़ से उचित न हो, मगर न्यूज़ चैनलों ने अपने एंकर और रिपोर्टर को उनकी इन भूमिकाओं से अलग रूप में प्रस्तुत करना शुरू कर दिया है। कभी वे जासूस बन जाते हैं, कभी क्रिकेटर, कभी किसान-मज़दूर तो कभी नेता-अफ़सर। कार्यक्रमों में नाटकीयता पैदा करने और दर्शकों को अपनी ओर खींचने की होड़ के चलते इस तरह के हथकंडों का आविष्कार चैनल करते रहते हैं, जो उचित नहीं कहे जा सकते। मगर मुश्किल यह है कि अगर आप किसी चैनल में एंकर हैं और वहाँ आपको भी ऐसा करना पड़े तो आप क्या करेंगे? आपको मजबूरन कभी ऐसे किरदार निभाने पड़ें तो क्या आपकी तैयारी होनी चाहिए या नहीं? हमारा मानना है कि होनी चाहिए। अभिनय एक कला है और इसमें जितनी अधिक आपकी पकड़ होगी, आपकी एंकरिंग भी उतनी ही मँजेगी। आप इस तरह के बनावटी शो न भी करें तो भी वह आपके काम ही आएगी। इसलिए अभिनय को भी साधना चाहिए।

कुल मिलाकर हम देखते हैं कि ऊपर से एंकरिंग जितनी आसान लगती है उतनी होती नहीं है और एक अच्छा एंकर बनने के लिए एक सुंदर मुखड़ा ही काफ़ी नहीं होता। इसके लिए टेलीविज़न पत्रकारिता की दूसरी विधाओं की भी अच्छी समझ होनी ज़रूरी है; और व्यावहारिक ज्ञान तो अनिवार्य ही है।

05

क्या आप एंकर बन सकते हैं?

एक ज़माना था जब युवा लड़के-लड़कियाँ फ़िल्मों में हीरो-हीरोइन बनने बम्बई (अब का मुंबई) भागा करते थे। वे आइने में अपनी शक्ल देखते और सपने बुनने लगते। कुछ छोटे-मोटे नाटकों में स्थानीय रंगमंच पर अभिनय करके वे ख़ुद को इस क़ाबिल मान लेते थे। पचास और साठ वाले दशकों तक अख़बारों में ऐसे भगौड़ों की ख़बरें अक्सर छपा करती थीं। लेकिन उनमें से शायद ही कोई कभी हीरो या हीरोइन बन पाते होंगे!

जो थक-हारकर अपनी दर्दनाक बर्बादी की दास्तानों के साथ वापस नहीं लौटते थे, उनमें से ज़्यादातर को फ़िल्मी स्टूडियोज़ की 'किलिंग फील्ड्स' बड़ी बेरहमी से खा जाती थीं। कुछ को कभी थोड़ा-बहुत मौक़ा मिल भी जाता था तो वे 'एक्स्ट्रा' बनकर एक उम्मीद और एक सपने को धीरे-धीरे मरते देखते हुए गुमनामी की ज़िन्दगी काट देते थे।

शिक्षण और प्रशिक्षण की अहमियत

दरअसल, उन्हें न तो अभिनय कला के विधिवत प्रशिक्षण की ज़रूरत महसूस होती थी और न तब आजकल की तरह ऐसे प्रशिक्षण संस्थान ही खुले थे। लेकिन फिर

भी, उस दौर के युवाओं में ऐसा 'क्रेज़' था, एक जुनून और पागलपन था। एन. एस. डी. (राष्ट्रीय नाट्य विद्यालय, नई दिल्ली) और फिर एफ. टी. आई. आई. (भारतीय फ़िल्म एवं टेलीविज़न संस्थान, पुणे) और वहाँ के स्नातकों की कलात्मक और व्यावसायिक सफलताओं के बाद लोगों की सोच में बड़ा फ़र्क़ आ गया।

अभिनेता बनने को आतुर और फ़िल्म उद्योग से जुड़े लोगों के दिमाग़ में यह बात पहली बार अच्छी तरह से बैठ सकी थी कि अभिनय के लिए भी एक सुनिश्चित पाठ्यक्रम और विधिवत प्रशिक्षण ज़रूरी होता है। तथाकथित 'जन्मजात अभिनेता' के लिए भी।

इसी तरह, यह बात समझने में लोगों को बड़ा वक़्त लगा कि पत्रकार बनने के लिए भी विधिवत प्रशिक्षण ज़रूरी होता है। तथाकथित 'जन्मजात पत्रकारों' के लिए भी। अस्सी के दशक से 'प्रिंट' माध्यम में और फिर नब्बे के दशक से टेलीविज़न में पत्रकार बनने के लिए युवाओं में एकाएक बड़ा ज़बर्दस्त रुझान दिखाई देने लगा था। देश में तथाकथित 'उदारवाद' (सही अर्थों में विश्व बैंक और अमेरिका से उधारवाद) की बाढ़ आने और तथाकथित 'नई आर्थिक नीति' (खुले बाज़ार की अनियंत्रित होड़) अमल में आने के बाद निजी टेलीविज़न चैनलों और तथाकथित 'भूमंडलीकरण' में विदेशी पूँजी के चैनलों की शुरुआत से दूरदर्शन का एकाधिकार ख़त्म हो चुका था। धड़ाधड़ निजी मनोरंजन चैनल, न्यूज़ चैनल और केबल नेटवर्क शुरू हो रहे थे।

इस माहौल में युवाओं में टीवी पत्रकार बनने और उसमें भी ख़ास तौर से 'एंकर' बनने का लगभग वैसा ही जुनून और 'क्रेज़' दिखाई देने लगा था, जैसा कि पचास और साठ के दशकों में फ़िल्मी हीरो-हीरोइन बनने का था।

विभिन्न विश्वविद्यालयों और निजी संस्थानों में एकाएक ही टीवी पत्रकारिता का प्रशिक्षण देने वाले विभाग धड़ाधड़ खुलने लगे थे। पत्रकारिता और टीवी पत्रकारिता

के पूर्णकालिक और औपचारिक डिग्री-डिप्लोमा कोर्सों के अलावा दिल्ली में एंकरिंग के तीन से छह महीनों के अत्यन्त महँगे 'कैश-कोर्स' चल निकले।

टीवी एंकरिंग का ग्लैमर

नई शताब्दी की शुरुआत के साथ ही पचास-साठ के दशकों के बम्बई भागने वाले युवाओं की तरह टीवी एंकर बनने, या एंकर नहीं तो कम-से-कम टीवी रिपोर्टर बन पाने की उम्मीद में उत्तर भारत के युवाओं ने राजधानी दिल्ली का रुख़ करना शुरू कर दिया था। नित नये खुलते जाने वाले निजी चैनलों, ख़ास तौर से न्यूज़ चैनलों की वजह से टेलीविज़न पत्रकारिता, विशेषकर टीवी एंकरिंग से जुड़े 'ग्लैमर' के कारण युवाओं में यह 'क्रेज़' और भी ज़्यादा बढ़ता गया। उद्योग में तथाकथित 'मन्दी', वेतन कटौतियों और बड़े पैमाने पर छँटनी के बावजूद अभी भी इसमें कमी के आसार नहीं हैं।

निजी टेलीविज़न चैनलों के उस शुरुआती दौर के विस्फोट के दौरान अधिकांश न्यूज़ चैनलों की भाषा हिन्दी होने के कारण (जो अभी भी हिन्दी ही है) हमारे उत्तर भारत के इन युवाओं, ख़ास कर हिन्दीभाषियों के तो जैसे भाग्य ही खुल गए थे। इन न्यूज़ चैनलों के मुख्यालयों के अलावा भी राज्यों की राजधानियों और महत्त्वपूर्ण बड़े शहरों में उनके ब्यूरो और स्टूडियो-सिस्टम हैं।

अवसरों की बाढ़

एकाएक ही 'प्रिंट' में काम करने वाले उत्तर भारत के इन युवाओं के 'खुल जा सिम-सिम' के अन्दाज़ में क़िस्मत के ताले भी खुलने लगे थे। विभिन्न शहरों के क्या छोटे क्या बड़े, तमाम हिन्दी दैनिकों में काम करने वाले ये युवा पत्रकार जींस और कुर्ते पर खादी भंडार का सर्वोदयी झोला टाँग दिल्ली का रुख़ करने लगे थे।

आजकल हालात कुछ ऐसे नज़र आ रहे हैं कि किसी भी अनुशासन में ग्रेजुएशन के बाद ये तरुण-तरुणियाँ विभिन्न विश्वविद्यालयों के तथाकथित 'मास-मीडिया' या पत्रकारिता विभागों अथवा निजी संस्थानों से 'मॉस-कम्युनिकेशन', पत्रकारिता या टीवी जर्नलिज़्म की जैसी-तैसी-सी कोई डिग्री या पीजी-डिप्लोमा अथवा 'टेलीविज़न एंकरिंग' का 'प्रशिक्षण' आदि लेकर तत्काल दिल्ली का रुख़ करते हैं।

जो दिल्ली में रहने और यहाँ के महँगे संस्थानों में प्रशिक्षण लेने के भारी ख़र्च उठा पाने में सक्षम होते हैं, वे और भी पहले दिल्ली की ओर कूच कर देते हैं। जिन्हें भारतीय जनसंचार संस्थान (आईआईएमसी), जामिया के मीडिया रिसर्च सेंटर (एमआरसी), दिल्ली विश्वविद्यालय और पत्रकरिता विभागों वाले उसके सम्बद्ध कॉलेजों तथा आईपी यूनिवर्सिटी (गुरु गोविंद सिंह इन्द्रस्थ यूनिवर्सिटी) और उससे सम्बद्ध निजी मीडिया संस्थानों में प्रवेश नहीं मिल पाता, वे कुकुरमुत्तों की तरह उग आए विभिन्न निजी इंस्टीट्यूट्स में और भी ज़्यादा फ़ीस देकर प्रशिक्षण लेते हैं।

ऊँची दुकान, फीके पकवान

इधर तो करोड़ों की कमाई के इस धन्धे में भी लाभ बटोरने के लिए छोटे-बड़े कई न्यूज़ चैनलों और मीडिया प्रोडक्शन हाउसेज़ ने ख़ुद ही अपने मीडिया स्कूल खोल लिये हैं। ये रोज़गार की गांरटी के साथ लाखों की फ़ीस वसूल कर मामूली वेतन पर रिपोर्टिंग या 'लीन ऑवर्स' की एंकरिंग कराकर उन्हें बाहर निकाल देते हैं। तब तक उनकी जगह लेने के लिए नया बैच आ चुका होता है।

स्थिति आज यह है कि दिल्ली में हर साल-छमाही ऐसे तथाकथित 'प्रशिक्षित' और प्रशिक्षु टीवी पत्रकारों की भीड़ जुटती रहती है। मज़े की बात यह है कि इनमें से प्राय: सभी की प्राथमिकता एंकर बनकर टेलीविज़न स्क्रीन पर आने की होती है। ये लोग किसी भी तरह से कुछ माह की बिना वेतन की इन्टर्नशिप करने या 'ट्रेनी' के रूप में मुफ़्त में काम करने के लिए एक से दूसरे चैनलों के चक्कर लगाते रहते हैं।

इस दृश्य को देखकर पचास-साठ वाले दशकों के दौरान बालीवुड की 'किलिंग फील्ड्स' की याद ताज़ा हो जाती है। फ़र्क़ इतना ज़रूर है कि फ़िल्मी भावाकुलता से भिन्न इस क्षेत्र में क़दम रखने के इरादे से आनेवाले नौजवान ज़्यादा व्यावहारिक हैं। अब यह माना जाने लगा है कि इस क्षेत्र में आने के लिए प्रशिक्षण, ज्ञान और कुछ पेशेवराना (प्रोफ़ेशनल) अनुभव ज़रूरी है। लेकिन फिर भी, कामयाबी यहाँ आसान नहीं है। बड़ी विरल है।

कठिन है एंकरिंग की डगर

एंकर बनना हर किसी के बस की बात नहीं है। विभिन्न दैनिक अख़बारों से पत्रकारिता का थोड़ा-बहुत अनुभव लेकर आने वाले और निजी न्यूज़ चैनलों या

प्रोडक्शन हाउसेज़ के मीडिया स्कूलों में लाखों फूँककर प्रशिक्षण लेने वाली भारी भीड़ में से बहुत कम लोगों को उन चैनलों में जगह मिल पाती है। वह भी एंकरिंग या रिपोर्टिंग में नहीं बल्कि प्रायः 'इनपुट' या 'आउटपुट' में असाइनमेंट, इनजेस्ट, कॉपी डेस्क, एडिटिंग, प्रोग्रामिंग, मॉनिटरिंग आदि में पर्दे के पीछे।

इनमें से स्क्रीन पर 'ऑन एयर' दिखने का सपना तो शायद ही किसी 'क़िस्मत' वाले या 'क़िस्मत' वाली का पूरा हो पाता है। वह भी वर्षों धक्के खाकर, फिर अन्य लोगों की तो बात ही क्या! लेकिन साथ ही इस बात से भी इनकार नहीं किया जा सकता है कि प्रतिभा को उभरने में वक़्त लग सकता है, उसे कोई रोक नहीं सकता।

प्रिंट पत्रकारों के लिए खुले द्वार

टेलीविज़न के क्षेत्र में जब निजी न्यूज़ चैनलों की धमाकेदार शुरुआत हुई थी तो उनके पास प्रशिक्षित और अनुभवी पत्रकारों की कमी थी। विभिन्न हिन्दी भाषी राज्यों के अख़बारों में तीन-चार साल धक्के खाने के बाद युवा पत्रकारों की बड़ी संख्या अपने अनुभव सर्टिफ़िकेट लहराती हुई दिल्ली दख़ल करने पहुँचने लगी थी। तब राजधानी दिल्ली से प्रकाशित होने वाले राष्ट्रीय दैनिकों के ही नहीं, क्षेत्रीय अख़बारों में भी सम्पादकीय विभाग एकाएक युवा पत्रकारों से ख़ाली नज़र आने लगे थे।

दरअसल, 'प्रिंट' माध्यम के ये युवा पत्रकार भी पैसे और ग्लैमर से भरपूर टेलीविज़न की दुनिया में अपनी तक़दीर आज़माना चाहते थे। दूरदर्शन के ज़माने में जिस टेलीविज़न को एक घटिया माध्यम (वास्तव में 'बुद्धू-बक्सा' या 'ईडियट बॉक्स') कहा जाता था और समाचारों के सन्दर्भ में तो ख़ास तौर से ग़ैर-पेशेवराना (अन-प्रोफ़ेशनल) माना जाता था, अब निजी न्यूज़ चैनलों की शुरुआत के साथ ही उसके बारे में राय एकदम बदल गई थी। अब टेलीविज़न सार्वजनिक, प्रासंगिक और सबसे ज़्यादा असरदार माध्यम समझा जाने लगा था।

दसअसल, टेलीविज़न न्यूज़ के एक बिलकुल नये माध्यम के लिए प्रशिक्षित पत्रकारों के अभाव और बड़ी संख्या में तेज़ी से खुलते जाने वाले चौबीसों घंटे समाचारों के निजी न्यूज़ चैनलों की भारी और फ़ौरी माँग की आपूर्ति के लिए 'प्रिंट' माध्यम से आने वाले ये अनुभवी हिन्दी पत्रकार आसानी से खप गए थे।

भिन्न माध्यम, भिन्न चरित्र

लेकिन एंकरिंग की अपनी विशिष्ट शैली के अभाव और श्रव्य-दृश्य माध्यम के अपने विशेष चरित्र को समझ न पाने तथा अन्ततः दृश्यों की भाषा (विज़ुअल लैंग्वेज़) और तद्नुरूप आचरण (बॉडी लैंग्वेज़) न सीख पाने के कारण इनमें से ज़्यादातर एंकरों के रूप में विकसित नहीं हो सके थे। तब इनमें से अधिकांश

‘स्क्रिप्ट’ लिखने या ‘डेस्क’ के दीगर कामों में ही खपाए जा सके थे। इनमें से बहुत कम टीवी रिपोर्टर और अपवादस्वरूप और भी बहुत थोड़े से ही एंकर बन कर ‘ऑन एयर’ टिके रह पाए हैं।

‘प्रिंट’ माध्यम से आने वाले इन अनुभवी पत्रकारों में से ऐसे वास्तव में बड़े कम ही हैं जिन्होंने अपने अज्ञान या अधकचरे ‘ज्ञान’ से मुक्ति पाकर एक पेशेवर टीवी पत्रकार और सफल एंकर की काबिलियत हासिल की है। इनमें से ऐसे तो और भी कम हैं जो ‘प्रिंट’ माध्यम की सीमाओं अथवा जकड़बन्दी से उबरकर टेलीविज़न की बिलकुल भिन्न और विशिष्ट ज़रूरतों के अनुरूप ख़ुद को सफलतापूर्वक ढाल पाए हैं।

ऐसे ही प्रतिभाशाली टीवी पत्रकारों में से कई मशहूर विशेष संवाददाता और लोकप्रिय एंकर बन सके हैं और आगे चलकर नये-नये खुलने वाले न्यूज़ चैनलों के सम्पादक और चैनल-प्रमुख भी। ऐसी स्थिति में यह आसानी से समझा जा सकता है कि एक सफल टीवी पत्रकार बनने के लिए कितनी कड़ी मशक्कत की ज़रूरत पड़ती है। कहना न होगा कि एंकरिंग की विशिष्ट कला के लिए तो और भी।

माध्यम के अनुकूल बदलना होगा

अगर आप टेलीविज़न की दुनिया के, विशेष रूप से न्यूज़ चैनलों के ताज़ा हालात पर नज़र डालें और इस समूचे दृश्य की निष्पक्ष समीक्षा करें, तो आज भी ऐसे लोगों की बड़ी भारी संख्या टीवी रिपोर्टरों या एंकरों के रूप में टेलीविज़न स्क्रीन पर

दिखती है, जिसे देखते ही बिना सुने चैनल बदलने या टीवी बन्द करने का मन करता है। इस क्षेत्र में भी कोई चैनल पीछे नहीं है और इनमें नये-नये तरुण-तरुणियाँ ही नहीं, बड़े-बड़े नामचीन और तथाकथित अनुभवी टीवी रिपोर्टर और एंकर शान से 'ऑन-एयर' नज़र आते हैं।

आज भी ऐसे लोगों की अच्छी ख़ासी तादाद एंकरों या रिपोर्टरों के रूप में स्क्रीन पर दिखती है जो अटपटे उच्चारण के साथ लटपटाती भाषा में बोलते या लगभग हकलाते और बौखलाते नज़र आते हैं। दरअसल, शुरुआती दौर की भारी और फ़ौरी माँग की तुलना में अत्यल्प आपूर्ति के कारण ही अनेक ऐसे क़िस्मत के धनी 'अर्रे शाला मैं तो शा'ब बन गया' हो गए हैं।

नये माध्यम की केमेस्ट्री

लेकिन अब धीरे-धीरे यहाँ भी सूखा पड़ने लगा है। इसकी वजह मुख्य रूप से यह है कि दिल्ली दख़ल करने के इरादों से आने वाले उत्साही पत्रकारों में से अधिकांश टेलीविज़न माध्यम के अपने विशिष्ट चरित्र से वाकिफ़ नहीं होते। इस भिन्न और विशिष्ट माध्यम की ख़ास ज़रूरतों के बारे में उनकी जानकारी या ज्ञान या तो होता ही नहीं अथवा लगभग न के बराबर होता है।

इसके विपरीत वे टीवी पत्रकारिता के बारे में अनेक भ्रमों के शिकार भी होते हैं। वे प्राय: 'प्रिंट' माध्यम की भाषा में सोचने-लिखने और बोलने के आदी होते हैं। वे अक्सर 'प्रिंट' के बिलकुल एक अलग व्याकरण के अभ्यस्त होने के कारण उसी की चौहद्दी में क़ैद रह जाते हैं। नये माध्यम की 'केमेस्ट्री' उनकी सोच और क्रिया-कलापों में घुलमिल नहीं पाती। वे उसके अनुरूप ख़ुद को ढाल नहीं पाते। टेलीविज़न न्यूज़ की अवधारणा भी अक्सर उनके दिमाग़ में बहुत साफ़ नहीं होती। इस तरह उनका पत्रकारिता का अच्छा ख़ासा अनुभव उनके लिए यहाँ सहायक होने की जगह कई बार उनकी बड़ी भारी सीमा और व्यर्थ का बोझ बन जाता है।

अधूरा, एकांगी, अव्यावहारिक प्रशिक्षण

अब अगर टीवी पत्रकारिता के पाठ्यक्रम और प्रशिक्षण की बात की जाए तो वह भी प्राय: अधूरा, अस्पष्ट और तक़रीबन इकहरा ही नज़र आता है। लगभग अव्यावहारिक और पूर्णत: हवाई। टेलीविज़न के विशिष्ट चरित्र और इस माध्यम की ज़रूरतों से प्राय: पूरी तरह नावाकिफ़। यहाँ तक कि ख़ुद न्यूज़ चैनलों और मीडिया प्रोडक्शन हाउसेज़ के प्रशिक्षण और पाठ्यक्रम भी इस अर्थ में अव्यावहारिक, अधूरे और एकांगी होते हैं कि वे मात्र कुछ ही पहलुओं और वह भी प्राय: तकनीकी पहलुओं पर ज़ोर देते हैं। अन्य कई महत्त्वपूर्ण आयामों को तो वे बिलकुल नज़रअन्दाज़ ही कर जाते हैं। विशेष रूप से ऐसी बातें जिनका सम्बन्ध ज्ञान और

समझदारी से होता है। बौद्धिक दृष्टि से दरिद्र इस प्रशिक्षण का कारण कुछ तो जल्दबाज़ी होता है और ज़्यादातर स्वयं उन संस्थानों के शिक्षकों-प्रशिक्षकों का अपना अज्ञान और बौद्धिक अक्षमता।

अँधेर नगरी चौपट राजा

जहाँ तक विश्वविद्यालयों, कॉलेजों और कुकुरमुत्तों की तरह उग आए अन्य निजी संस्थानों की बात है तो कुछेक अपवादों को छोड़कर उनका हाल तो इस दृष्टि से और भी बहुत बुरा है। वहाँ ज़्यादातर पत्रकारिता और जनसंचार विभागों और मास-मीडिया सेंटर्स के नाम पर 'अँधेरे नगरी चौपट राजा' वाला हाल है।

प्रवेश परीक्षाओं से लेकर प्रवेश देने-दिलाने और पास कराकर एक डिग्री या डिप्लोमा थमाने तक की समूची प्रक्रिया, ज़्यादातर मामलों में पूरी बेशर्मी के साथ आकंठ भ्रष्टाचार में डूबी हुई है। मीडिया ख़ास तौर से टेलीविज़न के प्रति छात्रों के 'क्रेज़' को जमकर भुनाया जाता है।

जहाँ ऐसा नहीं है, वहाँ भी प्रवेश के लिए छात्रों के चुनाव की या उनकी क्षमताओं, योग्यताओं और सम्भावनाओं या उनके रुझान को देखने-परखने और समझने की न तो कोई सही वैज्ञानिक पद्धति अथवा व्यवस्था होती है और न ही कोई इसके लिए इतनी ज़हमत उठाने के बारे में कभी सोचता है। अब अगर 'फ़ेकेल्टी' की बात करें तो या तो वह होती ही नहीं और कभी-कभार कहीं इक्का-दुक्का होती भी है तो ख़ुद विषय के बारे में अज्ञान और उद्योग की ज़रूरतों के प्रति नासमझी से भरी हुई। अक्सर तो किसी अन्य अनुशासन के चहेते या तिकड़मी क़िस्म के

प्राध्यापक को इंचार्ज बनाकर विभाग को 'गेस्ट फ़ेकेल्टी' के दम पर ही जैसे-तैसे साल-भर खींचा जाता है।

अंधा बाँटे रेवड़ियाँ...

अब रहा सवाल इस तथाकथित 'गेस्ट फ़ेकेल्टी' का तो उनमें से अधिकांश का न तो मीडिया से, विशेष रूप से टेलीविज़न से कोई सम्बन्ध होता है और न ही उसकी समझ! मामला प्रायः 'अंधा बाँटे रेवड़ियाँ' वाला ही होता है। कुछ भूतपूर्व या अभूतपूर्व पत्रकार इन विभागों में 'गेस्ट फ़ेकेल्टी' के रूप में आते भी हैं तो राजनेताओं के साथ अपनी विदेश यात्राओं, अपने उच्चतम संपर्कों और अपनी धुआँधार पत्रकारिता के रोचक संस्मरण सुनाकर छात्रों को सब्ज़बाग दिखा जाते हैं। उनके आगे वे उद्योग का ऐसा काल्पनिक मनभावन चित्र खींच जाते हैं कि जब इन छात्रों का सच्चाई से सामना होता है तो या तो वे ज़बर्दस्त आघात महसूस करते हैं अथवा वास्तविकता से समझौता कर लेने के बाद भी प्रायः सही तालमेल नहीं बिठा पाते।

कुल मिलाकर पत्रकारिता विभागों में से ज़्यादातर का सारा तामझाम 'अक़्ल से प्यादा' पर भ्रष्ट और तिकड़मी क़िस्म के हिन्दी अध्यापकों के सम्पन्न चरागाह की मिसाल बना नज़र आता है। जहाँ तथाकथित 'फ़ेकेल्टी' हैं भी तो ऐसे डिग्रीधारी और 'डॉक्टरी' के पुछल्ले लटकाने वाले अधिकांश अध्यापकों ने न तो कभी किसी अख़बार में काम किया हुआ होता है और न ही वे किसी न्यूज़ चैनल या टेलीविज़न के स्टूडियो-सिस्टम से वाक़िफ़ होते हैं।

न सही पाठ्यक्रम, न इन्फ्रास्ट्रक्चर, न शिक्षक

फिर न तो इन विभागों के पास ढंग का पाठ्यक्रम होता है और न ही उपयुक्त पाठ्य सामग्री। हाँ, मोटी-मोटी महँगी किताबों की शक़्ल में हिन्दी अध्यापकों या दूसरे अनुशासनों के लिक्खाड़ प्राध्यापकों की बकवास और अप्रासंगिक विदेशी पुस्तकों के भ्रष्ट अनुवाद वाली फूहड़ नक़ल के कूड़े का भारी ढेर अवश्य बदबू मारता दिखेगा जो छात्रों के ताज़ा दिमाग़ में फफूँद लगाकर उन्हें भ्रमित करता मिलेगा। कुल मिलाकर न तो योग्य शिक्षक हैं, न ही सही पाठ्यक्रम और न ही ज़रूरी इन्फ्रास्ट्रक्चर हैं!

लेकिन फिर भी, इस सबके बावजूद इस बात से इनकार नहीं किया जा सकता कि ऐसा प्रशिक्षण और ऐसी कोई औपचारिक डिग्री या डिप्लोमा हासिल कर लेना वास्तव में मददगार तो साबित होता ही है। लगभग 'खुल जा सिम-सिम' के मंत्र की तरह इससे उद्योग के बन्द दरवाज़े खुल जाने की उम्मीद तो बढ़ ही जाती है। एंकर बनने के लिए टीवी पत्रकारिता की डिग्री या डिप्लोमा के साथ कहीं से एंकरिंग का कोई विशेष प्रशिक्षण भी मिल सके तो वह सोने में सुहागा ही होगा।

व्यावहारिक अनुभव ज़रूरी

इसके साथ ही, किसी अच्छे दैनिक समाचार-पत्र में कुछ वर्षों तक रिपोर्टिंग और डेस्क पर 'सबिंग' के काम करने से आपको भाषा और उसकी अभिव्यक्ति-शैली के सन्दर्भ में एक ठोस आधार मिल जाएगा। प्रेस कांफ्रेंसेज़ में जाने और प्रासंगिक सवाल पूछने तथा सवाल से नये सवाल निकालने और जवाब से और भी नये सवाल ईज़ाद करने की चतुराई से प्रत्युत्पन्नमति और हाज़िरजवाबी के विकास के साथ-साथ सही ढंग से बोलने का अभ्यास भी बढ़ेगा जो एंकरिंग के लिए बड़ा ज़रूरी है।

इसके साथ ही सबसे बड़ी बात यह होगी कि दैनिक समाचार-पत्र में कुछ वर्षों तक काम करने से न केवल सामयिक घटनाक्रम (करेन्ट अफ़ेयर्स) की आपकी समझदारी बढ़ेगी बल्कि ख़बरों के 'न्यूज़ ऐंगल' की आपकी पकड़ भी विकसित होगी। इन तमाम बातों को आप आगे भी निरन्तर विकसित करते रह सकते हैं; बल्कि ऐसा करना भी चाहिए।

आत्मपरीक्षण और आत्मनिरीक्षण

लेकिन अब तक जो तमाम बातें की गई हैं, सबसे पहले इन सबके सन्दर्भों में अपने-आपको ख़ुद तौलना और आँकना चाहिए। एंकर सबसे ज़्यादा समय तक टेलीविज़न की स्क्रीन पर 'ऑन-एयर' रहते हैं और वही अपनी आकर्षक एंकरिंग के जरिए दर्शकों को खींचने का सबसे बड़ा ज़रिया होते हैं। आपका व्यक्तित्व और स्क्रीन पर आचरण ऐसा ही होना चाहिए।

सबसे पहले यह देखें कि क्या आपका चेहरा, आपका सम्पूर्ण शरीर-सौष्ठव और आपकी आवाज़ टेलीविज़न में एंकरिंग करने की दृष्टि से एकदम उपयुक्त है या नहीं? सवाल है कि इसकी जाँच कौन करेगा? और कैसे करेगा? सबसे पहले तो यह जाँच आपको ख़ुद करनी चाहिए। वह भी अपने प्रति एकदम निर्मम, निरपेक्ष और वस्तुनिष्ठ बनकर। यह इसलिए भी ज़रूरी है कि अपने बारे में किसी भी तरह के भ्रम और ख़ुशफ़हमी (जो दरअसल ग़लतफ़हमी ही होती है) से जितना जल्दी बरी हुआ जा सके, हो लेना चाहिए। किसी भी क़िस्म की आत्ममुग्धता से मुक्त होना इस आत्मपरीक्षण की पहली और अनिवार्य शर्त है।

आत्ममुग्धता से बात नहीं बनेगी

दुनिया में शायद ही कोई व्यक्ति हो जिसे अपना चेहरा 'अच्छा' और 'ख़ूबसूरत' न लगता हो। आपको भी लगता होगा। कोई बात नहीं। लेकिन आप सबसे पहले यह जाँचिए कि आपका यह 'अच्छा' और 'ख़ूबसूरत' चेहरा दूसरों को भी अच्छा और ख़ूबसूरत लगता है या नहीं? आप यह परखने की कोशिश कीजिए कि आपका चेहरा टेलीविज़न की 'स्क्रीन' पर कैसा दिखता है? यानी वह 'कैमरा-फ्रेंडली' और

'फ़ोटोजनिक' चेहरा है या नहीं? सभी नाक-नक़्श पूरी तरह सन्तुलित हैं या नहीं? यानी नाक-कान-आँख और माथा-ठोड़ी आदि का कुल 'कम्पोज़ीशन' (संयोजन) सामान्य और सन्तुलित तो है? कुल मिलाकर वह ठीक तो दिखता है न? नाक-नक़्श में कोई भी हिस्सा, कोई भी अंग असन्तुलित या असामान्य तो नहीं जो चेहरे-मोहरे का सामान्य संयोजन बिगाड़कर उसे विरूप बना रहा हो?

यह बात आप अपने मित्रों और प्रियजनों से पूछ सकते हैं—बशर्ते वे आपको चने के झाड़ पर चढ़ाकर मज़ाक न करना चाहते हों या वे सच बताकर आपका दिल न दुखाना चाहते हों! अथवा आपके बुरा मान जाने से दोस्ती टूटने के सम्भावित ख़तरे से न डर रहें हों! इसलिए ख़ुद पर भरोसा करना ही अच्छा रहता है, बशर्ते कि आप सचमुच आत्ममुग्ध न हों। शीशे में विभिन्न कोणों से कई बार अपना चेहरा बड़े ध्यानपूर्वक देखकर ख़ुद भी आत्मपरीक्षण कर सकते हैं। सौन्दर्य की अनेक परिभाषाएँ हैं। लेकिन सर्वस्वीकृत और सर्वमान्य एक परिभाषा यही है कि समानुपातिक और सन्तुलित-संयोजन ही सौन्दर्य है, फिर वह चेहरा और मानव-शरीर हो या कोई कलाकृति।

फ़ोटोजनिक और कैमरा-फ्रेंडली

कुछ लोग ऐसे भी होते हैं, जिनकी शक़्ल और नाक-नक़्श देखने में भले ही उतने 'अच्छे' नहीं लगते जितना कि उनका चेहरा फ़ोटो में दर्शनीय दिखाई देता है। इसलिए आप अपने सामने के और दाएँ-बाएँ तरफ़ के कुछ 'साइड पोज़' वाले फ़ोटो किसी अच्छे से फ़ोटो स्टूडियो से खिंचवाकर उन्हें ग़ौर से देखिए। देखते ही आपको ख़ुद भी समझ में आ जाएगा कि आपका चेहरा 'कैमरा-फ्रेंडली' और 'फ़ोटोजनिक' है या नहीं। आपके चेहरे-मोहरे और नाक-नक़्श का संयोजन सामान्य और सन्तुलित है या नहीं। यह सब-कुछ है, यानी कैमरे की आँख से आप सुदर्शन हैं तो आपका चेहरा 'अच्छा' और 'ख़ूबसूरत' ही कहा जाएगा। इसका अर्थ यह हुआ कि आप टीवी एंकर बनने के लिए इस पहली सीढ़ी को पार कर जाएँगे।

फ़िल्मी हीरो-मॉडल नहीं, सामान्य सुदर्शन चेहरा

यह बात अच्छी तरह से समझ लीजिए कि एंकर न तो फ़ैशन परेड या विज्ञापनों के 'मॉडल' होते हैं और न ही चाकलेटी चेहरे वाले फ़िल्मी हीरो-हीरोइनें। इसलिए अच्छे चेहरे-मोहरे और ख़ूबसूरती के बारे में टीवी एंकरों के लिए, ख़ास तौर से न्यूज़ चैनलों के एंकरों के लिए, उन्हें कभी भी आदर्श नहीं मानना चाहिए। एक सामान्य दर्शनीय और फ़ोटोजनिक सुदर्शन चेहरा ही किसी भी न्यूज़ चैनल के एंकर के लिए पर्याप्त है।

यदि आपका चेहरा अतिरिक्त रूप से सुन्दर और बहुत आकर्षक दिखता है तो इसे सोने में सुहागा समझिए। वैसे भी यदि प्रणय रॉय हॉलीवुड के अभिनेता दिखते

हैं और राहुल और सचिन बॉलीवुड के चाकलेटी हीरो तो विनोद दुआ, राजदीप सरदेसाई और दिबांग या पुण्य प्रसून वाजपेयी फ़िल्मी हीरो या ग्लैमरस मॉडल न दिखते हुए भी सबसे ज़्यादा पसन्द किए जाने वाले लोकप्रिय टीवी एंकरों में हैं।

अपने चेहरे के बारे में आश्वस्त होने के बाद आप अपने शरीर-सौष्ठव को परखिए यानी यह देखिए कि आपका पेट इतना बढ़ा हुआ तो नहीं है जो भद्दा दिखता हो और फ्रेम से बाहर जाता हुआ नज़र आए? चेहरे की तरह आपके शरीर का सम्पूर्ण संयोजन भी सामान्य और सन्तुलित होना चाहिए यानी आप न तो बहुत मोटे या थुलथुल हों और न ही इतने दुबले-पतले सींकिया पहलवान कि पहली नज़र में ही बीमार या अकालग्रस्त दिखें।

इसी तरह न तो आप बिजली के खम्बे की तरह असामान्य रूप से लम्बे हों और न ही ज़रूरत से ज़्यादा गिट्टे कि एकदम वामन-अवतार लगें। कुल मिलाकर चेहरे-मोहरे की तरह आपकी कद-काठी भी एकदम समानुपातिक, सन्तुलित और सामान्य होनी चाहिए।

ऐसी कुछ कमियों को हालाँकि ढका भी जा सकता है। मेज़ के पीछे बैठकर एंकरिंग करते समय अतिरिक्त गद्दियाँ नीचे रखकर या कुछ ऊँची कुर्सी से अथवा इसका उल्टा करके कद की ये कमियाँ किसी तरह कमोबेश छिपाई जा सकती हैं, लेकिन एंकर को हमेशा बैठकर ही नहीं, कई बार खड़े होकर भी एंकरिंग करनी पड़ती है। ऐसी स्थिति में असामान्य तौर पर लम्बा या लगभग बौना एंकर स्क्रीन पर ठीक प्रभाव पैदा नहीं करता। विशेष रूप से उस स्थिति में तो और भी नहीं जबकि एंकर के साथ कोई अन्य मेहमान या विशेषज्ञ खड़े हों। दोनों के कद के अनुपात में भारी अन्तर हास्यास्पद लगेगा।

कमियाँ दूर करने के उपाय

आप बैठे हुए और खड़े, दोनों स्थितियों में स्क्रीन पर कैसे दिखेंगे, इसे परखने के लिए आप थोड़ी-सी वीडियोग्राफ़ी भी करवा सकते हैं। न्यूज़ चैनल के एंकर की तरह आप उस दिन के किसी भी हिन्दी दैनिक की कुछ ख़बरें पढ़ते हुए वीडियोग्राफ़ी करवाएँ तो यह और भी बेहतर होगा। इससे आप कैमरे के सामने के अपने आचरण को परखने के साथ ही अपनी आवाज़ और उसके उतार-चढ़ावों की परीक्षा भी ले सकते हैं।

किसी मित्र या परिचित को बैठाकर किसी भी सामयिक विषय अथवा किसी ज्वंलत प्रश्न पर उससे बातचीत करते हुए या फिर उसका किसी महत्त्वपूर्ण व्यक्ति की तरह इन्टरव्यू लेते हुए भी वीडियोग्राफ़ी कारवाई जा सकती है। उसे देखकर अच्छे एंकरों की एंकरिंग से तुलना करते हुए आप अपनी कमियों का ख़ुद भी पता लगा सकते हैं।

ऐसी वीडियो रिकॉर्डिंग आप किसी जानकार व्यक्ति या विशेषज्ञ को दिखाकर उसकी राय ले सकते हैं। आपकी कमियों को सुधारने की दृष्टि से ऐसे विशेषज्ञ के सुझाव बहुत मददगार साबित हो सकते हैं। आप ऐसे विशेषज्ञ की देखरेख में अभ्यास करके भी ख़ुद को तैयार कर सकते हैं।

आत्मशिक्षण और विशेषज्ञों का मार्गदर्शन

जहाँ तक आवाज़ का सवाल है तो आप अपने निकटतम रेडियो स्टेशन जाकर अपना 'ऑडिशन टेस्ट' भी दे सकते हैं। टेपरिकॉर्डर की मदद से आप किसी विशेषज्ञ की देखरेख में अपनी आवाज़ और उसके उतार-चढ़ावों की कमियों को भी अभ्यास से ठीक कर सकते हैं।

हर जगह और हर किसी को विशेषज्ञ और अन्य तमाम सुविधाएँ उपलब्ध नहीं होतीं। ऐसे में कैमरे के सामने के आचरण (यानी अपनी 'बॉडी लैंग्वेज़') को सुधारने के लिए आप किसी बड़े या आदमकद शीशे के आगे खड़े होकर और मेज-कुर्सी पर बैठकर—दोनों स्थितियों में बारम्बार के अभ्यास के ज़रिए ख़ुद को एंकरिंग के लिए तैयार कर सकते हैं। अपनी ग़लतियों को कड़ी मेहनत से सुधारकर कमियाँ दूर कर सकते हैं।

इसी तरह आवाज़ में सुधार लाने, सही 'पिच' पर बोलने के लिए और विषय के अनुरूप किसी शब्द या वाक्य पर कम या ज़्यादा जोर डालने अथवा भावानुरूप उतार-चढ़ाव पैदा करने के लिए आप ख़ुद ही टेपरिकॉर्डर पर बार-बार अभ्यास कर सकते हैं। इसी तरह सही और स्पष्ट उच्चारण आदि की परख करने और अपनी कमियों को दूर करके सुधारने की ख़ातिर भी आप टेपरिकॉर्डर पर स्वयं ही बार-बार अभ्यास कर सकते हैं।

अपनी आवाज़ टैप करने के बाद उसे बारम्बार ध्यान से सुनें और उसकी कमियों को समझकर स्वयं अथवा किसी विशेषज्ञ को सुना कर उसकी सलाह के अनुरूप अभ्यास और कड़ी मेहनत से अपेक्षित सुधार ला सकते हैं। एंकर बनने का महत्त्वाकांक्षी कोई भी व्यक्ति दृढ़ इच्छाशक्ति और अडिग संकल्प से इसे बख़ूबी अंजाम दे सकता है। इससे आपका आत्मविश्वास और भी ज़्यादा बढ़ जाएगा और आप अपने लक्ष्य की तरफ़ एक क़दम और आगे बढ़ जाएँगे।

योगाभ्यास और सन्तुलित खान-पान

विभिन्न प्रकार की 'एक्सरसाइज़' और योगासनों के साथ सन्तुलित और उचित खान-पान के जरिए भी आप अपनी आवाज़ और शरीर-सौष्ठव में अपेक्षित सुधार ला सकते हैं। लेकिन यह काम कुछ जोख़िम का भी होता है। इसलिए ऐसा किसी विशेषज्ञ की सलाह से और उसकी देख-रेख में करना ही उचित होगा। इस सन्दर्भ में इस बात को कभी भी नहीं भूलना चाहिए कि 'नीम हक़ीम ख़तरा-ए-जान' हो सकता है। वैसी स्थिति में लाभ की जगह उल्टे नुकसान हो सकता है। स्मरणीय है कि माइक पर आवाज़ प्रायः बदल जाती है। लेकिन उसकी कई कमियाँ अभ्यास से और माइक के सही इस्तेमाल को समझकर दूर की जा सकती हैं।

फ़ोटोजनिक, कैमरा-फ्रेंडली, आकर्षक और सुदर्शन चेहरे, सन्तुलित शरीर-सौष्ठव, सही और स्पष्ट उच्चारण के साथ उपयुक्त आवाज़ तथा कैमरे के सामने के अंग-संचालन और अपने कुल आचरण, अर्थात् अपनी बॉडी-लैंग्वेज़ को परखने के साथ ही आपको इस बात की भी परीक्षा करनी चाहिए कि क्या आप बोलते हुए सटीक और असरदार भावाभिव्यक्ति कर पाते हैं या नहीं ?

इसके परीक्षण के लिए शीशे के सामने और टेपरिकॉर्डर की मदद से आत्मपरीक्षण करने अथवा अपनी वीडियो रिकॉर्डिंग देखने के अलावा अन्य लोगों की इस पर राय लेना भी बेहतर रहता है। किसी भी एंकर के लिए इस समूची बॉडी-लैंग्वेज़ को भली भाँति समझना और ख़ुद को विषयानुकूल उसमें ढालना बेहद ज़रूरी होता है।

क्या कभी अभिनय किया है ?

क्या आपने कभी किसी नाटक में रंगमंच पर कोई किरदार निभाया है ? और कुछ नहीं भी तो क्या आप अपने स्कूली दिनों के नाटकों या अपने मुहल्ले की रामलीला में अभिनय करते रहे हैं। यह सही है कि एंकर अभिनेता नहीं होता, फिर भी भावानुकूल पलकों का गिरना-उठना या आवाज़ का उतार-चढ़ाव अथवा गर्दन हिलाने या हाथों आदि का अंग-संचालन यानी कैमरे के आगे की समूची बॉडी-लैंग्वेज़ में एंकर की महारत होनी चाहिए।

राजनेताओं या विशेषज्ञ मेहमानों से बात करते हुए प्रणय रॉय, विनोद दुआ, मुकेश कुमार और पुण्य प्रसून वाजपेयी को ध्यान से देखिए। प्रणय रॉय का दोनों हाथों को हरकत में लाना कैसा प्रभाव पैदा करता है। कई लोगों ने उनके इस स्वाभाविक हस्त-संचालन की नक़ल करने की कोशिश की, लेकिन वे बड़े फूहड़ तरीके से हास्यास्पद बन गए।

विनोद दुआ और मुकेश कुमार की आँखों की शरारत-भरी तिरछी अदा और उनकी मुस्कान (जिसे 'कुटिल मुस्कान' भी कहूँ तो मुझे विश्वास है कि वे बुरा नहीं मानेंगे) सामने वाले को एकदम निरस्त्र कर डालती है। इसी तरह पुण्य प्रसून की आवाज़ का उतार-चढ़ाव और अँगुली उठाने का अन्दाज़ शब्दों से परे बहुत कुछ कह जाता है।

क्या कभी उद्घोषक बने हैं ?

हालाँकि न्यूज़ चैनल के एंकर उद्घोषकों (एनाउंसर्स) से भिन्न होते हैं, फिर भी 'एनाउंसर' के तौर पर काम करने का आपका अनुभव इस दिशा में कुछ सहायक हो सकता है। आपमें से कई लोगों को स्कूल, कॉलेज या विश्वविद्यालय में अथवा अन्य किन्हीं सामाजिक-सांस्कृतिक कार्यक्रमों में उद्घोषक के रूप में काम करने या ऐसे कार्यक्रमों का संचालन करने का थोड़ा-बहुत अनुभव ज़रूर होगा। इससे भी माइक पर बोलने और दर्शकों के आगे अंग-संचालन का अभ्यास कुछ-न-कुछ अवश्य हुआ होगा। अगर आपने ये काम पूरे आत्मविश्वास से और अच्छी तरह से किए हैं और लोगों ने इसे पसन्द किया है, तब भी कहा जा सकता है कि आपमें एंकर बनने के लिए कुछ-न-कुछ योग्यता है।

अभी तक हमने यहाँ जिन बातों की चर्चा की है, उनका सम्बन्ध एंकरिंग के मात्र रूप-पक्ष (फ़ार्म) से है। इनके साथ ही, बल्कि इनसे भी ज़्यादा महत्त्वपूर्ण है एंकरिंग की अन्तर्वस्तु (कन्टेंट); यानी एक पत्रकार के रूप में आपकी समझदारी। आपका ज्ञान और आपकी बौद्धिक क्षमताएँ।

समुचित ज्ञान और बौद्धिक क्षमता

जैसा कि पहले भी बार-बार कहा गया है कि एंकर मूलतः पत्रकार होते हैं। सामान्य पत्रकारों से भिन्न एक विशेष क़िस्म के पत्रकार। इसलिए भी वे समाचार वाचक-वाचिकाओं और उद्घोषकों से भिन्न होते हैं। अतएव, जब आप एंकर बनने का इरादा करें तो इस बात के लिए भी अपना आत्मपरीक्षण करें कि क्या आपमें पत्रकार बनने के लिए वांछित गुण हैं भी या नहीं? आपमें वैसी समझदारी है या नहीं? आपके अन्दर वैसी बौद्धिक क्षमताएँ हैं या नहीं?

पत्रकारिता का माध्यम भाषा होती है— 'प्रिंट' यानी समाचार-पत्रों के सन्दर्भ में लिखित भाषा और टेलीविज़न के सन्दर्भ में बोली जाने वाली भाषा। भाषा के इन दोनों रूपों में बड़ा बारीक और महत्त्वपूर्ण अन्तर होता है।

माध्यम तो आख़िरकार भाषा ही है

टेलीविज़न सबसे पहले एक दृश्य माध्यम है। इसलिए टेलीविज़न की इस भाषा का स्वरूप भी मूलतः दृश्यात्मक होता है। अतएव, सबसे पहले आप इस बात को जाँचिए कि आपका हिन्दी (अंग्रेजी माध्यम के न्यूज़ चैनलों में जाना हो तो अंग्रेज़ी भाषा और उसके लिखित एवं 'स्पोकेन'—दोनों रूपों) भाषा पर पूरा अधिकार है या नहीं? फिर देखिए कि आपकी भाषा एकदम सहज, सरल और तत्काल समझ में आने लायक है या नहीं? यानी आपकी भाषा एकदम बोलचाल की और पूर्णतः सम्प्रेषणीय है या नहीं?

कहीं ऐसा तो नहीं कि आपकी भाषा में भारी-भरकम और कठिन शब्दों की भरमार हो! कहीं ऐसा तो नहीं कि बोलते समय शब्दों के उच्चारण में दिक्कत आती हो! और, कहीं ऐसा तो नहीं कि आपका वाक्य-विन्यास भी निहायत ढीला-ढाला या अत्यन्त लम्बा और जटिल हो!

ऐसे हालात में आपकी भाषा ख़ुद अपने ही असहज और अस्वाभाविक बोझ से सीधे गर्त में डूब जाएगी। याद रखिए कि पहली झलक में ही आकर्षक और दर्शनीय लगने वाला तथा देखते ही पसन्द आ जाने वाला एंकर भी अगर ऐसी असहज और अस्वाभाविक भाषा का इस्तेमाल करेगा तो दर्शक उसे पसन्द नहीं करेंगे। वे उसे देखते ही चैनल बदल दिया करेंगे। ग़ौर कीजिए कि कहीं आप भी ऐसे तो नहीं हैं?

सूचना-सम्पन्न और हाज़िर-जवाब

क्या आप प्रत्युत्पन्नमति हैं? क्या आपमें हाज़िर-जवाबी का गुण है? हाज़िर जवाबी तभी आती है जब आपके पास विविध क़िस्म की सूचनाओं का भंडार हो और आप दूसरों की ग़लतबयानी पकड़ने और उनके अन्तर्विरोधों को उजागर करने में माहिर हों।

इस कला में आप तभी माहिर हो सकते हैं जब समकालीन घटनाक्रम की ताज़ा से ताज़ा जानकारी से लैस होने के साथ ही आपके पास विविधतापूर्ण ज्ञान का ठोस आधार हो। यहाँ कामचलाऊ ज्ञान और उड़ती-उड़ती सतही जानकारी से काम नहीं चल सकता। क्या आप अपने सामान्य ज्ञान और समसामयिक मसलों की ताज़ा और विस्तृत जानकारी के लिए नियमित रूप से अध्ययन करते हैं? कहना न होगा कि इस अध्ययन के दायरे में प्रमुख हिन्दी-अंग्रेजी दैनिक अख़बारों और पत्रिकाओं के अलावा राजनीति विज्ञान, विभिन्न विचारधाराओं, इतिहास, समाजशास्त्र, अर्थनीति तथा भाषा और साहित्य का नियमित अध्ययन शामिल है।

अतएव, यदि आप सचमुच एंकर बनना चाहते हैं तो सबसे पहले पूरी ईमानदारी और कठोरता से अपनी मौजूदा क्षमताओं का आत्मपरीक्षण कीजिए। इन तमाम पहलुओं के आधार पर ख़ुद को परखिए और अपनी कमियों और दोषों को निरन्तर अभ्यास से दूर करके सतर्कता और मेहनत के साथ आवश्यक तैयारी कीजिए। ख़ुद तैयारी करने के साथ ही, यदि सम्भव हो तो हरेक विशिष्ट पहलू के सन्दर्भ में जानकार व्यक्तियों की सलाह और विशेषज्ञों की ज़रूरी सहायता भी लीजिए। इसमें कोई शक नहीं कि इससे आपकी राह आसान बन जाएगी और एंकर बन जाने के बाद भी यह तैयारी हर क़दम पर आपके लिए मददगार साबित होगी। इससे आपकी तरक्की के रास्ते खुलेंगे।

हरफ़नमौला बनना पड़ेगा

यह समझ लीजिए कि आजकल एंकर को किन्हीं विशेष अवसरों पर रिपोर्टिंग भी करनी पड़ती है। वैसे भी योग्य और अच्छे रिपोर्टरों को, जिनमें एंकरिंग की पर्याप्त

क्षमता होती है, तरक्की देकर अक्सर एंकर बना दिया जाता है। इसलिए इन सब उपर्युक्त बातों के साथ ही आपको रिपोर्टिंग और 'स्क्रिप्ट' लिखने का कौशल भी अवश्य सीखना चाहिए और बराबर अभ्यास से ख़ुद को इन क्षेत्रों में बेहतर बनाने के प्रयास करने चाहिए। इन दोनों कलाओं में माहिर एंकर अधिक सफल होते हैं।

इसके अलावा, सम्भव हो तो कैमरे की तकनीक, उसके संचालन की कला के सन्दर्भ में अत्यावश्यक और मोटी-मोटी बातें जानने के साथ ही 'कॉपी एडिटिंग' और 'वीडियो एडिटिंग' सीखने का प्रयास भी करना चाहिए। ये तमाम बातें एंकरिंग में कहीं-न-कहीं से मददगार ही साबित होती हैं। ये सब काम भले ही एंकरिंग का हिस्सा नहीं हैं और न ही एंकर यह सब करते हैं, तो भी इन गुणों और इन क्षमताओं से लैस होकर जब आप किसी भी न्यूज़ चैनल में जाएँगे और अपनी योग्यता और कलाओं का प्रदर्शन करेंगे तो निश्चित समझिए कि आपको एंकर बनने से कोई नहीं रोक सकता। भले ही इसमें कुछ देर लग जाए।

अगर आपने वे सब तैयारियाँ मुकम्मल कर ली हैं और पूरी गम्भीरता और लगन से ख़ुद को तैयार कर लिया है, तो आप सचमुच एक 'आलराउंडर' या हरफ़नमौला बन गए हैं। अगर किसी भी न्यूज़ चैनल में फ़िलहाल आपको एंकरिंग का मौक़ा नहीं मिल पाता है, तो कम-से-कम रिपोर्टिंग या डेस्क पर कोई न कोई काम ज़रूर मिल जाएगा।

एक बार किसी भी न्यूज़ चैनल के सम्पादकीय विभाग का हिस्सा बन जाने के बाद आपको एंकरिंग का मौक़ा अवश्य मिलेगा। वैसे भी, यह समझ लीजिए कि एक अच्छा एंकर सचमुच 'आलराउंडर' या हरफ़नमौला ही होता है।

...तो आइए, स्टूडियो में आपका स्वागत है! आइए और आकर 'नमस्कार' के साथ दर्शकों का स्वागत कीजिए और आज की हैडलाइंस (मुख्य ख़बरें) शुरू कीजिए!

06

कैमरे से दोस्ती करोगे?

आप अपनी 'हॉट-सीट' पर बैठ चुके हैं। इससे पहले आप आज के प्रमुख समाचार-पत्रों की मुख्य-मुख्य ख़बरों पर नज़र डाल चुके हैं। आप 'रन-डॉउन' प्रोड्यूसर के पास अपने तैयार बुलेटिन को पढ़कर, अपने एक्ज़ीक्यूटिव प्रोड्यूसर और शिफ़्ट इन्चार्ज सीनियर प्रोड्यूसर से 'डिसकस' कर चुके हैं।

अपना हल्का-सा मेकअप कराकर आपने स्टूडियों में मेज़ के पीछे अपनी पोज़ीशन ठीक कर ली है। कैमरापर्सन के संकेत पर पोज़ीशन ठीक करने के बाद, सामने रखे मॉनीटर की स्क्रीन पर नज़र डाल आप ख़ुद भी आश्वस्त हो चुके हैं। टाई की नॉट दुरुस्त कर, हाथ सही पोज़ीशन में मेज़ पर रख, आप 'टेली-प्रॉम्पटर' पर बुलेटिन की ख़बरें जल्दी-जल्दी पढ़ रहे हैं। अब बस आपको पैनल प्रोड्यूसर की 'कमांड' और कैमरापर्सन के इशारे का इन्तज़ार है...

चतुर, चैतन्य और सावधान

इशारा और कमांड मिलते ही अपनी अभ्यास से सधी आवाज़ और हल्की मुस्कान के साथ आप शुरू हो जाते हैं: ''नमस्कार, सबुह के सात बजे के बुलेटिन में ताज़ा-तरीन ख़बरों के साथ आपका स्वागत है...मैं हूँ अमुक-अमुक...अब इस बुलेटिन की मुख्य ख़बरें...'' हैडलाइंस पढ़कर 'अब ख़बरें विस्तार से...' बताते हुए भी, आप

किसी बड़ी ख़बर या किसी अप्रत्याशित घटना-दुर्घटना के लिए तैयार हैं। ख़ुद को बड़ी सावधानी और सर्तकता के साथ इसके लिए मानसिक रूप से तैयार करते हुए ही, आप ख़बरों का काफ़िला आगे बढ़ाते जा रहे हैं।

आप किसी भी क्षण किसी संवाददाता की महत्त्वपूर्ण ख़बर और उसके विज़ुअल्स के लिए पूरी तरह चाक-चौबन्द और तैयार हैं। आप इसके लिए भी तैयार हैं कि अगर ख़बर के विज़ुअल्स किसी कारण तत्काल नहीं मिल पाएँ तो किस तरह ख़बर से खेलते हुए 'व्यूअर्स' की दिलचस्पी अधिकाधिक उसमें बनाए रखनी होगी। आप उस ख़बर के बारे में अपने रिपोर्टर से बात करने के लिए तैयार हैं। आप उस ख़बर के सन्दर्भ में किसी महत्त्वपूर्ण व्यक्ति से लाइव अथवा फ़ोन में बात करने के लिए भी एकदम तैयार हैं! इस तरह, आपकी एंकरिंग का एक और व्यस्ततम और तनावभरा दिन शुरू हो चुका है...

नमस्कार से नमस्कार तक उबाऊ दूरदर्शन

हम जानते हैं कि दूरदर्शन के ज़माने में ऐसा नहीं था। तब हिन्दी या अंग्रेज़ी के महिला या पुरुष न्यूज़रीडर्स बुलेटिन की ख़बरें एक बार ध्यान से पढ़ने के बाद, कैमरे के आगे भी उन्हें 'पढ़' कर फ़ुरसत पा जाते थे। उनके इस तनावहीन काम के दौरान अगर कभी कोई ग़लती हो भी जाती थी तो वे माफ़ी माँगकर उसे सुधारकर दोबारा 'पढ़' देते थे।

वे नमस्कार से नमस्कार तक उबाऊ सरकारी ख़बरें और भी उबाऊ तथा ठस तरीके से पढ़कर चले जाया करते थे। उनके भावहीन सपाट चेहरों और कठपुतलियों जैसे निर्धारित औपचारिक आचरण से ऊबे हुए दर्शकों के लिए यह एक सुखद

आश्चर्य से कम नहीं था, जब उन्होंने अंग्रेज़ी में प्रणय रॉय और हिन्दी में विनोद दुआ और सुरेन्द्र प्रताप सिंह को दूरदर्शन पर ही बिलकुल अलग अन्दाज़ में ख़बरें बताते और ख़बरों से खेलते हुए देखा।

दूरदर्शन ने सामयिक घटनाक्रम पर समाचार-आधारित कार्यक्रम बनाने के लिए कुछ निजी निर्माताओं को मौक़ा दिया था तो प्रणय रॉय 'वर्ल्ड दिस वीक' और विनोद दुआ का 'परख' कार्यक्रम बेहद लोकप्रिय हुए थे। चुनाव विश्लेषण कार्यक्रमों की एंकरिंग ने तो इन दोनों को तकरीबन टीवी-स्टार ही बना दिया था।

परिवर्तन की लहरें तो उठी थीं...

जुलाई, 1995 से दूरदर्शन पर ही टीवी टुडे नेटवर्क के समाचार-आधारित कार्यक्रम 'आजतक' में उसके सम्पादक सुरेन्द्र प्रताप सिंह ('एसपी') की एंकरिंग और आगे चलकर दूरदर्शन पर ही अनेक वर्षों तक चले कार्यक्रम 'सुबह-सवेरे' में उसके ब्यूरो चीफ़ मुकेश कुमार की एंकरिंग ने भी ऐसी ही लोकप्रियता अर्जित की थी। दर्शक इन पहले-पहले लोकप्रिय एंकरों की जगह स्क्रीन पर किसी भी अन्य व्यक्ति को एंकर के रूप में नहीं देखना चाहते थे।

किसी भी एंकर के लिए यह सबसे बड़ी सफलता और अत्यन्त सुखद अनुभव है। हालाँकि 'कन्टेंट' के स्तर पर ये एंकर दूरदर्शन के मिज़ाज को ज़्यादा नहीं बदल पाए थे, लेकिन फिर भी

उन सीमाओं के भीतर भी उन्होंने अपनी चतुराई, बौद्धिक तेजस्विता और हाज़िर-जवाबी से लोगों में समाचारों और सामयिक घटनाक्रम के विश्लेषण का एक नया और तीखा स्वाद विकसित किया।

लोगों के दिल-ओ-दिमाग़ इन एंकरों की आकर्षक और आत्मीय संवाद की विशिष्ट शैलियों के आकर्षण से बँध जाते थे। इन एंकरों की यह कला और निजी शैलियों का कौशल लोकमत-निर्माण में भी बेहद असरदार साबित हुआ था।

निजी न्यूज़ चैनलों की धमाकेदार शुरुआत

कुल मिलाकर ऐसे एंकरों की छवि जनसाधारण के बीच लगभग सिने-कलाकारों या क्रिकेट के स्टार खिलाड़ियों जैसी बनने लगती है। ये एंकर ख़ुद एक 'सेलिब्रिटी' बन जाते हैं। चौबीसों घंटे के निजी न्यूज़ चैनलों की धमाकेदार शुरुआत के बाद से तो ऐसे लोकप्रिय एंकर धीरे-धीरे छोटे पर्दे के सितारे बनने लगे थे।

लेकिन एंकर सिने-कलाकार या अभिनेता नहीं होता। किसी भी तरह की नाटकीयता अथवा स्क्रीन पर कैसा भी अस्वाभाविक आचरण उसकी छवि और फलस्वरूप चैनल की साख नष्ट करने वाले साबित हो सकते हैं। न्यूज़ चैनलों के सन्दर्भ में तो यह बात सबसे ज़्यादा लागू होती है क्योंकि सहज स्वाभाविकता उनका एक अनिवार्य गुण होता है।

अभिनय और नाटकीयता की ज़रूरत नहीं

यह बात अच्छी तरह समझ लेनी चाहिए कि न्यूज़ चैनलों के एंकर के लिए अभिनय अथवा नाटकीयता की कोई गुंजाइश नहीं होती। मनोरंजन चैनलों और उनके

मनोरंजनपरक कार्यक्रमों के एंकर के लिए भी इसकी बहुत अधिक गुंजाइश नहीं होती। ऐसे एंकरों का अस्वाभाविक आचरण और अति नाटकीयता मनोरंजक न होकर उल्टे हास्यास्पद और कभी-कभी तो बेहद फूहड़ तक नज़र आने लगते हैं। न्यूज़, सामयिक घटनाक्रम के कार्यक्रमों और विचार-विमर्श वाले 'टॉक-शोज़' के एंकरों की तो फिर बात ही दीगर है।

दरअसल, विषय के अनुकूल और अपने कथन के अनुरूप स्वाभाविक आचरण ही एंकर का सबसे बड़ा गुण माना जाता है। इससे इतर, यानी सन्तुलित और स्वाभाविक भावाभिव्यक्ति से भिन्न किसी भी तरह की नाटकीयता या असंतुलित आचरण अथवा अतिरिक्त अभिनय उस एंकर और उसके प्रस्तुतीकरण को निहायत सस्ता और ओछा बना डालते हैं। किसी भी क़िस्म का उच्छल भावावेग न केवल फूहड़ और हास्यास्पद लगता है, बल्कि एकदम अविश्वसनीय भी। एंकर की साख उसकी विश्वसनीयता की नींव पर ही निर्मित होती है। नाटकीयता और अतिरिक्त अभिनय का शौक इस नींव को ही खोखली कर डालता है।

गलत धारणाएँ और भ्रांतियाँ

आरम्भ में ही इस बात पर अतिरिक्त ज़ोर देना यहाँ इसलिए भी ज़रूरी समझा गया है, क्योंकि इसे लेकर अनेक तरह की भ्रांतियाँ फैली हुई हैं। एंकरिंग की बारीकियों को ठीक से न समझने के कारण जनसाधारण में प्राय: यह ग़लत धारणा जड़ जमा चुकी है कि टेलीविज़न चैनलों के एंकर भी एक तरह से अभिनेताओं-जैसे ही होते हैं। उन्हें स्टेज़ आर्टिस्ट और सिने कलाकारों की तरह अभिनय कला में पारंगत होना चाहिए। इससे अधिक ग़लत और हास्यास्पद बात दूसरी नहीं हो सकती।

दूरदर्शन युग के भावहीन चेहरे वाले समाचारवाचक-वाचिकाओं से ख़ुद को अलग दिखाने के चक्कर में एकदम शुरू-शुरू के कुछ एंकरों द्वारा बनावटी ढंग से आवाज़ चढ़ाकर बोलने या उच्छल भावावेश के प्रदर्शन से भी इस ग़लत धारणा को अच्छा ख़ासा बल मिला है।

दूरदर्शन-युग में भी पहले समाचार वाचक-वाचिकाएँ ज़रूरत से ज़्यादा आँखें मटकाने और सिर हिलाने की अस्वाभाविक कवायद किया करते थे। आवाज़ में बनावटी उतार-चढ़ाव और ग़लत जगह विराम का प्रयोग अथवा विराम से बिलकुल ही परहेज करते हुए साँस फूलने की सीमा तक अस्वाभाविक तेज़ी से समाचार पढ़ने का भी एक दौर दूरदर्शन में चला था। उसके बाद शायद इसकी प्रतिक्रिया में एकदम सपाट और भावहीन चेहरे के साथ निरपेक्ष ढंग से समाचार पढ़ते चले जाने का दौर आया। इसीलिए, दूरदर्शन से भिन्नता दिखाने के सायास और अतिरिक्त प्रयासों के कारण ही निजी चैनलों के शुरू-शुरू के कुछ एंकरों में अस्वाभाविकता और एक तरह की नाटकीयता का पुट नज़र आता है। दूसरे, वे न्यूज़ की एंकरिंग भी अपनी

रूढ़ हो चुकी प्रोग्रामिंग की एंकरिंग की तरह नाटकीय अन्दाज़ में करने लगते थे। ये सब बातें ही जनसाधारण में ऐसी ग़लत और हास्यास्पद धारणाओं को बल प्रदान करने वाली बन जाती हैं।

ऐसा नहीं है कि एंकरिंग से सम्बन्धित ऐसी ग़लत और हास्यास्पद धारणाएँ सिर्फ़ जनसाधारण अर्थात टेलीविज़न के दर्शकों में ही जड़ जमाए हुए हैं। जैसा कि ऊपर के उदाहरणों में भी ज़िक्र किया गया है, शुरुआती दौर के कई एंकरों और कार्यक्रम निर्माताओं की सोच भी दुर्भाग्य से कुछ ऐसी ही प्रतीत होती है।

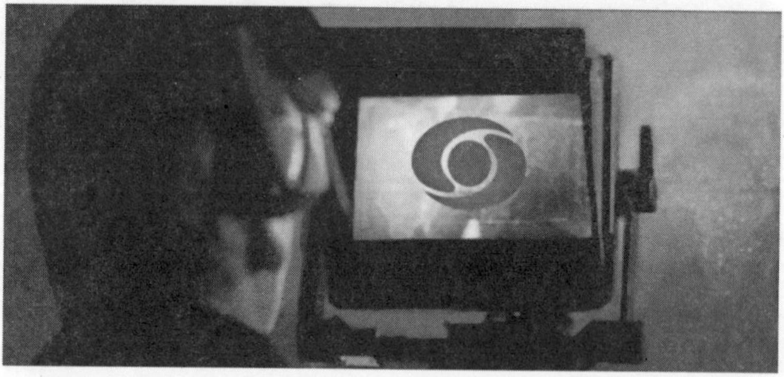

यही नहीं, आज भी अनेक न्यूज़ चैनलों के प्रबन्धकों और संचालकों तक को हम कहीं-न-कहीं इन्हीं ग़लत धारणाओं के प्रत्यक्ष अथवा परोक्ष प्रभाव में रँगे हुए पाते हैं। मनोरंजनपरक कार्यक्रमों में आप अक्सर मुँह बना-बनाकर और शब्दों को चबा-चबाकर बोलने वाले तथा लगातार आँखें नचा-नचाकर मटकने वाले लड़के-लड़कियों को 'एंकरिंग'(?) करते देखते होंगे। वे स्क्रीन पर एंकर नहीं बल्कि जोकर ज़्यादा लगते हैं। उनका ऐसा अस्वाभाविक 'अभिनय' (?) और अति-नाटकीयता अक्सर फूहड़पन की हदें छूता नज़र आता है।

फूहड़पन और अस्वाभाविक आचरण

यह सही है कि प्रोग्रामिंग में किन्हीं कार्यक्रम-विशेष की आवश्यकताओं के अनुरूप एक तरह का चुलबुलापन अच्छा लग सकता है। लेकिन ज़रूरत से ज़्यादा और हर जगह एक ही ढर्रा निरी मूर्खता बन जाता है, जो हमें बराबर नज़र आता है।

हद तो यह है कि न्यूज़ चैनलों की एंकरिंग पर भीं कई बार इस अस्वाभाविकता और फूहड़ प्रदर्शनप्रियता का कमोबेश असर दिखाई दे जाता है। ख़ास तौर से जब से न्यूज़ चैनलों में तथाकथित 'इन्फ़ोटेनमेंट' की अवधारणा के बल पकड़ने के बाद से समाचारों को भी मनोरंजक और नाटकीय बनाकर पेश करने की भद्दी होड़ शुरू हो गई है।

अगर दूरदर्शन-युग के समाचार वाचक-वाचिकाओं की अतिरिक्त गम्भीरता और बनावटी शालीनता कभी-कभी मनहूसियत की हदें छूती दिखाई देती थी, तो निजी न्यूज़ चैनलों के कम उम्र लड़के-लड़कियों की ऐसी 'एंकरिंग' कई बार चुलबुलेपन और फूहड़ता की बेहूदा मिसाल बन जाती है। उच्छल भावावेग का प्रदर्शन करते हुए कभी-कभी तो इनमें से कई रेडियो की पुराने ज़माने की क्रिकेट कमेंट्री की याद ताज़ा कर देते हैं। रेडियो पर कमेंटेटर दिखते नहीं थे। इन्हें देखकर लगता है कि पता नहीं कब मारे उत्साह और जोश के स्क्रीन से बाहर कूद पड़ेंगे!

विषयानुसार सहज और स्वाभाविक प्रस्तुतीकरण

एंकर अभिनेता नहीं होता। इस लिहाज से उसका काम और भी कठिन होता है। चाहे सिने कलाकार हों या स्टेज़ आर्टिस्ट, हम जानते हैं कि वे अभिनेता हैं और हमारे सामने अभिनय ही कर रहे हैं। इस पर भी तारीफ़ उसी कलाकार की होती है जिसका अभिनय कहीं से भी 'अभिनय' न लगकर एकदम स्वाभाविक लगे। फिर एंकर के बारे में तो हम यह भी जानते हैं कि वह वहाँ स्टूडियो में (या कभी स्टूडियो के बाहर भी) कोई अभिनय नहीं कर रहा, बल्कि हमें सूचनाएँ दे रहा है। महत्त्वपूर्ण ख़बरों और ख़बरों के पीछे के सच से हमें परिचित करा रहा है। अथवा किसी घटनाक्रम की बारीकियों में जाकर उसके विभिन्न पहलुओं का विश्लेषण प्रस्तुत कर रहा है। या फिर वह किसी मेहमान, विशेषज्ञ अथवा कभी प्रत्यक्षदर्शी से बातचीत करके किसी तथ्य का उद्‌घाटन कर रहा है। यहाँ भला अभिनय या नाटकीयता की कहाँ गुंजाइश है! ऐसे में आचरण की ज़रा-सी चूक अथवा प्रस्तुति में मामूली-सा भी असंतुलन या अस्वाभाविकता एंकर की छवि और उसके समूचे कार्यक्रम को पलीता लगा देंगे।

फिर भी, एक ख़ास तरह के अन्दाज़ और विषयानुकूल प्रस्तुतीकरण की विशेष शैली की ज़रूरत तो यहाँ भी नज़र आती ही है। अब चाहें तो आप इसे ही अपनी सहूलियत के लिए 'अभिनय' या एक क़िस्म की 'नाटकीयता' कह सकते हैं। यानी कहीं से भी और ज़रा-सा भी 'अभिनय' न दिखता हुआ अभिनय! कहीं से भी और ज़रा-सी भी 'नाटकीयता' न नज़र आती हुई हल्की-सी नाटकीयता! आप कह सकते हैं कि एकदम अव्यक्त से दिखने वाले 'अभिनय' और 'नाटकीयता' का बेहद मामूली-सा और नितांत परोक्ष संस्पर्श! यानी अपने सामान्य आचरण का ही एक अंग बन चुकी स्वाभाविक शैली का निजी वैशिष्ट्य।

नहीं चलेगा बनावटीपन

कहना न होगा कि यह सिने कलाकारों और स्टेज़ आर्टिस्टों की अभिनय कला से थोड़ा ज़्यादा मुश्किल काम है। मुश्किल इस अर्थ में कि आपको तमाम कला-कौशल और निजी शैली के बावज़ूद स्वाभाविक सिर्फ़ 'दिखना' भर नहीं है, बल्कि लगातार स्वाभाविक बने रहना है। स्वाभाविकता आपके इस काम का एक अनिवार्य गुण है। आपके काम का अभिन्न हिस्सा है। सत्य का साक्षात्कार कराने वाले के आचरण में दर्शक मामूली-सा छद्म या हल्की-सी बनावट भी बर्दाश्त नहीं करते।

लेकिन, जैसा कि पहले उल्लेख किया जा चुका है कि स्वाभाविकता की ही यह भी माँग होती है कि एंकर अपनी प्रस्तुति में प्रसंग-विशेष के अनुकूल भावाभिव्यक्ति करे। वह भी बगैर किसी अतिरिक्त भावावेग या उच्छलता का प्रदर्शन किए हुए। जहाँ तक भावाभिव्यक्ति का सवाल है, वह एंकर के बैठने (अथवा खड़े होने) के तरीके, उसके देखने और ख़ुद स्क्रीन पर दिखाई देने के ढंग, उसकी आवाज़ के उतार-चढ़ाव और शब्द-चयन से लेकर बोलने के ख़ास अन्दाज़ तथा उसकी तमाम आंगिक हलचलों यानी कुल मिलाकर उसके 'पोश्चर' और उसकी समूची 'बॉडी-लैंग्वेज़' से प्रकट होती रहती है। वह 'क्या' कह रहा है, इस बात पर ध्यान बाद में जाता है। सबसे पहले ध्यान इस बात पर जाता है कि वह 'कैसा' दिख रहा है और अपनी बात 'कैसे' कह रहा है, किस अन्दाज़ में प्रस्तुत कर रहा है।

कैमरे के सामने चाल, चरित्र और चेहरा

यह बात बार-बार कही जाती है कि टेलीविज़न देखने और दिखाने का माध्यम है। कुछ भी सुनने या सोचने से पहले आप देखते हैं। इस 'दृश्य-श्रव्य' (आडियो-विज़ुअल) माध्यम में 'दृश्य' (विज़ुअल्स) यानी देखना प्राथमिक है। टेलीविज़न की स्क्रीन पर आपसे रू-ब-रू कोई भी एंकर आपको जो कुछ दिखाना चाहता है या आपसे जो कुछ कहना चाहता है, उससे भी पहले आप उस एंकर को देखते हैं। फिर उसकी कही हुई बात पर ग़ौर करते हैं और साथ ही यह भी परखते हैं कि वह

अपनी बात आप तक कैसे पहुँचा रहा है। इसीलिए, इस बात पर सबसे ज़्यादा ध्यान दिया जाता है कि आप दिखते कैसे हैं। यानी टेलीविज़न की स्क्रीन पर आपका व्यक्तित्व कैसा नज़र आता है। वह दर्शकों पर क्या प्रभाव डालता है।

यहाँ यह सवाल पैदा होता है कि स्क्रीन पर इस 'व्यक्तित्व' को क्या चीज़ झलकाती है? दरअसल, आपकी वेश-भूषा, हाव-भाव और बोलचाल से लेकर कैमरे के आगे के आपके कुल आचरण तक से—अर्थात् आपके 'पोश्चर' और 'बॉडी-लैंग्वेज़' से आपका यह व्यक्तित्व झलकता है। इसे तीन शब्दों में कहा जा सकता है यानी कैमरे के आगे आपकी **चाल, चरित्र** और **चेहरा!** इनमें चेहरा अर्थात् 'लुक' प्राथमिक है। फिर 'चाल' यानी वेश-भूषा और 'टोटल पोश्चर' तथा अन्त में 'चरित्र' अर्थात् आपकी 'बॉडी-लैंग्वेज़' और भाषा-शैली।

संवादरत आत्मीय और भरोसेमंद व्यक्तित्व

स्पष्ट है कि एंकर के व्यक्तित्व के तमाम दीगर पहलुओं से पहले दर्शक का ध्यान उसके चेहरे पर जाता है। चेहरे के साथ ही उसके शारीरिक सौष्ठव और उसकी वेश-भूषा पर भी दर्शक का फ़ौरन ध्यान जाता है। यही कारण है कि टेलीविज़न पर एंकरिंग के लिए सबसे पहले व्यक्ति के सुदर्शन होने पर ध्यान दिया जाता है।

इसका आशय यह है कि स्क्रीन पर उभरने वाला एंकर का व्यक्तित्व दर्शनीय और आकर्षक होने के साथ ही आपसे मुख़ातिब एक आत्मीय व्यक्तित्व भी होना चाहिए। दर्शक को ख़ुद को भी उस सुदर्शन एंकर से जुड़ा हुआ महसूस करना

चाहिए। उसे लगना चाहिए कि वह हमसे जुड़ा हुआ है, हमसे संवादरत है और जैसा हम सोचते हैं या महसूस करते हैं, वह वही सब बातें कह रहा है, हमारी ही समस्याओं को उठा रहा है। एंकर से दर्शकों की इस आत्मीय निकटता के बोध से ही उसके प्रति एक तरह का भरोसा भी विकसित होता है।

लेकिन यहीं फिर एक ग़लत धारणा जन्म लेती है। सुदर्शन चेहरे को 'ख़ूबसूरती' का पर्याय बना दिया जाता है और इस ख़ूबसूरती का पैमाना फ़िल्मों के चाकलेटी चेहरे वाले हीरो-हीरोइनों में देखा जाने लगता है। यानी, फिर वही अभिनेताओं वाली और वह भी चाकलेटी चेहरे वाले फ़िल्मी हीरो-हीरोइनों वाली बात। टेलीविज़न की दुनिया में यह भ्रम इस क़दर हावी है कि एंकरिंग के लिए पहली पसन्द ऐसे चाकलेटी चेहरे ही माने जाने लगे हैं। उनमें भी प्राथमिकता प्रायः ख़ूबसूरत युवा महिलाओं को देने का चलन होने लगा है यानी ग्लैमर की एक ग़लत और भ्रांत धारणा का चलन बढ़ने लगा है।

चाकलेटी चेहरों और युवा महिलाओं को वरीयता?

वास्तविकता इससे बिलकुल भिन्न है। दर्शनीय चेहरे और आकर्षक व्यक्तित्व का क़तई यह मतलब नहीं होता है कि चाकलेटी चेहरों और महिलाओं को ही प्राथमिकता मिले। सुदर्शन चेहरे का मतलब यही होता है कि आपका चेहरा 'कैमरा-फ्रैंडली' और फ़ोटोजनिक हो यानी टीवी स्क्रीन पर सामान्यतः अच्छा दिखे। चेहरे के सभी अवयव सन्तुलित नज़र आएँ और कुल मिलाकर उनका समूचा संयोजन (कंपोजीशन) कहीं से भी असन्तुलित या विरूप न दिखे। ऐसा सुदर्शन चेहरा ही टीवी एंकरिंग के लिए अच्छा और आकर्षक माना जाता है, न कि फ़िल्मी हीरो-हीरोइनों के चाकलेटी चेहरे।

स्वयं सिने-जगत् में भी शबाना आज़मी जैसी अभिनेत्रियाँ और नाना पाटेकर या ओमपुरी जैसे अभिनेता इस ग़लत और भ्रांत धारणा को एक सिरे से ख़ारिज़ करते नज़र आते हैं। अगर ख़ुद टेलीविज़न की दुनिया का और वह भी ख़ास तौर से समाचार वाचक-वाचिकाओं और न्यूज़ चैनलों के एंकरों का जायज़ा लिया जाए तब भी ठीक यही बात सामने आती है।

दूरदर्शन की बात करें तो महिलाओं में यदि हिन्दी में सरला माहेश्वरी सादगी के सौन्दर्य की मिसाल नज़र आती हैं तो अंग्रेज़ी में रीनी साइमन (बाद में कपूर) की मिसाल दी जा सकती है। इसके अतिरिक्त अंग्रेज़ी में यदि महिलाओं में अलबुकर और नीति रविन्द्रन तो हिन्दी में मंजरी सहाय (बाद में जोशी) और पुरुषों में तेजेश्वर सिंह, जे. बी. रमन, सुनीत टंडन, वेद प्रकाश और शम्मी नारंग इस ग़लत धारणा को ख़ारिज़ करते नज़र आते हैं।

वास्तविकता भ्राँतियों से भिन्न है

यहाँ तक कि दूरदर्शन के आरम्भ से ही उसकी प्रथम उद्घोषिका और समाचारवाचिका प्रतिमा पुरी भी इसका सर्वोत्कृष्ट उदाहरण हैं। ये सभी अपने-अपने दौर में अच्छे समाचार वाचक-वाचिकाएँ रहे हैं। इसी सन्दर्भ में अविनाश कौर सरीन, साधना श्रीवास्तव, शीला चमन और नीलम शर्मा के नाम भी लिए जा सकते हैं। दूरदर्शन की शुरुआत से उससे जुड़े सुप्रसिद्ध कथाकार और पत्रकार कमलेश्वर का नाम भी इस प्रसंग में लिया जा सकता है जो बाद में अपने अत्यन्त लोकप्रिय कार्यक्रम **परिक्रमा** में टीवी स्क्रीन पर आते थे।

लगभग यही स्थिति निजी न्यूज़ चैनलों के मशहूर एंकरों की भी है जिनकी पहली पीढ़ी दूरदर्शन के कार्यक्रमों से ही निकली थी—यथा—प्रणय रॉय, विनोद दुआ, एसपी (सुरेन्द्र प्रताप सिंह), मुकेश कुमार और रजत शर्मा आदि। प्रणय रॉय चेहरे-मोहरे और अपने समूचे व्यक्तित्व से हॉलीवुड के किसी बेहद ख़ूबसूरत अभिनेता से किसी क़दर कम नहीं दिखते। इसलिए, यदि उन्हें इस सन्दर्भ में अपवाद मानकर उनका ज़िक्र न भी करें तो अंग्रेज़ी में करन थापर, बरखा दत्त, राजदीप सरदेसाई (कभी-कभार हिन्दी में भी) और हिन्दी में विनोद दुआ, दिबांग और पुण्य प्रसून वाजपेयी के नाम ऐसे प्रतिभाशाली और लोकप्रिय टीवी एंकरों के रूप में लिए जा सकते हैं। ये सभी मशहूर एंकर चाकलेटी चेहरों या महिलाओं को वरीयता देने की ग़लत और भ्रांत धारणाओं की धज्जियाँ उड़ाते नज़र आते हैं।

एंकरों की उम्र सम्बन्धी हास्यास्पद मिथक

अभिनय और चेहरे-मोहरे की तरह एंकरों की उम्र को लेकर भी ऐसी ही भ्रांत और ग़लत धारणाएँ काफ़ी प्रचलित प्रतीत होती हैं। वह यह है कि टेलीविज़न की एंकरिंग

के लिए एकदम युवा और तरुण चेहरे होने चाहिए। चालू मुहावरे में कहें तो एकदम खिलंदड़े छोरे तथा बिलकुल बिन्दास और कम-उम्र ग्लैमरस छोरियाँ।

इससे बड़ी मूर्खता की बात शायद ही कोई दूसरी हो। एंकरिंग के लिए ऐसी बेहूदा शर्तें रखना न केवल एक हास्यास्पद माँग है, बल्कि इस सोच के पीछे कहीं-न-कहीं एक तरह की विकृत मानसिकता की झलक भी मिलती है। इसे उचित दिखाने और मनवाने के लिए फिर चाहे कैसे भी या कितने भी कुतर्क क्यों न गढ़ लिए जाएँ।

यह सही है कि ताज़ा खिला हुआ युवा चेहरा स्फूर्तिदायक लगता है। इस बात में भी सच्चाई है कि पुरुषों को महिलाओं, ख़ास कर तरुणियों के सुन्दर चेहरे-मोहरे लुभाते हैं। लेकिन टीवी एंकरिंग कोई आजकल के एफएम रेडियो के जॉकी की तरह का खिलंदड़ापन नहीं है। टीवी एंकरिंग, विशेष रूप से किसी न्यूज़-चैनल की एंकरिंग, एक ऐसा गम्भीर और ज़िम्मेदारी का काम है जिसमें वैचारिक प्रौढ़ता और पेशेवराना अनुभव की सबसे ज़्यादा ज़रूरत होती है।

यदि अकाल प्रौढ़ता या असाधारण प्रतिभा-सम्पन्न और प्रत्युत्पन्नमति जैसे अकल्पनीय अपवादों की बात न करें तो ऐसी प्रौढ़ता और बौद्धिक क्षमता धीरे-धीरे काम के दौरान लम्बे अनुभव और गम्भीर एवं विविधतापूर्ण अध्ययन से ही आती है। ऐसी उपलब्धियाँ और पेशेवराना कौशल एक उम्र के बाद ही अर्जित हो पाते हैं।

अनुभवी व्यक्तित्व की विश्वसनीयता

इसके अलावा एक बचकाने और खिलंदड़े चेहरे की अपेक्षा अनुभव-सम्पन्न प्रौढ़ चेहरा ही पूरी गम्भीरता के साथ विश्वनीयता का भाव पैदा कर पाता है। याद रहे कि

दर्शकों में भरोसा पैदा करना एंकरिंग की एक अनिवार्य शर्त है। फिर ऐसी भी कोई अनिवार्य शर्त नहीं है कि ऐसे अनुभव-सम्पन्न, गम्भीर और प्रौढ़ चेहरे वाले एंकरों में स्फूर्ति नज़र ही न आए। सबसे पहले तो यह बात अपने दिमाग़ में अच्छी तरह बिठा लेनी चाहिए कि किसी न्यूज़ चैनल की एंकरिंग न तो ओलंपिक की हर्डल रेस है और न ही कोई सौन्दर्य प्रतियोगिता या मॉडलों की फ़ैशन परेड!

आप देखेंगे कि टेलीविज़न की वास्तविक दुनिया ख़ुद ऐसी काल्पनिक और हास्यास्पद धारणाओं से बिलकुल अलग नज़र आती है। प्रणय रॉय, विनोद दुआ, राजदीप सरदेसाई, दिबांग, निधि कुलपति, पंकज पचौरी और पुण्य प्रसून वाजपेयी जैसे लोकप्रिय, सुप्रतिष्ठित और प्रौढ़ एंकर अब कोई खिलंदड़े युवा नहीं हैं। और न ही इस उम्र में भी उनमें किसी क़िस्म की स्फूर्ति या ताज़गी की कमी झलकती है।

पुण्य प्रसून वाजपेयी

पंकज पचौरी

दुनिया भर में प्रौढ़ और उम्र-दराज़ एंकर

यही नहीं, तमाम ब्रिटिश-अमेरिकी और अन्य यूरोपीय देशों के टेलीविज़न नेटवर्कों पर नज़र डालें तो हमें ज़्यादातर वरिष्ठ एंकर प्रायः सभी प्रौढ़ावस्था में पहुँचे हुए या उस ओर अग्रसर लोग ही दिखाई देते हैं। इन अत्यन्त प्रतिष्ठित और मशहूर एंकरों में से कई तो लगभग बूढ़े भी हो चले हैं। कहना न होगा कि बीबीसी के एंकर इनमें सबसे आगे हैं।

राजदीप सरदेसाई

सीएनएन के बर्नार्ड शा और लैरी किंग साठ साल की उम्र के बाद भी एंकरिंग करते रहे हैं। माइकेलमोर 88 साल की उम्र में फिर बीबीसी में लौटे। पीटर जेनिंग्स एबीसी से 66 साल की उम्र में रिटायर हुए थे। उनके समकालीन सीबीएस के जॉन रदर और एनबीसी के टॉम ब्रोका भी

बरखा दत्त

साठ के बाद तक प्रमुख एंकर रहे। बारबरा वाल्टर्स 70 साल की उम्र में मोनिका लेविंस्की का ऐसा इन्टरव्यू लेती हैं जो पूरी दुनिया में तहलका मचा देता है।

एंजेला रिप्पोन 65 की उम्र में आईटीवी की और सेलिना स्कॉट 58 की उम्र में स्काई की प्रमुख एंकर हैं। दोनों ही बीबीसी से गई थीं। अल-ज़ज़ीरा : इंग्लिश में आज भी 70 को पहुँच रहे डेविड फ़्रॉस्ट और 50 की ओर अग्रसर रिज़ ख़ान एंकरिंग कर रहे हैं। जॉन रदर के साथ कुछ दिन को-एंकर रहीं केटी कॅरी अभी भी सीबीएस में प्रमुख एंकर के रूप में 52 साल की उम्र में एंकरिंग कर रही हैं। देश-विदेश के ये सभी उदाहरण तो उम्र सम्बन्धी सभी ग़लत धारणाओं और भ्रांतियों को तोड़ने वाले ही साबित होते हैं।

एंकरों के नाम से चैनल चलते हैं

ये सभी चैनल इन प्रौढ़ और वरिष्ठ एंकरों की एंकरिंग से और उनके ब्रांड-नाम से ही चल रहे हैं। टीवी स्क्रीन पर इनका दिखना मात्र दर्शकों को बाँध लेता है। उनकी एंकरिंग विश्वनीयता की गारंटी होती है। अपने देश की ही बात करें तो प्राय: सभी न्यूज़ चैनलों में प्राइम-टाइम शुरू होते ही युवाओं का स्थान वरिष्ठ और प्रौढ़ एंकर ले लेते हैं। वहाँ 'महिला एंकरों' को प्राथमिकता वाली भी कोई शर्त कहीं नज़र नहीं आती।

ताज़ा युवा चेहरे अच्छे लगते हैं। उनका स्वागत भी होना चाहिए। अपनी प्रतिभा, प्रशिक्षण, अध्यवसाय, लगन और क्रमश: अनुभव से आगे आने वाले दिनों में वही वरिष्ठ एंकरों की तरह प्राइम-टाइम में भी टीवी स्क्रीन पर दिखेंगे, इसमें कोई सन्देह नहीं। लेकिन कम उम्र युवाओं और तरुणियों के सुन्दर चेहरों को ही एंकरिंग के लिए एक आवश्यक शर्त अथवा एंकरों की अनिवार्य विशेषता बना देना किसी भी तरह से उचित नहीं कहा जा सकता।

इससे भली भाँति यह बात स्पष्ट हो जाती है कि टेलीविज़न एंकर की (वह चाहे स्त्री हो या पुरुष) सबसे पहली विशेषता प्रसंगानुकूल और इच्छित भावाभिव्यक्ति में सक्षम एक ऐसा फ़ोटोजनिक और सुर्दशन चेहरा है, जो दर्शकों को पूरी तरह से विश्वसनीय लगे। उनके मन में भरोसा पैदा कर सके। उसके चेहरे से ही वैचारिक प्रौढ़ता, सच्चाई के प्रति अटल निष्ठा और पेशेवराना गम्भीरता के साथ स्फूर्ति के भाव एक साथ झलकें।

एंकरिंग के लिए ड्रेस-कोड

यह तभी सम्भव है जब आपने पूरी गम्भीरता के साथ इसकी तैयारी और अभ्यास कर लिया हो। किसी भी व्यक्ति के (एंकर के) बोलने से पहले उसके सम्पूर्ण 'पोश्चर', उसके शरीर-सौष्ठव और वेशभूषा पर ध्यान जाता है। लेकिन इससे भी

पहले उसके चेहरे पर। इसीलिए, एंकरों का चुनाव करते समय उसके चेहरे–मोहरे पर ख़ास ध्यान दिया जाता है। यही वास्तव में पहली विशेषता है; और दूसरी विशेषता है एंकर का शरीर–सौष्ठव और उसकी वेशभूषा।

आमतौर पर सभी एंकरों के लिए, वे स्त्री हों या पुरुष, न्यूज़ चैनलों में ड्रेस कोड होता है। और इसका बड़ी कड़ाई के साथ पालन भी किया जाता है। पुरुषों के लिए गहरे रंग का सूट (गहरा नीला या काला) मैचिंग टाई के साथ और महिला एंकरों के लिए साड़ी, सूट या कभी उस पर मैचिंग शार्ट कोट। अवसर विशेष और पीछे की पृष्ठभूमि के हिसाब से कभी हल्के रंगों का सूट और मैचिंग टाई भी दिख सकती है।

विशेष अवसरों (त्यौहारों आदि) पर प्रसंगानुकूल कुरता–पाजामा और जाकिट (नेहरू कट) भी प्रयोग में आते हैं। कुल मिलाकर आपकी वेशभूषा से भी गम्भीरता और शिष्टता झलकनी चाहिए और कपड़े आपके शरीर के एकदम अनुरूप होने चाहिए यानी न ज़्यादा ढीले–ढाले और खुले और न ही एकदम तंग और शरीर से चिपके हुए। आपका सम्पूर्ण शरीर–सौष्ठव भी आपके चेहरे–मोहरे की तरह ही एकदम सन्तुलित और समानानुपातिक होना चाहिए।

पोश्चर और बॉडी लैंग्वेज़ का महत्त्व

इसी से जुड़ी तीसरी विशेषता है एंकर का कैमरे के सामने का 'पोश्चर' और उसकी देहभाषा या 'बॉडी लैंग्वेज़'। यह तभी सम्भव है जब आप अपने सुदर्शन चेहरे और सन्तुलित शरीर–सौष्ठव के साथ ही कैमरे की तकनीक और उसके व्याकरण से भी अच्छी तरह से परिचित हों। कैमरे के सामने के आपके व्यक्तित्व के इन्हीं गुणों को स्क्रीन पर उभारकर दर्शकों में सबसे पहले कुछ उत्सुकता, कुछ भरोसा और अन्ततः आपके व्यक्तित्व के प्रति आकर्षण पैदा किया जाता है। यह सबसे पहली सीढ़ी है और एक अच्छे एंकर का प्राथमिक गुण। एक तरह से यह पहली नज़र में प्यार–जैसा मामला होता है।

जिस एंकर में (वह स्त्री हो या पुरुष अथवा एकदम युवा हो या प्रौढ़) यह प्राथमिक विशेषता होगी, समझ लीजिए कि वह अपनी पहली और अनिवार्य प्राथमिक परीक्षा में पास हो गया। इस विशेषता को भली भाँति समझकर अभ्यास और अनुभव से इन प्राथमिक गुणों को क्रमशः विकसित किया जा सकता है। दरअसल, किया जाना चाहिए। सभी अच्छे एंकर परिश्रम, लगन और सतर्क अवलोकन से सायास ऐसा करते भी हैं। वे अपने नैसर्गिक गुणों को भी अभ्यास और अनुभव के जरिए और विकसित करते रहते हैं।

उसके बाद नम्बर आता है कैमरे के सामने के अनुशासन व भाषा का। जब हम भाषा की बात करते हैं तो उसमें भाषा के रूप (फार्म), उसके व्याकरण और उसकी अन्तर्वस्तु (कन्टेन्ट)—इन सभी से आशय होता है यानी भाषा हिन्दी हो या अंग्रेज़ी अथवा पंजाबी, बांग्ला या मलयालम सहित कोई भी क्षेत्रीय भाषा, उसके मूल चरित्र और उसके शब्द-भंडार की पूरी जानकारी होनी चाहिए। उसके वाक्य-विन्यास, उच्चारण और उसके शब्दों-वाक्यों की संकेतधर्मिता से भी उस भाषा के एंकर को पूरी तरह से परिचित होना चाहिए। बिना उस भाषा के ऐतिहासिक विकास और उसकी साहित्यिक-सांस्कृतिक विरासत से गहराई से परिचित हुए, यह सम्भव ही नहीं है। गहन अध्यवसाय और लगन के साथ कठोर परिश्रम से ही इसे अर्जित किया जा सकता है।

बोलते ही तिलिस्म टूट जाता है

कई लोगों का चेहरा सुदर्शन तो होता ही है, हमें आकर्षित भी करता है। उससे बड़ी शिष्टता, गम्भीरता और बौद्धिकता भी झलकती है। ऐसा चेहरा–मोहरा पहली नज़र में ख़ुद में बड़ा भरोसा पैदा करके संवाद के लिए आत्मीय उत्सुकता कायम कर लेता है। लेकिन यह सब तभी तक क़ायम रहता है जब तक कि ऐसे लुभावने चेहरे वाले एंकर कोई आंगिक क्रिया सम्पन्न नहीं करते! ऐसा करते ही अथवा उनके बोलना शुरू करते ही एकाएक सारा तिलिस्म टूटकर बिखर जाता है।

ऐसी स्थिति में एंकर के अपनी 'एंकरिंग' शुरू करते ही दर्शक अधीर होने लगते हैं और उनकी उँगलियाँ चैनल बदलने के लिए रिमोट के बटनों से खेलने लगती हैं। कुछ अवधि और चंद दिनों के ऐसे कई बार के अनुभव के बाद तो दर्शक इतना खीझ जाते हैं कि स्क्रीन पर ऐसे एंकरों का चेहरा देखते ही चिढ़ कर फ़ौरन चैनल बदल डालते हैं। भले ही तब ख़बर कितनी भी महत्त्वपूर्ण या उत्सुकता पैदा करने वाली क्यों न आ रही हो।

तमाम प्रमुख न्यूज़ चैनलों में ऐसे कई वरिष्ठ और महत्त्वपूर्ण एंकर हैं, जिनके चेहरों की यहाँ शिनाख़्त करके न तो मैं उनके मासूम दिलों को चोट पहुँचाना चाहता हूँ और न ही पाठकों का ज़ायका ख़राब करना चाहता हूँ। दोनों तरह से यह बड़ा निर्मम और अमानवीय दुष्कृत्य होगा। मशहूर कहावत भी है कि कई लोग शक़्ल से बड़े बुद्धिमान और गम्भीर लगते हैं, जब तक कि वे कुछ बोलें नहीं।

कैमरे की हज़ार आँखें

यह समझ लीजिए कि कैमरे की नज़र से कोई भी हरकत छिपती नहीं है। क्रिकेट मैचों के दौरान भी आपने देखा होगा कि गेंद से छिपाकर छेड़छाड़ करने वाले बॉलर या नाक में उँगली घुमाकर गंदी हरकत करता अथवा जँभाइयाँ लेता कोई सुस्त फ़ील्डर अक्सर कैमरे की पकड़ में आ जाता है। खेल के दौरान कैमरा हरेक खिलाड़ी पर शुरू से आख़िर तक पूरे वक़्त कभी भी नहीं रहता। टीवी एंकर तो अपने काम के दौरान (यानी बोलते हुए और कभी दूसरों को सुनते हुए भी) लगातार कैमरे के सामने ही रहता है। उसकी मामूली से मामूली हरक़त का दृश्य और ध्वनि स्क्रीन पर और माइक पर दिखाई और सुनाई पड़ती है। वह चाहे भी तो अपनी कोई हरक़त टीवी कैमरे की नज़र से छिपा नहीं सकता। उसका कोई भी अस्वाभाविक आचरण सामने के कैमरे तत्काल स्क्रीन पर दर्शकों तक संप्रेषित कर देंगे।

आपने भी कई बार देखा होगा कि कभी कोई एंकर ज़ल्दी-ज़ल्दी पलकें झपकाता है या कभी आँखें मटकाता रहता है अथवा कोई यों ही अनावश्यक हिलता-डुलता रहता है या कोई अपने हाथों (कभी कोई हाथों-पैरों दोनों) को अस्वाभाविक बनाता रहता है। कई बार किसी एंकर का बैठने (या खड़े होने) का कुल अन्दाज़ ही बड़ा फूहड़ नज़र आता है। दरअसल, उसे ख़ुद इन बातों का पता नहीं चलता, पर ये सभी मुद्राएँ और हरकतें तत्काल कैमरे की पकड़ में आ जाती हैं।

तैयारी और आत्मविश्वास की कमी

ऐसी तमाम हरकतें एंकर में आत्मविश्वास की कमी या ज़रूरी पूर्व-तैयारी न कर पाने, घबराहट अथवा अपने अज्ञान (या मूर्खता) को चालाकी से छिपाने की नाकाम कोशिशों का ही नतीज़ा होती हैं। यह दरअसल सही प्रशिक्षण के अभाव और अभ्यास की कमी का नतीजा भी होता है।

एक बार यदि ऐसा 'ऑन एयर' हो गया तो फिर वह एंकर उसे सुधारने की लाख कोशिशें करे, कोई नतीजा नहीं निकलता। दर्शकों की नज़रों से एक बार गिर कर और उनके मन से एक बार उतर जाने के बाद, ऐसा क़िस्मत का मारा एंकर बेचारा फिर कभी भरोसा और विश्वनीयता पैदा नहीं कर पाता। ऐसी हालत में ख़ुद उसमें भी आत्मविश्वास पुनः अर्जित कर पाने में मुश्किलें आती हैं। खोया हुआ आत्मविश्वास, दर्शकों का टूटा हुआ भरोसा बड़ी कठिनाई से ही दोबारा हासिल होता है। और वह भी हर किसी को नहीं। कुछ मामलों में सही प्रशिक्षण, कठिन अभ्यास और लगन के साथ की गई तैयारियों के साथ ही किसी अच्छे मनोचिकित्सक की कौंसिलिंग भी मददगार साबित हो जाती है।

भाषा, उच्चारण और स्वर-साधना

इन सीढ़ियों को सफलतापूर्वक पार कर लेने के बाद ही एंकर की असली परीक्षा की घड़ी आती है यानी उसकी भाषा, उच्चारण, स्वर-साधना और बोलने की ख़ास शैली। हम जानते हैं कि टेलीविज़न दृश्य के साथ ही श्रव्य माध्यम भी है। इसलिए, जैसे ही कोई एंकर बोलना शुरू करता है, उसका वास्तविक काम आरम्भ हो जाता है। एंकरिंग सारा भाषा का खेल है। कैमरे तो सिर्फ़ दृश्य ही दिखलाते हैं—केवल दृश्य। उन्हें जीवित और अर्थपूर्ण बनाने का काम एंकर की भाषा करती है। यह सिर्फ़ भाषा का खेल नहीं बल्कि **दृश्यों की भाषा** का खेल है। आप कह सकते हैं कि यह दृश्यात्मक भाषा विज़ुअल लैंग्वेज़ का खेल है। एंकरिंग का यही कौशल, भाषा का यही जादू, न केवल स्क्रीन पर नज़र आने वाले दृश्यों को जीवंत और अर्थवान बनाता है, उनका अर्थ संप्रेषित करता है, बल्कि स्क्रीन पर कभी कोई दृश्य न होने पर भी इच्छित दृश्य मूर्त कर देता है। भाषा के जादू से दृश्यात्मकता का आभास पैदा कर देता है। यही एंकरिंग की कला का अद्‌भुत कौशल है। ठोस यथार्थ को दृश्यात्मक भाषा के माध्यम से मन-माफ़िक रूप में संप्रेषित करने का कौशल!

अगर आप किसी अंग्रेज़ी भाषा के न्यूज़ चैनल में एंकरिंग करना चाहते हैं तो आपका इस भाषा पर पूरा अधिकार होना चाहिए और उसकी ऐतिहासिक-सांस्कृतिक विरासत का पूरा ज्ञान। उस भाषा के भाषिक परिवेश से गहरा परिचय। ठीक यही बात हिन्दी और अन्य भारतीय भाषाओं में एंकरिंग के सन्दर्भ में भी कही जा सकती है।

साहित्यिक-सांस्कृतिक धरोहर का परिचय भी ज़रूरी

अगर आप किसी हिन्दी न्यूज़ चैनल के एंकर बनना चाहते हैं तो यह ज़रूरी है कि आप हिन्दी भाषा की मूल प्रकृति से भली भाँति परिचित हों और हिन्दी भाषा का ऐतिहासिक विकास एवं उसकी साहित्यिक-सांस्कृतिक धरोहर का भी आपको पूरा ज्ञान हो। इस ज्ञान की बदौलत ही आप सही शब्द-चयन कर पाएँगे और आपके वाक्य-विन्यास का गठन भी चुस्त-दुरुस्त होगा।

आप जिस किसी भाषा के भी एंकर बनना चाहते हों, उस भाषा के शब्द–भंडार तक आपकी स्मृति की ताज़ा पहुँच इतनी तेज़ होनी चाहिए कि प्रसंगानुकूल शब्दों का खुला खज़ाना आपकी जिह्वा पर किसी क्षिप्र गति वाले झरने की तरह तत्काल फिसलता नज़र आए। हिन्दी का शब्द–भंडार बड़ा विशाल है। उसमें देश और दुनिया की अनेक भाषाओं के शब्द पूरी तरह से खप कर हिन्दी का रूप ले चुके हैं।

इसके साथ ही हिन्दी में पर्यायवाची शब्दों का संसार भी बड़ा जगमग है। इस भाषा–विकास और उसकी मूल प्रकृति की समझ से ही सही शब्द–चयन का विवेक अर्जित किया जा सकता है और साथ ही शब्दों की संकेतधर्मिता को समझा जा सकता है। इससे शब्दों और उनके अर्थों की उलट–पुलट से भाषा की बाज़ीगरी का कौशल अर्जित किया जा सकता है। इसी से भाषा में रवानी और सहज प्रवाह आ पाता है। इसी से उपयुक्त भावाभिव्यक्ति के गुण भी आ पाते हैं।

इन तमाम गुणों के अभाव में आप एक बेहतर एंकर नहीं बन सकते। इसके साथ ही आपको शुद्ध उच्चारण और शब्दों–वाक्यों में सही उतार–चढ़ाव की तमीज़ भी होनी चाहिए। इस स्वर–साधना के बिना आप अच्छी एंकरिंग नहीं कर सकते।

बहुविध जानकारी और ज्ञान की गहराई

भाषा की इकाई यदि वाक्य–विन्यास होता है तो उच्चारण की इकाई शब्द। एंकर की बोलचाल की भाषा में वाक्य छोटे–छोटे और सरल होने चाहिए जो बात सीधे सम्प्रेषित कर सकें। शब्द भी सरल, सहज सम्प्रेष्य और स्पष्ट उच्चारण के साथ इस्तेमाल करने चाहिए। बहुत ज़रूरी होने पर ही विशेष तकनीकी शब्दों या हिन्दी की एंकरिंग के दौरान अंग्रेज़ी शब्दों का प्रयोग करना चाहिए। ऐसी स्थिति में अपने भरसक उनका मतलब हिन्दी में भी समझा देना चाहिए। जहाँ तक सम्भव हो, एंकर को स्टूडियो में जाने से पहले तैयार 'कॉपी' एक बार ध्यान से पढ़ लेनी चाहिए। किसी तकनीकी शब्द या किसी मुहावरे अथवा उक्ति का अर्थ न मालूम हो तो उसे जानकारों से या अन्य माध्यमों से अवश्य जान लेना चाहिए।

एंकरिंग शुरू करने से पहले कम–से–कम एक बार 'टेली–प्राम्पटर' पर भी सरसरी तौर पर नज़र अवश्य डाल लेनी चाहिए। ऐसी स्थिति के लिए भी तैयार रहना चाहिए कि कभी 'टेली–प्राम्पटर' फेल हो जाए या कभी पहले से कोई तैयार 'कॉपी' ही न हो। ऐसी हालत में एंकर की बहुविध जानकारी, उसका ज्ञान और भाषा पर अधिकार ही मददगार होते हैं।

एंकरिंग में बोलचाल की सरल और सहज ही समझ में आने वाली भाषा के इस्तेमाल पर ज़ोर दिया जाता है। यह उचित भी है। लेकिन लोग सरल भाषा का मलतब 'चालू' भाषा के रूप में समझ लेते हैं। ऐसे में वे भाषा की अपनी सहज गरिमा और गम्भीरता को नष्ट कर डालते हैं। ऐसी स्थिति में उनकी भाषा अपने हल्केपन में कई बार फूहड़ता की हदें तक छूने लगती है।

दूसरी ओर कुछ लोग सहज और स्वाभाविक गम्भीरता को मनहूसियत का पर्याय मान लेते हैं और शालीनता को कमज़ोरी का। ऐसे लोग अगम्भीर दिखने में ही अपनी सारी चुस्ती और 'स्मार्टनेस' समझने लगते हैं। एंकरिंग के दौरान उनकी ऐसी 'ओवर-स्मार्टनेस' उनके आचरण में हल्कापन पैदा कर देती है, जो कई बार छिछोरेपन की सीमाएँ भी छूने लगता है।

अशालीन आचरण का हल्कापन

ऐसी एंकरिंग से न्यूज़, सामयिक घटनाक्रम या महत्त्वपूर्ण व्यक्तियों के इन्टरव्यू के दौरान उस एंकर और उसके चैनल की छवि ही ख़राब होती है। दर्शक एंकरों की भाषा और उनके कुल आचरण में ऐसी अशालीनता और छिछोरापन कतई पसन्द नहीं करते। दरअसल, ऐसे एंकर इसे ही आक्रामकता का पर्याय मान लेते हैं जो ग़लत है।

दूसरी तरफ़ कुछ एंकर 'पैनल डिस्कशंस' में अथवा मंत्रियों, नेताओं या अन्य 'सेलिब्रिटीज़' के साक्षात्कार के दौरान या उनसे बातचीत करते हुए, कई अवसरों पर बेवजह और अतिरिक्त आक्रामक तेवर दिखाने लगते हैं। वे अपनी भाषा से लेकर आचरण तक अपने पूरे व्यवहार में ज़रूरत से ज़्यादा आक्रामक हो जाते हैं। वे समझने लगते हैं कि इससे उनकी धाक जमेगी और नेताओं की दुर्गति करने के उनके साहस को पसन्द किया जाएगा। लोगों को भी नेताओं की ऐसी छिलाई अच्छी लगेगी। लेकिन यह भी उनकी भ्राँति ही है।

यह ठीक है कि हमारी राजनीति, राजकाज और सार्वजनिक जीवन में हददर्ज़ा बेईमानी, भ्रष्टाचार और निर्ममता है। यह भी सच है कि इन गड़बड़ियों के ज़िम्मेदार लोगों का पर्दाफ़ाश और उनकी दुर्गति जनसाधारण पसन्द करते हैं। वे उसे न केवल लोकहित में उचित समझते हैं, बल्कि अपने असली जीवन में वे ख़ुद जो नहीं कर पाते, ऐसे लोगों को दंडित नहीं कर पाते, वैसा टीवी स्क्रीन पर एंकर को करते हुए देखकर खुश होते हैं।

नकली आक्रामकता के तीखे तेवर

लेकिन ऐसा मात्र तीखे तेवरों और कड़वी भाषा के साथ अतिरिक्त आक्रामकता से नहीं किया जा सकता। यह भी सही है कि भाषा से लेकर कुल आचरण तक आक्रामकता और तीखे तेवरों का अवसर के अनुकूल इस्तेमाल एक अच्छे एंकर के गुण हैं। लेकिन यह 'गुण' तभी नज़र आता है जब एंकर ख़ुद सहज, स्वाभाविक और शालीन बने रहकर अपने सवालों की नोक से सामने वाले को बींधता है। कहना न होगा कि ऐसी आक्रामकता बड़ी तैयारी, गहन अध्ययन और प्रस्तुत विषयवस्तु के सभी पहलुओं की सर्वांगीण जानकारी से पैदा होती है।

इसी तरह अगर कभी एंकर के लिए तैयार 'कॉपी' न हो या 'टेली-प्राम्पटर' ही काम न करे और पूरा 'सिस्टम' ही फेल हो जाए, तब भी एंकर को अपनी पूर्व-तैयारी

और स्वविवेक के भरोसे ही इस तरह बिना रुके लम्बे समय तक लगातार एंकरिंग करनी पड़ सकती है कि दर्शकों को यह अहसास न हो कि कहीं कोई गड़बड़ी हुई है।

एंकर अपने गहन अध्ययन, व्यापक एवं बहुविध सामान्य ज्ञान और सामयिक घटनाक्रम की ताज़ा-तरीन जानकारी के बल पर ऐसी असामान्य स्थिति से भी बड़े सहज रूप में निपट सकता है। ये गुण सामान्य हालात में भी उसकी एंकरिंग को निखारने और बेहतर बनाने में सहायक होते हैं।

देश, दुनिया और समाज की समझदारी ज़रूरी

कभी-कभार ऐसा भी होता है कि किसी महत्त्वपूर्ण घटनाक्रम या समाचार के 'लाइव फुटेज़' (दृश्यचित्र) आपके पास तत्काल उपलब्ध नहीं हैं। ऐसी स्थिति में भी उस घटनाक्रम या समाचार से सम्बन्धित आपकी जानकारी, उसकी ऐतिहासिक पृष्ठभूमि और आपके अध्ययन एवं सामान्य ज्ञान के भरोसे ही 'लाइव फुटेज़' आने तक एंकरिंग को ऐसे खींचा जाता है कि दर्शकों की उत्सुकता बनी रहे और उन्हें सम्बन्धित घटनाक्रम या समाचार के सम्बन्ध में कुछ-न-कुछ नई और ज़रूरी जानकारी मिलती रहे।

लेकिन एंकर के लिए केवल इतना ही पर्याप्त नहीं होता है। उसे अपने देश और दुनिया की राजनीति, अर्थनीति और समकालीन घटनाक्रम की ताज़ा जानकारी के साथ ही अपने समाज के समाजशास्त्रीय विश्लेषण और उसकी सामान्य मनोरचना से भी गहराई के साथ परिचित होना चाहिए। सिर्फ़ परिचित ही नहीं बल्कि समकालीन घटनाक्रम या ऐतिहासिक विकास के किसी भी बिन्दु अथवा किसी विशेष स्तर को भली भाँति परखकर, उसका सूक्ष्म विश्लेषण कर पाने में भी माहिर होना चाहिए। तभी वह एंकर एक दृष्टि-सम्पन्न, सक्षम और प्रतिभाशाली एंकर के रूप में दर्शकों के सामने ख़ुद को पेश कर सकेगा। अपने सहज ज्ञान और विपुल जानकारियों के बल पर अपनी ऐसी स्थायी छवि क़ायम रख पाएगा।

एंकर न टीचर होता है, न प्रीचर

इसके साथ ही एक क्षण के लिए भी यह नहीं भूलना चाहिए कि एंकर न तो राजनेता होता है और न ही कोई अध्यापक। वह कोई उपदेशक भी नहीं होता। उसकी किसी भी बात या उसके किसी भी आचरण अथवा व्यवहार से यह नहीं लगना चाहिए कि वह दर्शकों को निरे अज्ञानी और नितान्त मूढ़ समझकर अपनी विद्वता का प्रदर्शन कर रहा है; उपदेशक की तरह कोई सीख दे रहा है या अध्यापक की तरह कोई पाठ पढ़ा रहा है। एंकर के लिए 'प्रीचिंग' और 'टीचिंग' दोनों एकदम वर्जित हैं।

वह जज की तरह कोई फैसला भी नहीं सुनाता। वह तो सच्चाई का उसकी वास्तविकता के सभी पहुलओं के साथ साक्षात्कार कराता है। उसके कारणों और भावी

परिणामों के विश्लेषण के आधार पर सिर्फ़ एक यथार्थ परिप्रेक्ष्य भर सामने रखने का काम करता है। जो कुछ भी सामने आए, वह ठोस यथार्थ और उसके वस्तुगत विशेषण की तर्कसंगत परिणति के रूप में ही हो, कोई थोपा हुआ निर्णय न लगे।

समाज के सकारात्मक रूपातंरण के लिए उसकी नैतिक ज़िम्मेदारी और उसकी प्रतिबद्धता भी, यदि ये हों, तो कहीं से भी प्रदर्शित नहीं होनी चाहिए। उसका काम बड़े ख़ामोशी से ऐसा संकेत देने का है; किसी समाज–सुधारक या क्रान्तिकारी का बाना पहनने का नहीं। उसे कभी भी जोश में आकर अपने होश नहीं खोने चाहिए।

कहने का मलतब यह है कि एंकर का काम तो बस यही होता है कि वह बिना किसी आत्मप्रदर्शन के या पक्ष और विपक्ष में किसी भी झुकाव को बिना दिखाए, जो कुछ जैसा है उसे पूरी–पूरी निष्पक्षता और सच्चाई के साथ दर्शकों को वैसा ही दिखाए और बताए। इस 'दिखाने' और उसके 'बताने' में भी कहीं कोई अन्तर्विरोध नहीं होना चाहिए। दर्शकों को लगना भी चाहिए कि जो कुछ वास्तव में जैसा है, एंकर उन्हें वैसा ही दिखा और बता रहा है। तभी दर्शकों का उस पर भरोसा क़ायम हो सकेगा। तभी उसकी विश्वसनीयता और साख बनी रह सकेगी।

सत्यनिष्ठा, विश्वसनीयता और साख

यह सत्यनिष्ठा, विश्वसनीयता और साख ही किसी भी एंकर की प्राथमिक और सबसे बड़ी पूँजी होती है। यही उसकी एंकरिंग का सर्वप्रथम गुण और यही उस एंकर की सबसे महत्त्वपूर्ण विशेषता कही जा सकती है। यही दरअसल एक सफल और कामयाब एंकर के रूप में उसकी छवि और लोकप्रियता की प्राथमिक गारंटी है। इसमें ज़रा–सी भी चूक उसकी एंकरिंग और उसकी बनी–बनाई छवि को भारी क्षति पहुँचा सकती है।

यदि एंकर की यह तैयारी मुकम्मल है तो वह कठिन परिश्रम और लगन के साथ, निरन्तर अभ्यास और अध्ययन के जरिए अपने विवेचन और विश्लेषण को पैना, वास्तविक और 'कन्विसिंग' बना पता है। तभी उसमें बात दो–टूक ढंग से व्यक्त करने का नैसर्गिक साहस और सहज आत्मविश्वास पैदा होता है। तभी उसका वस्तुनिष्ठ दृष्टिकोण सच्चाई के सच्चे तेवरों के साथ स्पष्टता से उभरकर सामने आ पाता है। तभी उसकी प्रतिभा और ईमानदारी पर दर्शकों का भरोसा जम पाता है और उसकी एक स्थायी विश्वनीय छवि बन पाती है।

चीज़ों को ग़लत, अधूरे या अस्पष्ट रूप में पेश करने वाला या वास्तविकता को तोड़–मरोड़कर पेश करने वाला एंकर चाहे जितनी भी नक़ली आक्रामकता दिखाए, अपना प्रभाव और अपनी कही गई बात का वज़न ही नष्ट करता है। उसके अवास्तविक और ओढ़े हुए आक्रामक तेवर व्यर्थ साबित होते हैं। दर्शकों के सामने वह मात्र एक विदूषक बनकर रह जाता है।

बिना होमवर्क के एंकरिंग का बेड़ा गर्क

यहाँ तक कि किसी 'टॉक-शो', इन्टरव्यू या 'पैनल डिस्कशंस' के दौरान सारे सूत्र उसके हाथ से निकल जाते हैं। ऐसी स्थिति में कोई भी तेज़-तर्रार मेहमान उस पर हावी होकर ख़ुद उसे अपनी उँगलियों पर नचाने लगता है। जैसे कि, मिसाल के लिए, एक न्यूज़ चैनल के ऐसे ही एक कार्यक्रम में तत्कालीन केंद्रीय मंत्री मणिशंकर अय्यर ने एंकर की बुरी गत बना डाली थी।

वह एंकर काफ़ी वरिष्ठ और प्रतिभाशाली होते हुए भी तब शायद इसलिए गच्चा खा गया था कि उसने ज़रूरी पूर्व-तैयारी नहीं की थी और उसका पाला मार्क्सवाद में घोषित आस्था रखने वाले एक पढ़े-लिखे बुद्धिजीवी से पड़ा था, किसी आम राजनेता या मूर्ख क़िस्म के मंत्री से नहीं। अन्त में, हँसकर मणिशंकर अय्यर ने यह टिप्पणी तक जड़ दी थी कि मित्र, 'हॉट सीट' पर मैं नहीं, आप बैठे हुए हैं। प्रसंगवश, इस कार्यक्रम का नाम ही 'हॉट सीट' था और उस पर आमंत्रित मेहमान को 'बिठाया' जाता था।

जब एक वरिष्ठ और प्रतिभा-सम्पन्न एंकर की यह स्थिति हो सकती है, तो दूसरों का तो कहना ही क्या! इसलिए, ऐसे पढ़े-लिखे बौद्धिक मेहमान से उलझने से पहले प्रतिभाशाली, अनुभवी और वरिष्ठ एंकर को भी परिश्रमपूर्वक पूर्व-तैयारी करने की ज़रूरत पड़ती है। ऐसी और भी कई मिसालें आए दिन दिख जाती हैं। कम अनुभवी, नौसिखिए और बुद्धिहीन एंकर तो ऐसे मेहमानों के आगे बराबर बौखलाते और मिमियाते नज़र आते रहते हैं।

वास्तविक, तर्कपूर्ण और कन्विसिंग विश्लेषण

आप प्रणय रॉय, विनोद दुआ, करन थापर, राजदीप सरदेसाई, मुकेश कुमार, दिबांग या पुण्य प्रसून वाजपेयी-जैसों की एंकरिंग के दौरान इसकी कल्पना तक नहीं कर सकते, सामने चाहे कोई भी फन्नेख़ाँ क्यों न हो! आपकी तैयारी अगर मुकम्मल होगी और तमाम सन्दर्भ और जानकारियाँ आपके 'टिप्स' पर होंगी, तो आपके सवाल भी पैने, सीधे 'टू द प्वाइंट' और स्पष्ट होंगे तथा विश्लेषण वास्तविक, तर्कपूर्ण और पूर्णतः 'कन्विसिंग'! तभी आपमें भरपूर आत्मविश्वास और साहस भी झलकेगा तथा आपके तेवर भी सच्चे और आक्रामक दिखेंगे। इसलिए, एंकर चाहे कितना ही अनुभवी और वरिष्ठ हो, ऐसे किसी भी कार्यक्रम से पहले उसे ज़रूरी 'होमवर्क' अवश्य कर लेना चाहिए। ऐसा न होने पर अति-उत्साह और अति-आत्मविश्वास के भरोसे कभी किसी पढ़े-लिखे बौद्धिक और चतुर व्यक्ति के आगे अपनी भद्द पिटवाने की नौबत भी आ सकती है।

अन्त में, अब एक महत्त्वपूर्ण बात और। वह है एंकर की तकनीकी समझ, अपने सहयोगियों से तालमेल और कैमरे के सामने के शिष्टाचार का सही ज्ञान। इसके साथ ही इन सभी बातों को अपनी एंकरिंग के दौरान सफलतापूर्वक व्यवहार

में उतार पाने का कौशल। सिद्धान्तों की अपनी अहमियत होती है लेकिन असली कसौटी उनकी व्यवहार में परख ही होती है।

तकनीकी जानकारी भी ज़रूरी

यह सही है कि एंकर या एंकर-रिपोर्टर पत्रकार होते हैं, कोई कैमरामैन या तकनीकी कर्मचारी नहीं। लेकिन फिर भी, उनमें कैमरे की जितनी समझ होगी, उसके तकनीकी और कलात्मक-सौन्दर्यात्मक पक्ष के बारे में वे जितने माहिर होंगे, उतनी ही उनकी एंकरिंग बेहतर होगी। स्क्रीन पर वे उतने ही ज़्यादा प्रभावशाली दिखेंगे। पूरी गहराई से और सम्पूर्णता में नहीं भी तो कम-से-कम कैमरे और उसके विविध आयामों के सम्बन्ध में मोटी-मोटी और ज़रूरी जानकारी तो एंकर और एंकर-रिपोर्टर को होनी ही चाहिए। कैमरों और तकनीक में होने वाली नित नई प्रगति की भी पर्याप्त जानकारी होनी चाहिए और हर नई बात सीखने का जज़्बा भी। समय-समय पर एंकर को अपने सामने रखे मॉनिटर पर नज़र डालकर ख़ुद भी अपने-आपको जाँचते-परखते रहना चाहिए। ऐसे में जब भी और जो भी गड़बड़ी दिखे, उसे फ़ौरन सुधार लेना चाहिए। इसके अलावा, अपने कैमरापर्सन्स से भी बीच-बीच में बराबर पूछते रहना चाहिए। उनकी पूरी सहायता और सलाह लेनी चाहिए।

इन सभी बातों पर तो बल्कि, एंकरिंग शुरू करने से पहले ही, अपने निर्धारित स्थान पर बैठते (अथवा खड़े होते) ही तत्काल ध्यान देना चाहिए। फिर बीच-बीच में आने वाले 'कमर्शियल्स' (विज्ञापनों) के 'ब्रेक्स' के दौरान भी ख़ुद को जाँचते-परखते रहना चाहिए और आवश्यकतानुसार कैमरापर्सन्स की भी सलाह लेते रहनी चाहिए। कैमरे के सामने आपने किस मुद्रा में बैठना है (अथवा खड़े होना है) और एंकरिंग के दौरान कब किस कैमरे (अथवा मेहमान) को आपने किस कोण से देखना है, ये सभी बातें पहले ही से आपके ज़ेहन में स्पष्ट होनी चाहिए।

सहयोगियों से कार्यगत तालमेल

कैमरे के आगे आपकी सम्पूर्ण 'बॉडी-लैंग्वेज़' और आपके 'पोश्चर्स' सही रहें और आपकी भाव-भंगिमा (जैश्चर्स) भी प्रसंगानुकूल और सहज-स्वाभाविक बने रहें; कहीं कोई गड़बड़ी या चूक हो तो उसे भी तत्काल सुधारने की दृष्टि से यह बहुत ज़रूरी है कि कैमरापर्सन्स और दूसरे तमाम तकनीकी सहयोगियों से आपके सौहार्दपूर्ण और दोस्ताना सम्बन्ध हों। यह न भूलें कि यह कैमरापर्सन ही है जो आपकी ख़ूबियों को टेलीविज़न की स्क्रीन पर और भी बेहतर ढंग से उभारने और आपकी किन्हीं कमियों को छिपाने में माहिर होता है।

इसी तरह 'डेस्क' के सभी सहयोगियों से, विशेष रूप से स्क्रिप्ट लेखक साथी पत्रकारों और वीडियो सम्पादन के ज़िम्मेदार साथियों से भी एंकर और एंकर-रिपोर्टर को दोस्ताना सम्बन्ध बनाकर रखने चाहिए, ताकि एंकरिंग शुरू करने के पहले आप न केवल स्क्रिप्ट पढ़कर उनसे विचार-विमर्श कर सकें बल्कि उच्चारण सम्बन्धी अथवा पर्यायवाचिक बेहतर विकल्पों या अन्य किसी सन्दर्भ में शब्द-चयन अथवा वाक्य-विन्यास में सौहार्दपूर्वक मनोनुकूल परिवर्तन या कोई सुधार करा सकें—वह भी उनके अहम् को किसी भी तरह की ठेस पहुँचाए बिना यानी इस तरह से कि उन्हें आपके सुझाव बेहतर लगें। इसी तरह एंकर-रिपोर्टर के तौर पर आपकी कोई विशेष स्टोरी के सम्पादन में भी आप वीडियो-एडीटर्स के साथ मिलकर उनके सहयोग से बेहतर परिणाम ला सकते हैं।

माध्यम के अनुकूल स्क्रिप्ट

जैसा कि पहले भी उल्लेख किया गया है, ज़्यादातर न्यूज़ चैनलों में स्क्रिप्ट लेखक प्रायः प्रिंट माध्यम से आए पत्रकार ही हैं। इनमें से कई ख़ासे अनुभवी और प्रतिभाशाली भाषाविज्ञ भी हैं। लेकिन इनमें से कई प्रिंट माध्यम की भाषा से भिन्न टेलीविज़न की दृश्यात्मक भाषा के अन्तर को भली भाँति समझ नहीं पाते। कई बार वे बोलचाल की भाषा और लिखित भाषा के फ़र्क़ को भी नहीं पहचान पाते। इन सब कमियों का ख़ामियाजा एंकरिंग करते हुए बहुत कुछ एंकर को ही भुगतना पड़ता है। इसलिए भी इन सब बातों में अपनी ख़ुद की महारत के अलावा 'डेस्क' के साथी पत्रकारों से दोस्ताना सम्बन्ध रखना बड़ा सहायक सिद्ध होता है।

इसके अलावा एंकर को 'पीसीआर' के अपने सहयोगियों से भी बेहतर तालमेल बनाकर रखना चाहिए। वे न केवल एंकर को ताज़ा से ताज़ा घटनाक्रम से और तत्काल घटित होने वाले किसी भी परिवर्तन से फ़ौरन परिचित कराते रहते हैं बल्कि एंकर को उसकी किसी चूक या ग़लती से भी बराबर सतर्क करते रहते हैं। लेकिन एंकर को सबसे ज़्यादा जिनसे तालमेल बनाकर चलना चाहिए, वे उस चैनल के रिपोर्टर होते हैं।

एंकर-रिपोर्टर की नई अवधारणा

एंकर के बाद, और एक तरह से उसी की तरह, किसी भी न्यूज़ चैनल में उसके रिपोर्टरों का अत्यन्त महत्त्व होता है। ख़ुद एंकर को भी स्वयं एक अच्छा रिपोर्टर होना चाहिए। इसी वजह से आजकल न्यूज़ चैनलों में एंकरिंग के लिए **एंकर-रिपोर्टर** की अवधारणा अधिक प्रचलन में आ रही है। वैसे भी अच्छी एंकरिंग के लिए एंकर और रिपोर्टरों के बीच जीवंत सम्पर्क और बेहतरीन तालमेल होना बेहद ज़रूरी होता है। ये रिपोर्टर ही होते हैं जो स्टूडियो में मौजूद एंकर का घटनास्थल से या वहाँ मौज़ूद लोगों अथवा किसी विशेष घटनाक्रम के साथ जीवंत संपर्क और सम्बन्ध बनाए रखते हैं। वे ही उसे किसी ख़बर के ब्यौरों और उनकी बारीकियों से परिचित कराते हैं। उसके सवालों के माक़ूल जवाब देकर एंकरिंग की प्रक्रिया को आगे बढ़ाने में मददगार होते हैं। इसलिए दोनों में बेहतर पेशेवराना तालमेल और दोस्ताना सम्बन्ध एंकरिंग में बड़े सहायक सिद्ध होते हैं।

हमने अभी तक जितनी बातों की चर्चा की है और इस क्रम में उसी दौरान एक अच्छे एंकर की जो विभिन्न विशेषताएँ बताई हैं, इन्हें अर्जित करके ही कोई भी एंकर सफल और लोकप्रिय हो सकता है। अपने पेशे में महारत हासिल कर सकता है।

लेकिन अगर आप विभिन्न चैनलों द्वारा दिये जाने वाले प्रशिक्षण अथवा विश्वविद्यालयों और निजी संस्थानों के पाठ्यक्रमों पर एक नज़र डालें तो आप पाएँगे कि इनमें ज़्यादातर बातें नदारद हैं। मज़े की बात तो यह है कि 'एंकरिंग' के लिए जो भी और जैसा भी प्रशिक्षण दिया जाता है, वह यही है कि कैमरे के सामने आपको कैसा दिखना और बोलना है। चैनलों के अपने व्यावहारिक प्रशिक्षण के दौरान भी ज़्यादातर कैमरे के सामने का न्यूतम ज़रूरी शिष्टाचार मात्र ही सिखाया जाता है।

इस तरह से, एंकरिंग के प्रशिक्षण के सन्दर्भ में सिर्फ़ एंकर के 'पोश्चर', उसके 'जैश्चर्स' और उसकी 'बॉडी-लैंग्वेज़' या ज़्यादा-से-ज़्यादा बहुत हुआ तो उसकी भाषा, उच्चारण और स्वर-साधना पर ही कमोबेश ज़ोर दिया जाता है। इसका मतलब यह है कि एंकरिंग के प्रशिक्षण के केवल 'रूपात्मक' पक्ष (फ़ार्म) पर ही ध्यान दिया जाता है। उसकी 'अन्तर्वस्तु' (कन्टेन्ट) के बारे में प्रायः कम ही सोचा जाता है। इसलिए, एक सफल और अच्छा एंकर बनने के लिए आपको इस प्रशिक्षण के साथ ही इन तमाम विशेषताओं से भी ख़ुद को लैस करना चाहिए, जिनकी यहाँ संक्षेप में चर्चा की गई है।

सबसे पहले एक विशिष्ट पत्रकार

यह अच्छी तरह समझ लें कि एंकर—या आजकल के सन्दर्भ में कहें तो 'एंकर-रिपोर्टर' की सबसे पहली और सर्वाधिक महत्त्वपूर्ण विशेषता यही होती है कि वह एक बहुत अच्छा पत्रकार हो। एक ऐसा विशिष्ट पत्रकार, जो कैमरे के सामने प्रत्येक कठिन-से-कठिन चुनौती और किसी भी अप्रत्याशित स्थिति का पूरी सहजता और स्वाभाविकता के साथ मुकाबला कर सके।

दर्शकों के मन में उसकी यह विश्वसनीय छवि तो बने कि वह पूरी ईमानदारी, वस्तुनिष्ठता और निर्भीकता के साथ ख़बरों और उनके पीछे के सच को बताता है, पर वह उन्हें अपने से अलग कोई 'ग्लैमरस मॉडल' या 'स्टार' अथवा 'सेलिब्रिटी' न लगे। वह उन्हें अपने सामान्य स्तर के ऊपर उठा हुआ विद्वत्ता झाड़ने वाला कोई 'विद्वान' अथवा उपदेशक या समाज को बदल डालने को आतुर कोई तूफ़ानी क्रान्तिकारी या नेता भी न लगे।

एंकर अगर दर्शकों को अपने बीच का ही एक व्यक्ति और उनके अपने दिल की बात को ही आवाज़ देने वाला व्यक्ति लगेगा, तभी वे ख़ुद को उससे संवादरत और जुड़ा हुआ महसूस कर पाएँगे। दर्शकों से ऐसे निरन्तर आत्मीय सम्बन्धों के बल पर ही कोई भी एंकर टीवी स्क्रीन पर उनकी स्थायी पसन्द बन सकता है। इस तरह वह अपने कार्यक्रम या अपने चैनल को भी लोकप्रियता के ऊँचे-से-ऊँचे सोपान पर पहुँचाने में मददगार साबित हो सकता है।

वस्तुतः ऐसे एंकर या एंकर-रिपोर्टर को ही, बकौल मशहूर एंकर-रिपोर्टर पुण्य प्रसून वाजपेयी, क्रिकेट खिलाड़ी राहुल द्रविड़ की तरह 'मिस्टर डिपैंडेवल' या 'मिस्टर भरोसेमन्द' कहा जा सकता है। ऐसे एंकर या एंकर-रिपोर्टर को, उनके मतानुसार, क्रिकेट के 'आलराउंडर' या हरफ़नमौला खिलाड़ी की तरह होना चाहिए। यही उसकी सबसे बड़ी विशेषता है; और उसकी सफलता और लोकप्रियता की एकमात्र कुंजी भी!

07

एंकर की साज़-सज्जा

एंकर वे लोग होते हैं जिन्हें हर दिन लाखों-करोड़ों लोगों के सामने आकर ख़बरें और कार्यक्रम प्रस्तुत करने होते हैं। वे स्टूडियो के अन्दर बैठकर ख़बरें पढ़ते हैं, वे बाहर जाकर कार्यक्रम पेश करते हैं और कई बार घटनास्थल पर पहुँचकर रिपोर्टिंग-एंकरिंग भी करते हैं। इन सब मौक़ों पर बेशक उनके पत्रकारीय पक्ष पर सबसे ज़्यादा दारोमदार होता है, मगर बात यहीं ख़त्म नहीं हो जाती है। उनके अच्छे प्रदर्शन के साथ यह शर्त हमेशा जुड़ी रहती है कि वे स्क्रीन पर अच्छे दिखें भी। वे चाहे जिन भी परिस्थितियों में अपना काम कर रहे हों, उनसे अपेक्षा यही की जाती है कि हर समय सजे-धजे और तरोताज़ा नज़र आएँ। वे किसी भी तरह से कैमरे के सामने यों ही नहीं जा सकते। उन्हें हर हाल में अपने-आपको प्रस्तुतनीय (**प्रजेंटेबल**) बनाकर रखना होता है, ताकि वे और उनका चैनल ख़ूबसूरत दिखें। वैसे भी दर्शकों को टीवी चैनल से सबसे पहले जोड़ने वाली चीज़ एंकर के रंग-ढंग और उसकी आवाज़ होती है। पहली

नज़र में प्यार हो गया तो ठीक है, वर्ना दर्शक किसी और चैनल का रुख़ कर लेता है।

दरअसल, टेलीविज़न देखने और दिखाने का माध्यम है। इसलिए इसमें हर क़दम पर ध्यान दिया जाता है कि क्या दिखाया जा रहा है, कैसे दिखाया जा रहा है और कौन दिखा रहा है। टीवी स्क्रीन पर आने वाली हर चीज़ को अच्छे से झाड़-पोंछकर, चमकाकर तैयार किया जाता है, ताकि दर्शकों को वे लुभा सकें। ऐसे में यह कैसे सम्भव है कि टीवी न्यूज़ प्रस्तुतीकरण के सबसे महत्त्वपूर्ण पक्षों में से एक,

यानी एंकर को नज़रअन्दाज़ कर दिया जाए? इसलिए चैनल अपने एंकर को इस तरह से सजाते-सँवारते हैं ताकि वे चैनल की सुंदरता, प्रतिष्ठा और लोकप्रियता को बढ़ाएँ।

चूँकि एंकर चैनल की पहचान बन जाते हैं, इसलिए उनका **प्रजेंटेबल** होना चैनल की अनिवार्य ज़रूरत बन जाती है। कई चैनल एंकर के ज़रिए ही ये दिखाने की कोशिश करते हैं कि वे दूसरों से अलग हैं और बेहतर भी। इसके लिए वे तरह-तरह के प्रयोग भी करते रहते हैं। एक चैनल ने कुछ समय पहले अपने पुरुष एंकर को बंद गले का कोट और महिला एंकर को साड़ी पहनाना शुरू कर दिया था, हालाँकि बाद में उसे बदलना पड़ गया।

एक चैनल ने स्क्रीन पर आने वाले हर रिपोर्टर-एंकर की मूँछें ही मुड़वा दी थीं, ताकि वह चिकने-चुपड़े चेहरे वाले पत्रकारों का **अपमार्केट चैनल** दिखे।

बदलते ज़माने के तक़ाज़े

कुछ समय पहले तक ऐसा नहीं था। एंकर को ख़ुद ध्यान रखना होता था कि वह क्या पहनेगा और कैसे बाल सँवारेगा। मेकअप आदि की व्यवस्था ज़रूर शुरू से होती रही है। उसकी मुख्य वजह यही रही कि लाइटिंग के हिसाब से मुखड़े को सजाना-सँवारना ज़रूरी हो जाता है। चूँकि टेलीविज़न को फ़िल्म विधा के ही एक छोटे रूप के तौर पर देखा गया, इसलिए ज़ाहिर है कि एंकर को भी फ़िल्मी कलाकारों की तरह देखा ज़ाने लगा। इस सबके बावज़ूद कम से कम हिंदुस्तान में न्यूज़ एंकर की वेशभूषा के बारे में बहुत ज़्यादा ध्यान नहीं दिया जाता था। एक **ड्रेस कोड** चैनलों में ज़रूर होता था, मगर बात यहीं पर जाकर ख़त्म हो जाती थी। एंकर को या तो कपड़ों के लिए नियमित रूप से कुछ धन दिया

जाता था या फिर चैनल ख़ुद कुछ टाई–कोट और महिला एंकर के हिसाब से कपड़े लाकर वार्डरोब में रख देते थे और एंकर उन्हें ही बारी–बारी से पहनते रहते थे। कुछ एंकर अपने ढंग से कुछ प्रयोग करते रहते थे, जो चर्चित भी हुए। मसलन, **सलमा सुल्तान** का जूड़े में फूल लगाना। लेकिन हमें यह भी नहीं भूलना चाहिए कि वह सादगी का दौर भी था। उस समय बाज़ार और उपभोक्तावाद का आज जैसा विस्तार नहीं हुआ था। इसलिए बहुत ज़्यादा तड़क–भड़क अस्वीकार्य थी। उस समय ख़बरों को गम्भीरता के साथ प्रस्तुत करने की परम्परा थी और एंकर के व्यक्तित्व में यही गम्भीरता अपेक्षित थी। इसके बावज़ूद एंकर या न्यूज़ रीडर **सेलेब्रिटी** की हैसियत रखने लगे थे, ज़ोर ख़बरों पर ही होता था।

आज समाचारों की दुनिया का कायापलट हो गया है। एंकर का महत्त्व बहुत बढ़ गया है। चैनल 'लुक एंड फील' पर बहुत ज़्यादा ज़ोर देते हैं और एंकर की साज–सज्जा को चैनल **पैकेजिंग** का हिस्सा मानते हैं। यही वजह है कि कई बार तो लगता है कि आज समाचारों से ज़्यादा उन्हें प्रस्तुत करने वाले महत्त्वपूर्ण हो गए हैं। बहुत से बुलेटिन 'एंकर ड्रिवेन' हो गए हैं। उनकी पहचान ही एंकर और प्रस्तुतीकरण के उसके अन्दाज़ से होती है। ज़ाहिर है, ऐसे में एंकर के चयन से लेकर स्क्रीन पर पेश करने तक, उन पर विशेष ध्यान दिया जाता है।

ऐसे में यह निहायत ज़रूरी हो जाता है कि एंकर बनने के इच्छुक टीवी एंकरिंग में आए इस बदलाव को समझें और स्क्रीन पर ख़ुद को बेहतर ढंग से प्रस्तुत करने के लिए तैयारी करके मैदान में उतरें। अक्सर देखा गया है कि तमाम सम्भावनाओं के बावज़ूद कई दावेदार इसीलिए मार खा जाते हैं, क्योंकि वे इंटरव्यू

के दौरान ख़ुद को ठीक ढंग से प्रस्तुत नहीं कर पाते। कुछ भी पहनकर चले जाते हैं या अपनी कोई ऐसी सीडी दिखाते हैं जिसमें उनकी वेशभूषा ठीक नहीं होती या बाल ढंग से सँवरे हुए नहीं होते। कई बार वे इसलिए भी खारिज़ कर दिये जाते हैं क्योंकि एक न्यूज़ एंकर से जो अपेक्षा की जाती है, वे वह नहीं करते। मसलन, एक एंकर अपने दोनों हाथों की उँगलियों में रत्नों से भरी अँगूठियाँ पहनकर एंकरिंग करते थे जो कि स्क्रीन पर बहुत ही भद्दा लगता था। यह उसके कमज़ोर व्यक्तित्व की तरफ़ भी इशारा करता था। इसीलिए बाक़ी दूसरे गुण होने के बावजूद उन्हें नहीं लिया गया।

हम सब जानते हैं कि टेलीविज़न पर ख़ूबसूरत दिखने वाले अधिकांश लोग आम जीवन में बहुत साधारण नज़र आते हैं जबकि साधारण चेहरे-मोहरे वाले स्क्रीन पर अचानक बहुत सुंदर और प्रजेंटेबल दिखने लगते हैं। इसी को **टेलीजेनिक** होना कहा जाता है। लेकिन टेलीजेनिक होना एक बात है और उसका बेहतर इस्तेमाल दूसरी बात। कहने का मतलब यह है कि अगर बाक़ी चीज़ों पर ध्यान नहीं दिया गया तो आपका टेलीजेनिक होना व्यर्थ जा सकता है। इसलिए चैनलों की तरफ़ से अगर कोई व्यवस्था है तो अच्छी बात है और अगर नहीं तो एंकर को ख़ुद ही देखना चाहिए कि स्क्रीन पर बेहतर दिखने के लिए उसे क्या-क्या करना है। इसमें मुख्य रूप से निम्नलिखित बातों पर ग़ौर करना चाहिए—

1. वेशभूषा

वेशभूषा में सबसे पहले तो कपड़ों का चयन आता है। हालाँकि बड़े चैनलों में कपड़ों के कुछ डिज़ाइन तय होते हैं और एंकर को उन्हीं के अनुरूप अपना लिबास रखना होता है। मगर बहुत सारे चैनलों में ऐसा नहीं होता और एंकर पर ही छोड़ दिया जाता है कि वे ख़ुद ही तय करें कि क्या पहनना है। ऐसे में एंकर को बहुत सावधानी से कपड़ों का चुनाव करना होता है।

लेकिन सभी एंकर का 'ड्रेस सेंस' अच्छा हो, यह ज़रूरी नहीं है। हो सकता है, वे दर्शकों की रुचियों से वाकिफ़ ही न हों या फिर उन्हें पता ही न हो कि कौन से रंग उन पर फबेंगे और कौन से नहीं! फिर टेलीविज़न की अपनी माँग होती है। सेट्स में कौन से रंगों का इस्तेमाल किया गया है और लाइटिंग किस तरह से की गई है, इसे ध्यान में रखना बहुत आवश्यक होता है। ऐसे में व्यक्तिगत पसंद पर साज-सज्जा को छोड़ देना पूरे शो के लिए घातक साबित हो सकता है। इसलिए प्रोड्यूसर या दूसरे वरिष्ठ लोगों से राय ले लेनी चाहिए।

वस्त्रों का चयन काफ़ी कुछ इस बात पर भी निर्भर करता है कि शो किस तरह का है। मसलन, अगर फ़िल्मी ख़बरों या मनोरंजन से जुड़ा कोई कार्यक्रम है तो उसमें ज़ाहिर सी बात है कि तड़क-भड़क आ ही जाएगी, मगर यही अगर किसी न्यूज़ के साथ किया गया तो दर्शकों को अखरेगा। इसी तरह खेल के कार्यक्रम में एंकर को खिलाड़ीनुमा दिखना चाहिए, न कि न्यूज़ बुलेटिन की गम्भीरता लिये टाई-कोट में।

बतौर एंकर आपको पता होना चाहिए कि किस तरह का पहनावा इस समय फ़ैशन में है, कौन सा नहीं। अगर मौजूदा फ़ैशन के हिसाब से आपने कपड़ों का चयन न किया तो वह स्क्रीन पर बहुत बेढंगा लगेगा। अगर पुराने चलन का कोट पहन लिया तो दर्शकों को आप आदिमयुगीन लगने लगेंगे और अगर कुछ ज़्यादा ही तड़क-भड़क वाले कपड़े धारण कर लिए तो आप न्यूज़ चैनल की गम्भीरता को तोड़ने लगेंगे और ख़ुद भी उपहास के पात्र बन जाएँगे।

बहरहाल, जहाँ इस काम के लिए बाक़ायदा डिज़ाइनर रखे गए हों, वहाँ एंकर का काम बहुत आसान हो जाता है। वे वेशभूषा या रंगों के चयन का काम उन पर छोड़कर चिंतामुक्त हो जाते हैं। एंकर के लिए यह एक बहुत बड़ी राहत की बात होती है, क्योंकि तब उसे कपड़ों की चिंता नहीं करनी पड़ती। वह अपना पूरा समय और ध्यान एंकरिंग की तैयारी पर लगा सकता है। मगर यहाँ भी एंकर को पूरी तरह से बेपरवाह नहीं हो जाना चाहिए, क्योंकि अक्सर देखा गया है कि ड्रेस डिज़ाइनर न्यूज़ चैनल की गम्भीरता को नज़रअन्दाज़ कर जाते हैं और पूरा ज़ोर एंकर को ख़ूबसूरत बनाने पर लगा देते हैं। वे किसी शो-विशेष की ज़रूरत को भी अक्सर समझ नहीं पाते। इसलिए एंकर को कपड़ों के चयन में सक्रिय भागीदारी निभानी चाहिए।

सही वेशभूषा की एक कसौटी यह भी होती है कि वे प्रस्तुत की जाने वाली बुलेटिन या कार्यक्रम के मिज़ाज से मेल खाती है या नहीं। मसलन, आम ख़बरों की बुलेटिन में जहाँ सादगी और शालीनता की ज़रूरत होती है, वहीं मनोरंजन से जुड़े कार्यक्रम में तड़क-भड़क वाले कपड़े चलते हैं। इसी तरह खेल की बुलेटिन या कार्यक्रम में अनौपचारिक होना बेहतर माना जाता है और इसमें एंकर टीशर्ट पहनकर भी बैठ जाता है।

2. हेयरस्टाइल

किसी भी व्यक्ति की सुन्दरता का एक बहुत महत्त्वपूर्ण हिस्सा उसकी केशराशि होती है। अगर सब कुछ ठीक-ठाक है, मगर बालों को ठीक ढंग से सँवारा नहीं गया है तो सब कुछ बेकार जा सकता है। अक्सर बालों की स्थिति एंकर की

मनोदशा बयान कर देती है। बिखरे बाल एंकर की लापरवाही, कमज़ोर आत्म-विश्वास या बदहवासी की तरफ़ संकेत देते हैं। हाँ, यह बात और है कि कोई पहले से ही स्थापित और मँजा हुआ एंकर होता है तो लोग बालों और यहाँ तक कि उसके कपड़ों की तरफ़ भी ज़्यादा ध्यान नहीं देते। मगर भारतीय दर्शकों की मानसिकता कुछ इस ढंग की बन गई है या बना दी गई है कि टीवी स्क्रीन पर आने वाले चेहरों को सुदर्शन तो होना ही चाहिए, सजे-धजे भी दिखना चाहिए। इस सज-धज में केश-सज्जा बहुत मायने रखती है।

ज़्यादातर अच्छे चैनलों में बालों की सजावट के लिए विशेषज्ञ रखे जाते हैं और वही तय करते हैं कि किस एंकर पर कौन सी स्टाइल फबती है। वे मौजूदा दौर का ख़याल रखते हुए इस काम को अंजाम देते हैं। लेकिन कई बार होता यह है कि हेयर ड्रेसर समझ नहीं पाते कि टीवी न्यूज़ में गम्भीरता की ज़रूरत होती है और यह केवल फ़ैशन परेड या फ़ैशन मॉडलिंग नहीं है। टीवी चैनलों में भी न्यूज़ के अलावा विभिन्न तरह के कार्यक्रम होते हैं और हर कार्यक्रम की ज़रूरत भी अलग-अलग होती है। ऐसे में एंकर को भी ध्यान रखना चाहिए, क्योंकि स्क्रीन पर तो वही दिखेगा और लोग यही सोचेंगे कि देखो, इसे इतनी भी समझ नहीं है कि ऐसे गम्भीर कार्यक्रम में इतना बन-ठनकर आना ठीक नहीं होता।

महिला एंकर के साथ अक्सर इस तरह की परेशानियाँ पेश आती हैं। वे कपड़ों के चयन या केश-सज्जा के मामले में दिल से काम लेती हैं, विवेक का इस्तेमाल नहीं कर पातीं। ख़ूबसूरत दिखने पर उनका ज़ोर कुछ ज़्यादा ही होता है और इस चक्कर में वे कार्यक्रम की ज़रूरत को अनदेखा कर देती हैं। इसलिए इस मामले में राय यही है कि उन्हें सबसे पहले कार्यक्रम के बारे में सोचना चाहिए और उसके बाद साज-सज्जा के बारे में।

3. मेकअप

मेकअप एंकर की सजावट का सबसे महत्त्वपूर्ण हिस्सा माना जाता है, इसलिए उस पर ख़ास ध्यान दिया जाता है। एंकरिंग के विद्यार्थियों को एंकरिंग के इस पक्ष को भी समझना चाहिए,ताकि वे इसका सकारात्मक इस्तेमाल अपनी एंकरिंग को निखारने के लिए कर सकें।

अव्वल तो यह कि टेलीविज़न चैनलों में मेकअप उस तरह की सामान्य सज्जा नहीं है, जैसी कि आम जीवन में स्त्री या पुरुष करते हैं। यह एक अलग तरह का

मेकअप होता है और इसे स्टूडियो में लगी लाइट्स आदि को ध्यान में रखकर किया जाता है। मेकअप मुख्य रूप से इसलिए किया जाता है—

1. चेहरे के दाग़-धब्बों को छिपाने के लिए।
2. चेहरे के कुछेक हिस्सों को उभारने और कुछ को दबाने के लिए। मसलन, नाक को ज़्यादा नुकीली बनाने, होंठों, गालों और आँखों को आकर्षक बनाने और चेहरे को सुडौलता प्रदान करने।
3. कार्यक्रमों के हिसाब से एंकर को नया रूप देने। मसलन, खेल, मनोरंजन या गम्भीर टॉक-शो के लिए।
4. स्टूडियो में इस्तेमाल हुई विभिन्न लाइट्स के एंकर पर पड़ने वाले प्रभावों को संतुलित करने के लिए।
5. एंकर की शख़्सियत को उभारने के लिए।

टेलीविज़न में एंकर का मुखड़ा ही स्क्रीन पर अधिकांश समय बना रहता है। इसलिए उसी पर सबसे ज़्यादा ध्यान दिया जाता है। कुछ समय पहले तक एंकर का मेकअप बहुत ज़्यादा होता था और दूरदर्शन में तो अब भी यह परम्परा चली आ रही है। मगर अब यह माना जाता है कि मेकअप बहुत हल्का होना चाहिए। कहीं से भी दर्शकों को यह नहीं लगना चाहिए कि एंकर चाक पोतकर आ गया है। ख़ास तौर पर पुरुष एंकर का मेकअप तो बहुत ही सौम्य होता है, अलबत्ता महिला एंकर को ज़्यादा ख़ूबसूरत दिखाने पर यहाँ भी ज़ोर रहता है। मगर उनके लिए भी एक सीमा है, उसके बाद वे भी दर्शकों को अखरने लगती हैं।

कुल मिलाकर अच्छा मेकअप वह होता है जो मेकअप-जैसा नहीं दिखता, संतुलित होता है और चुपचाप एंकर की ख़ूबसूरती और शख़्सियत को सँवार देता है।

08

एंकरिंग की भाषा

भाषा कोई भी हो, अंग्रेज़ी, हिन्दी या कोई क्षेत्रीय भारतीय भाषा—प्रयोग के आधार पर उसके रूप में बदलाव आते हैं। व्यवहार में आने पर प्रत्येक भाषा के ये रूप भी अलग-अलग नज़र आएँगे। मिसाल के लिए आम बोलचाल की भाषा में और उसी भाषा के लिखित रूप में अन्तर होता है। भाषा के लिखित रूप को उसका मानक (स्टैंडर्ड) माना जाता है।

यह सही है कि व्यक्तियों की निजी शैली के अनुरूप इस लिखित भाषा के भी कई स्तर-भेद होते हैं; फिर भी मोटे तौर पर लिखित भाषा का एक सर्वमान्य मानक रूप होता है। यह मानक रूप अपने दौर के श्रेष्ठ सर्जनात्मक गद्य-लेखकों और श्रेष्ठ पत्रकारों की भाषा के आधार पर स्थिर होता है। विभिन्न भाषाविद् और व्याकरण-विशेषज्ञ भी इस मानक रूप को स्थिर करने में मददगार होते हैं।

इस मानक रूप और व्याकरण के सामान्य नियमों की सीमा के रहते हुए भी बोलचाल की भाषा का रूप लिखित भाषा से बहुत अलग होता है। पढ़ाई-लिखाई, शिक्षा के स्तर और क्षेत्रीय प्रभावों की बात फिलहाल न भी करें, तो मोटे तौर पर भाषा के रूप में यह परिवर्तन मुख्यतः तीन स्तरों पर होता है। तीनों स्तरों के ये परिवर्तन **रूपगत** होते हैं।

भाषा के रूपगत परिवर्तन

पहला, रूपगत परिवर्तन भाषा के उच्चारण के स्तर पर होता है और दूसरा व्याकरण के स्तर पर और तीसरा वाक्य-विन्यास के गठन के स्तर पर।

इन तीनों स्तरों पर होने वाले परिवर्तनों की वजह से ही किसी भी भाषा का बोलचाल का रूप, उसी भाषा के लिखित

रूप की तुलना में ज़्यादा सहज, अधिक सरल और अपेक्षाकृत आसानी से समझ में आने वाला होता है यानी ज़्यादा सीधा और अधिक सम्प्रेष्य होता है।

उच्चारण के स्तर पर परिवर्तन

सबसे पहले **उच्चारण :** आम तौर पर बोलचाल की भाषा में उच्चारण की दृष्टि से क्लिष्ट या कठिन शब्दों का इस्तेमाल नहीं होता है, जबकि भाषा के लिखित रूप में वे प्राय: खप जाते हैं। बोलचाल की भाषा में संयुक्ताक्षरों और संधि से जुड़े हुए शब्दों का प्रयोग नहीं होता। बोलचाल की भाषा में प्राय: विसर्गों और उपसर्गों का प्रयोग भी नहीं होता। इसके अलावा उच्चारण की दृष्टि से मुख-सुख के आधार पर भी शब्दों का रूप बदल जाता है। यह तब्दीली बोलने के लिहाज़ से आसानी और सरलता की ओर लक्षित होती है।

यशपाल

मिसाल के लिए, 'उन्होंने तद्‌विषयक अत्यन्त विद्वत्तापूर्ण व्याख्यान दिया'— लिखित भाषा में तो खप सकता है, लेकिन बोलचाल के लिहाज़ से यह कठिन शब्दों से बना क्लिष्ट वाक्य है। इसकी जगह बोलचाल की भाषा में 'उन्होंने अपने भाषण में बड़ी ज्ञान की बातें बताईं' कहना ज़्यादा सही होगा। वाक्य-विन्यास का गठन दोनों जगह सरल होने पर भी भाषा का लिखित रूप क्लिष्ट और कठिन है, जबकि बोलचाल का रूप एकदम सहज, सरल और आसानी से समझ में आने वाला है। उच्चारण की दृष्टि से भी जुबान को ज़्यादा कलाबाजियाँ नहीं खानी पड़ेंगी। उच्चारण के लिहाज़ से मुख-सुख के कारण ही सन्ध्याकाल 'सायंकाल' या बहुत 'बहोत' और वह 'वो' या करण 'करन' अथवा कर्ण 'कान' बन जाते हैं। ऐसे ढेरों उदाहरण गिनाए जा सकते हैं।

व्याकरण के स्तर पर परिवर्तन

इसी तरह **व्याकरण** की दृष्टि से देखा जाए तो लिखित भाषा में आम तौर पर व्याकरणिक नियमों का पूरी निष्ठा और लगभग कड़ाई के साथ पालन किया जाता है। जहाँ कभी कहीं कोई छूट ली भी जाती है या कोई हेर-फेर अथवा परिवर्तन किया जाता है तो वह किसी ख़ास मतलब से और सायास किया जाता है।

ऐसा हेर-फेर या तब्दीली अक्सर किसी शब्द, अर्थ या किसी बात पर विशेष बल देने के लिए अथवा अर्थ-विपर्यय और व्यंग्य के लिए ही किया जाता है—व्याकरण के मूल नियमों की प्राय: परिधि में रहकर ही।

लेकिन बोलचाल की भाषा में व्याकरण के नियमों का सम्मान करते हुए भी भाषा के लिखित रूप की तरह कड़ाई से उनका पालन करने की अनिवार्यता नहीं होती। यहाँ सरलता और सम्प्रेषणीयता ही प्राथमिक हैं, व्याकरण बाद में। इसलिए, बोलचाल की भाषा में यह छूट प्रसंगानुकूल भरपूर ले ली जाती है।

प्रेमचन्द

वाक्य-विन्यास में परिवर्तन

तीसरा स्तर **वाक्य-विन्यास** के गठन का होता है। यहाँ भी ख़ास ज़ोर सरलता और सम्प्रेषणीयता पर ही दिया जाता है। लिखित भाषा में वाक्य-विन्यास का गठन ज़रूरत के मुताबिक संयुक्त वाक्यों के आधार पर भी किया जाता है। लेकिन बोलचाल की भाषा में वाक्य-विन्यास का गठन एकदम सीधा और सरल होता है।

संयुक्ताक्षरों और संधि से जुड़े संयुक्त शब्दों की तरह बोलचाल की भाषा में संयुक्त-वाक्यों के प्रयोग का भी निषेध होता है। यहाँ संयुक्त-वाक्यों की बजाय, उन्हें तोड़कर आवश्यकतानुसार दो, तीन या अधिक वाक्यों में बोला जाता है। इसीलिए, कई बार लिखित रूप में इतने लम्बे-लम्बे वाक्य भी आ जाते हैं कि आप उन्हें बोलकर पढ़ें तो आपकी साँस फूलने लगेगी। बोलचाल की भाषा में वाक्यों के ऐसे पहाड़ नहीं होते कि उनकी चोटी तक चढ़ाई चढ़ते-चढ़ते आपकी साँस फूलने लगे।

भाषा के बोलचाल के रूप में वाक्य-विन्यास का गठन ऐसा होता है कि सरल शब्दों वाले छोटे-छोटे वाक्य हों। इन सरल और छोटे-छोटे वाक्यों की वजह से भी भाषा के लिखित रूप की तुलना में बोलचाल में ज़्यादा रवानी होती है। वह

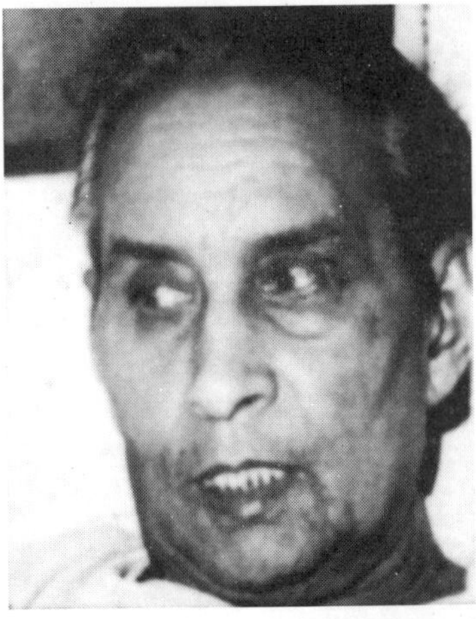

हरिशंकर परसाई

डॉ. रामविलास शर्मा

डॉ. नामवर सिंह

अधिक प्रवाहपूर्ण होती है। लेखकों में भी नाटकों की भाषा (रंगमंच पर सफल प्रदर्शन वाले), ख़ास कर उनके कथोपकथन की भाषा को आदर्श माना जाता है। इसीलिए, रिहर्सलों के दौरान नाटकों की भाषा कई बार बहुत बदल जाती है।

गद्य-लेखकों में उन्हीं लेखकों की भाषा अच्छी और अनुकरणीय कही जाती है जिनकी भाषा का लिखित रूप भी अधिकाधिक बोलचाल की भाषा के निकटतम होता है।

पत्रकारिता की भूमिका

इस प्रसंग में अंग्रेज़ी से उदाहरण लें तो पुराने ज़माने में शेक्सपीयर और चार्ल्स लैम्ब की भाषा आदर्श मानी जाती थी। शेक्सपीयर की कविता और नाटकों की तुकबन्दी नहीं बल्कि शुद्ध गद्य-रूप। आधुनिक युग की बात करें तो ऐसा आदर्श गद्य नोबेल पुरस्कार से सम्मानित अमेरिकी कथाकार **अर्नेस्ट हेमिंग्वे** और मार्क्सवादी इंग्लिश समालोचक **टेरी ईगल्टन** का कहा जा सकता है।

भारतीय मूल के अंग्रेज़ी कथाकार सलमान रुश्दी इस सन्दर्भ में ताज़ा मिसाल हैं। भारतीय—अंग्रेज़ी लेखकों की बात करें तो बुकर पुरस्कार से सम्मानित अरुंधति रॉय के गद्य का भी यहाँ उल्लेख किया जा सकता है।

इन सभी मशहूर लेखकों के सन्दर्भ में एक राज़ की बात यह है कि ये सभी पत्रकार भी हैं या रहे हैं। टेरी ईगल्टन भी, भले ही पेशे से वे प्राध्यापक हैं। हेमिग्ंवे तो जितने प्रसिद्ध कथाकार थे उतने ही विख्यात पत्रकार भी थे। इन सभी का गद्य बोलचाल के गद्य का निकटतम रूप कहा जा सकता है।

अनुकरणीय हरिशंकर परसाई

इसी तरह हिन्दी की बात करें तो आज़ादी से पहले **प्रेमचन्द** और **बनारसीदास चतुर्वेदी** का गद्य तथा आज़ादी के बाद **यशपाल, डॉ. रामविलास शर्मा,**

डॉ. नामवर सिंह और **हरिशंकर परसाई** का गद्य सर्वोत्कृष्ट उदाहरण कहे जा सकते हैं। इनमें सिर्फ़ चतुर्वेदीजी ही पत्रकार नहीं थे बल्कि प्रेमचंद सहित शेष सभी महान् लेखक भी अपने-अपने दौर के सर्वोत्कृष्ट पत्रकार रहे हैं—पेशेवर पत्रकारों से ज़्यादा बड़े पत्रकार!

एकदम हाल का उदाहरण लें और शुद्ध पेशेवर पत्रकारों की ही बात करें तो इस सन्दर्भ में **मायाराम सुरजन, राजेन्द्र माथुर, प्रभाष जोशी** जैसे दिग्गज और मूर्धन्य पत्रकारों के बाद इधर के युवा, युवतर और तरुण पत्रकारों में **ललित सुरजन** (देशबन्धु), **प्रकाश दुबे** (दैनिक भास्कर), **ओम थानवी** (जनसत्ता), **शशि शेखर** (हिन्दुस्तान), **बालमुकुन्द सहाय** (नभाटा) और **राकेश पाठक** (नई दुनिया) या **हरिवंश** (प्रभात ख़बर) के गद्य की भी मिसाल दी जा सकती है। इन सभी के गद्य-रूप भी एकदम बोलचाल की भाषा के निकटतम रूप हैं।

प्रभाषजी की भाषा में तो खाँटी मालवी के क्षेत्रीय रूप का भी ठेठ देसी स्वाद मिलता है। ऐसे ही श्रेष्ठ उदाहरण अन्य तमाम भारतीय भाषाओं के दिग्गज, मूर्धन्य लेखकों और पत्रकारों की गद्य-भाषा के भी दिये जा सकते हैं। हिन्दी और उर्दू के लिखित भाषा के रूपों में चाहे जितना अन्तर हो, बोलचाल के स्तर पर दोनों एक ही भाषा की दो शैलियाँ हैं; आप उसे हिन्दी कहें चाहे उर्दू! उर्दू के लेखकों में भी इस लिहाज़ से **सआदत हसन मन्टो, राजेन्द्र सिंह बेदी** और

मायाराम सुरजन

राजेन्द्र माथुर

प्रभाष जोशी

कृश्न चंदर के गद्य की मिसालें दी जा सकती हैं। प्रसंगवश, ये तीनों महान् कथाकार भी अपने दौर के श्रेष्ठ पत्रकार रहे हैं। हाल का उदाहरण लें तो उर्दू के मशहूर व्यंग्यकार और पत्रकार **फ़िक्र तौसवीं** का उल्लेख किया जा सकता है।

भाषा प्रशिक्षण के विश्वविद्यालय

कहना न होगा कि अच्छी भाषा और बेहतरीन गद्य लिखने-सीखने के लिए ये सभी मूर्धन्य लेखक और पत्रकार अपनी-अपनी भाषाओं में, अपने-आपमें मुकम्मल विश्वविद्यालय हैं और इनकी कृतियाँ अनिवार्य पाठ्य-पुस्तकें।

बोलचाल का अच्छा गद्य सीखने के लिए भी उपर्युक्त प्रायः सभी लेखकों-पत्रकारों की कृतियों का बार-बार अध्ययन करना ज़रूरी है। दरअसल, इनका गद्य बोलचाल के गद्य का ही निखरा हुआ रूप है। उसी का परिनिष्ठित और साहित्यिक रूप है।

बोलचाल की भाषा के बेहतरीन रूप, सटीक मुहावरों और असरदार उक्तियों के लिए भी इन महान् लेखकों की गद्य-शैलियों की विरासत को आत्मसात् करना जरूरी है। हर भाषा का अपना भाषिक परिवेश और साहित्यिक-सांस्कृतिक परम्परा होती है। इस रिक्थ को अपनाए बिना आप उस भाषा में महारत हासिल नहीं कर सकते! इनमें गद्य-शैलियाँ ही नहीं, उस भाषा की कविता की परम्परा को भी आत्मसात् करना ज़रूरी होता है।

टीवी पत्रकारों में अनुकरणीय

हिन्दी के बेहतरीन एंकरों और रिपोर्टरों की ही इस सन्दर्भ में अगर मिसाल देनी हो तो विनोद दुआ, पुण्य प्रसून वाजपेयी, मुकेश कुमार, पंकज पचौरी, आशुतोष, अबुल नस्र इक़बाल, रवीश कुमार और कमाल ख़ान का नाम सहज ही लिया जा सकता है। **कमाल ख़ान** की रिपोर्टों में अक्सर तुलसी, कबीर, निराला और मुक्तिबोध से लेकर धूमिल की प्रसंगानुकूल काव्य-पंक्तियों अथवा मीर, नज़ीर और ग़ालिब से लेकर फ़ैज़ तक के अशरार जगमगाते नगों और मोतियों की तरह पिरोए हुए होते हैं।

विनोद दुआ के लिए तो शायद कुछ भी त्याज्य नहीं है। वे तो प्रसंग से मेल खाते हुए फ़िल्मों के भूले-बिसरे गीतों के हिटिंग जुमले तक बड़े मारक अन्दाज़ में इस्तेमाल कर जाते हैं। एनडीटीवी-इंडिया पर उनके मशहूर कार्यक्रम 'विनोद दुआ लाइव' का तो समापन ही किसी प्रसंगानुकूल भूले-बिसरे पुराने फ़िल्मी गीत से होता रहा है : **आज मिले कल भुला न देना... हो—हो जी भुला न देना**—कहना न होगा कि भारत के टेलीविज़न दर्शक विनोद दुआ को कभी भुला नहीं पाएँगे...

एंकरिंग की भाषा सीखने के लिए भाषिक परिवेश और साहित्यिक-सांस्कृतिक परम्परा के साथ ही विनोद दुआ, पुण्य प्रसून वाजपेयी और क़माल ख़ान जैसे

टेलीविज़न पत्रकारों की भाषा-शैली का गम्भीर पर्यवेक्षण और अध्ययन पाठ्य-पुस्तकों की तरह करना चाहिए। इससे पता चलेगा कि एक बेहद सम्पन्न और परिनिष्ठित भाषा का बोलचाल का निखरा हुआ रूप कैसा होता है और एक मुहावरेदार भाषा की बोलचाल में कैसी-कैसी आकर्षक और मोहक शैलियाँ हो सकती हैं। यह तो हुई भाषा के बारे में आम बात। अब एंकरिंग की भाषा की ख़ास बात!

सबसे पहले यह समझना ज़रूरी होगा कि टीवी एकरिंग की भाषा, विशेष रूप से न्यूज़ चैनल की एंकरिंग की भाषा होती कैसी है! उसकी क्या मुख्य विशेषताएँ होती हैं। साथ ही ऐसी कौन-कौन-सी ख़ास बातें हैं जिनका एंकरिंग करते समय विशेष तौर पर ध्यान रखना चाहिए और वे कौन-से दोष अथवा कमियाँ हैं, जिन्हें समझकर सतर्कतापूर्वक दूर करने और उनसे बचने की ज़रूरत होती है। एक वाक्य में कहें तो न्यूज़ चैनल में एंकरिंग की भाषा के सन्दर्भ में 'डूज़' और 'डोंट्स' (Dos & Don'ts) क्या हैं! कुल मिलाकर यह कि एंकरिंग की सही भाषा-शैली कैसे अर्जित की जा सकती है।

टीवी एंकरिंग की भाषा

टीवी एंकरिंग की भाषा के सन्दर्भ में लिखित और बोलचाल की भाषा के अन्तर के साथ ही एक और बुनियादी फ़र्क़ होता है। हम जानते हैं कि टेलीविज़न एक दृश्यात्मक माध्यम है। इस लिहाज़ से दृश्यात्मक माध्यम में प्रयुक्त भाषा भी अनिवार्यत: **दृश्यात्मक भाषा** ही होगी। जैसा कि पहले भी कहा गया है कि टेलीविज़न की एंकरिंग में सारा खेल ही भाषा का होता है। कैमरे सिर्फ़ अपने 'रेंज' में आने वाला दृश्य दिखाते हैं। उन्हें माकूल अर्थ देकर जीवंत बनाने का असली काम करती है टीवी एंकर की भाषा।

लेकिन यहाँ भी भली भाँति याद रखने की ज़रूरत है कि यह सारा खेल भाषा का नहीं, **दृश्यों की भाषा** का है। यह सारा जादू ही दृश्यात्मक भाषा का होता है। यह दृश्यात्मक भाषा न केवल 'स्क्रीन' पर दिखाई देने वाले दृश्य का अर्थ संप्रेषित करती है, बल्कि कई बार कोई दृश्य ('लाइव फुटेज़' या लाइब्रेरी के अन्य कामचलाऊ 'फुटेज़') न होने पर भी (दृश्यात्मक) भाषा की कीमियागरी से ही वांछित दृश्यात्मक प्रभाव पैदा कर देती है। ऐसी स्थिति में यह दृश्यात्मक भाषा ख़ुद 'दृश्यों' की स्थानापन्न हो जाती है।

सामान्य भाषा से दृश्यात्मक भाषा (विज़ुअल लैंग्वेज़) के अन्तर को अच्छी तरह समझने की ज़रूरत है। हम जानते हैं कि भाषा ख़ुद अपने-आप में एक संकेत-प्रणाली होती है यानी वह किसी ठोस वास्तविकता को अपनी संकेत-प्रणाली के जरिए व्यक्त करती है। आपके आगे उसे मूर्त्त करती है।

भाषा की दोहरी संकेतधर्मिता

एंकरिंग की भाषा में यह सामान्य संकेतधर्मिता तो होती ही है, दूसरे वह दिखाए जा रहे दृश्यों (विजुअल्स) के साथ भी तालमेल बनाकर चलती है। जो कुछ दृश्यों से प्रकट है, वहाँ तक तो ठीक है। लेकिन एंकर अपनी एंकरिंग के दौरान कई बार दृश्यों के पीछे के दृश्य, ख़बरों के पीछे की ख़बर भी बताते हैं। ऐसे में वे भाषा की दोहरी संकेतधर्मिता का इस्तेमाल करते हैं। इससे भाषा की शक्ति और प्रभाव बढ़ जाते हैं। यहाँ भी गुरु परसाईजी हैं।

छोटे-छोटे किन्तु असरदार वाक्यों से सहज और तत्काल अपने आशय सम्प्रेषित करने में सक्षम इस भाषा के वाक्य-विन्यास का गठन इस रूप में होना चाहिए कि वह एकदम सरल और बोलचाल की भाषा होते हुए भी, आवश्यकतानुसार बिम्बात्मकता के गुणों से युक्त हो। भाषा की **बिम्बात्मकता** और **संकेतधर्मिता** उसमें नई शक्ति पैदा कर देती हैं, जबकि सरल शब्दों से बने सरल और छोटे-छोटे वाक्य उसमें सहज प्रवाह पैदा कर देते हैं। लेकिन सरलता को कई लोग ग़लती से 'सपाटता' (फ़्लैट) समझ लेते हैं। सपाट या 'फ़्लैट' भाषा 'सरल' दिखती हुई भी एकदम बेअसर और प्रभावहीन होती है।

सरल भाषा को एक तरफ़ जहाँ सपाट या फ़्लैट भाषा का पर्याय बना दिया जाता है, वहीं कुछ लोग इसके दूसरे छोर पर पहुँच कर सरल भाषा का मतलब 'चालू' भाषा से लगा लेते हैं।

चालू और बाज़ारू भाषा का छिछोरापन

प्रायः सरल और अच्छी भाषा को 'टकसाली' या 'बाज़ार की भाषा' भी कहा जाता है। यानी जो आमफ़हम भाषा बाज़ार में बोली जाए और जो टकसाली सिक्के की तरह खनकती हुई बाज़ार में चल निकले। लेकिन उसे 'चालू' भाषा समझ लेना 'बाज़ार की भाषा' को अज्ञानवश 'बाज़ारू' भाषा बना डालना ही होगा।

दरअसल, ऐसे लोग भाषा की अपनी सहज गरिमा और गम्भीरता को इस बुरी तरह से क्षतिग्रस्त और नष्ट कर डालते हैं कि वह अपने हल्केपन में कई बार फूहड़ता की हदें तक छूने लगती है। दूसरी ओर, कुछ अन्य लोग सहज और स्वाभाविक गम्भीरता को 'मनहूसियत' का पर्याय मान लेते हैं और शालीनता को 'कमज़ोरी' का। ऐसे लोग अगम्भीर और अशालीन दिखने में ही अपनी सारी चुस्ती और 'स्मार्टनेस' समझने लगते हैं।

एंकरिंग के दौरान 'ओवर-स्मार्ट' बनने की कोशिश में ऐसे लोग अपने आचरण में हल्कापन पैदा कर लेते हैं जो कई बार भारी छिछोरेपन में भी बदल जाता है। न्यूज़, सामयिक कार्यक्रमों, टॉक-शोज़ या महत्त्वपूर्ण लोगों और 'सेलिब्रिटीज़' के इन्टरव्यू के दौरान ऐसी एंकरिंग से वे अपनी और अपने चैनल की छवि ही ख़राब करते हैं।

दर्शक भी टीवी एंकर की भाषा और उसके कुल-आचरण में ऐसी अशालीनता, फूहड़ता और छिछोरापन कतई पसन्द नहीं करते।

बनावटी गम्भीरता का बोझ

इसी तरह यह भी देखना चाहिए कि एंकरिंग करते समय कहीं ऐसी भाषा का इस्तेमाल तो नहीं हो रहा जिसमें भारी-भरकम और कठिन शब्दों की भरमार हो! बोलते समय शब्दों के उच्चारण में दिक्कत आ रही हो! उन शब्दों को उच्चरित करने में जीभ को पूरी कलाबाजियाँ खानी पड़ रही हों या उच्चारण में ध्वनि स्पष्ट नहीं निकल पा रही हो! कहीं ऐसा तो नहीं है कि आपकी भाषा का वाक्य-विन्यास भी निहायत ढीला-ढाला या बेहद लम्बा और जटिल हो! ऐसी स्थिति में आपकी भाषा ख़ुद अपने ही असहज और अस्वाभाविक बोझ से सीधे गर्त में डूब जाएगी।

इसका सीधा व साफ़ मलतब यही है कि एंकरिंग की भाषा न तो कठिन, बोझिल या आलंकारिक हो और न ही सरलता के नाम पर एकदम सपाट और बेअसर हो। दरअसल, सरल भाषा लिखना और सहज-स्वाभाविक भाषा बोलना ही सबसे कठिन होता है। यही एक अच्छे एंकर के लिए चुनौती भी होती है यानी न बोझिल शब्दों की भरमार से नक़ली और ओढ़ी हुई गम्भीरता तथा न ही चालू और बाज़ारू शब्दों के फूहड़ इस्तेमाल से छिछोरापन।

संस्कृत शब्दों के बाहुल्य वाली और सजावटी गहनों से लदी आलंकारिक भाषा एंकरिंग के किसी काम की नहीं होती। हिन्दी में संस्कृत शब्दों की भरमार उसे बोझिल बना डालती है, जैसे कि उर्दू में कठिन अरबी-फ़ारसी के शब्दों की भरमार। बोलचाल की सहज और सरल भाषा वही होती है जो इन दोनों दोषों से बरी हो।

जैसा कि पहले भी उल्लेख किया गया है, हिन्दी और उर्दू एक ही भाषा के दो रूप या दो साहित्यिक शैलियाँ हैं। लिपि के अलावा इनमें कोई भेद नहीं होता। बोलचाल के स्तर पर तो बिलकुल भी नहीं होना चाहिए। संस्कृत और अरबी-फ़ारसी या तुर्की भाषाओं के ही नहीं, बल्कि अंग्रेज़ी और अन्य भारतीय भाषाओं के ऐसे शब्द प्रयोग में आ सकते हैं जो हिन्दी में खप चुके हों; जिनका हिन्दीकरण हो चुका हो।

मिसाल के लिए मीडिया, टेलीविज़न, बिन्दास या मवाली जैसे शब्द यानी अन्य भाषाओं से आए हुए ऐसे शब्द, जो अपना मूल भाषिक चरित्र बदलकर हमारी बोलचाल की भाषा का अभिन्न अंग बन चुके हों। अच्छी और प्रवाहपूर्ण भाषा के लिए उर्दू के संस्कार बहुत ज़रूरी हैं। ख़ास तौर से नुक़्तों का ज्ञान। इससे भाषा में रवानगी और उच्चारण में शुद्धता आती है। इसीलिए टेलीविज़न में एंकरिंग की भाषा में नुक़्तों के सही प्रयोग पर विशेष ज़ोर दिया जाता है। आप 'ग़ालिब' को 'गालिब' बोलकर अपनी हँसी ही उड़वाएँगे!

उच्चारण में होने वाली आम ग़लतियाँ

अपने उच्चारण की परीक्षा लेते हुए यह भी देखिए कि आप 'स' को 'श' और 'श' को 'स' तो नहीं कहते : इसी तरह कहीं आप 'ड' की जगह 'र' और 'र' की जगह 'ड' का प्रयोग तो नहीं करते ? ये आम ग़लतियाँ हैं जो ज़्यादातर लोगों से होती हैं।

कहीं ऐसा तो नहीं है कि बोलते समय 'साम के शात बजे आपकी भासा का घोरा भी दौर कर पेर पर चर जाता हो' और आप भी 'गरबरा कर नर्भसा' जाते हों! उच्चारण में ऐसी आम ग़लतियाँ करने वाला कहीं किसी न्यूज़ चैनल में एंकरिंग करने लग गया (कर ही रहे हैं, नहीं पता तो ध्यान से देखिए और सुनिए) तो उस चैनल को तो कपार फोड़कर यही नहीं न कहना पड़ेगा जी कि 'हमड़ा (रा) दुआड़ी (री) ही यह गदहा मड (र) ने को परा (ड़ा) था!' पर चैनल न ऐसा कहते हैं, न कपार फोड़ते हैं। उन्हें क्या परवाह! कपार तो दर्शकों का फूटता है! आप तो ऐसा नहीं न कहिएगा न! बुरा तो नहीं न मानिएगा न!!

दरअसल, उच्चारण में 'श' और 'स' की ग़लती तो उत्तर भारत में सर्वव्यापी है। पर फिर भी हिन्दी-भाषी राज्यों का इसमें अपना विशेषाधिकार है। उत्तर प्रदेश (उत्तराखंड भी), मध्यप्रदेश (छत्तीसगढ़ भी) और बिहार (झारखंड भी) ही नहीं, पंजाब-हरियाणा, हिमाचल और राजस्थान से लेकर धुर बंगाल, उड़ीसा (ओडिसा) और असम तक यह उच्चारण-दोष फैला हुआ है। कई एंकर कितना ही सँभलकर एंकरिंग करें, कभी न कभी इसमें गच्चा खा ही जाते हैं। इसलिए, सबसे ज़्यादा ध्यान देने और सतर्कतापूर्वक अभ्यास से इस उच्चारण दोष को दूर करने की ज़रूरत है।

जहाँ तक 'र' और 'ड़' या 'ड' सम्बन्धी ग़लती का सवाल है तो इस मामले में एकाधिकार बिहार के लोगों का ही है। हालाँकि इसमें थोड़ा-बहुत योगदान झारखंड और ख़ास तौर से पूर्वी उत्तर प्रदेश के भोजपुरी-भाषी लोगों का भी है। बंगाल की बात करें तो वहाँ भी इसका कुछ असर है। पर वहाँ का मूल उच्चारण-दोष सभी कुछ को ओकारांत में बोलने और शपाशप शकार की भरमार का ही है। मिसाल के लिए 'रोशोगोल्ला'। मुँह चाशनी से भर जाएगा!

इसी तरह मुख्यत: पंजाबी, हरियाणवी और कहीं-कहीं कुछ राजस्थानी, हिमाचली और जम्मू-कश्मीर के लोग भी 'आधा स' ('स्') तो बोल ही नहीं सकते। उनके उच्चारण की गाड़ी हमेशा 'सटेसन' पर ही अटकी रह जाती है। इसके अलावा वे प्राय: 'आ' की मात्रा से भी अच्छा ख़ासा परहेज करते हैं : यथा 'आकार' को जब देंगे 'अकार' ही देंगे।

हिन्दी के मानक बनाम क्षेत्रीय रूप

हिन्दी पूरे देश की सम्पर्क भाषा है। वह न केवल पूरे देश में समझी जाती है (कम-ज़्यादा, पर समझी हर जगह जाती है), बल्कि किसी-न-किसी रूप में (चाहे टूटी-फूटी ही सही) बोली भी सब जगह जाती है। यहाँ तक कि तमिलनाडु में भी, जो

'हिन्दी-विरोध' का गढ़ माना जाता है। इसीलिए सभी प्रमुख राष्ट्रीय न्यूज़ चैनलों की भाषा हिन्दी है।

हरेक प्रान्त में हिन्दी उस प्रान्त के ख़ास लहज़े में बोली जाती है, पर बोली सब जगह जाती है। उस पर उस प्रान्त या क्षेत्र की अपनी क्षेत्रीय भाषा का असर ज़रूर पड़ जाता है। व्याकरण और शब्दों के उच्चारण से लेकर बोलने के लहज़े तक।

लेकिन हिन्दी का इन सबसे परे एक मानक रूप भी है। चाहे वह लिखित रूप हो या बोलचाल का, राष्ट्रीय स्तर पर यह मानक रूप ही मान्य है। उच्चारण से लेकर व्याकरण तक, यहाँ तक कि स्पष्ट और शुद्ध बोलने का एक सामान्य लहज़ा और स्वरों के आरोह-अवरोह सहित उनका बलाघात भी।

प्रिंट मीडिया और टेलीविज़न, दोनों माध्यमों में ऐसे तमाम प्रादेशिक, क्षेत्रीय और स्थानीय क़िस्म के उच्चारण-दोषों अथवा प्रान्तीय लहज़ों को सतर्कता और नियमित अभ्यास से दूर किया जा सकता है। करना ही चाहिए। दक्षिण भारत, बंगाल या जम्मू-कश्मीर से रिपोर्टिंग कर रहा कोई टीवी रिपोर्टर तो अपनी हिन्दी में वहाँ के स्थानीय लहज़े का हल्का-सा पुट देकर एक तरह का स्थानीय स्वाद ला सकता है। लेकिन एंकर नहीं।

इन सबसे अलग, कुछ लोग ऐसे भी होते हैं कि उनमें इस क़िस्म के उच्चारण-दोष या प्रादेशिक लहज़े की भिन्नताएँ तो नहीं होतीं, पर वे बोलते ही नकियाने लगते हैं। नकियाते स्वर में (जैसे जुकाम हुआ हो) मुकेश के दिल चीर देने वाले ट्रैज़िक गीत तो लोग बेहद पसन्द करते हैं, पर नकियाते स्वर में एंकरिंग या टीवी रिपोर्टिंग कोई नहीं झेल पाएगा। इसलिए, आपको अपनी भाषा, लहज़े और उच्चारण को इस दृष्टि से अच्छी तरह जाँचने-परखने के बाद ही एंकरिंग के लिए स्टूडियो में क़दम रखने चाहिए।

बोलचाल के गद्य की स्वाभाविक पिच

इसी तरह, सही 'पिच' पर बोलने के लिए और प्रसंग के अनुरूप स्वरों पर बलाघात डालने या भावानुरूप उतार-चढ़ाव पैदा करने का भी एंकर को एकदम ठीक-ठीक और पर्याप्त अन्दाज़ा होना चाहिए। कुल मिलाकर यह समझ लीजिए कि टेलीविज़न में एंकरिंग की भाषा सिर्फ़ बोलचाल की भाषा ही नहीं, बल्कि सही और असरदार प्रयोग की भाषा भी होती है। दरअसल, सारा जादू भाषा ही पैदा करती है। बोलचाल की मानक भाषा की जो स्वाभाविक 'पिच' है, उसे कभी नहीं छोड़ना चाहिए। क्रिकेटर राहुल द्रविड़ जैसे लीज़ेंड बल्लेबाज की तरह डटे रहना चाहिए : **पुर्जा-पुर्जा कट मरै, कबहुँ ना छाँड़े खेत!**

कई न्यूज़ चैनलों में आपने अनुभव किया होगा कि कुछ एंकर बोलचाल के गद्य को भी कभी-कभी कविता की तरह खींचकर बोलते हैं। उन्हें शायद यह पता ही नहीं कि गद्य की भी अपनी एक **लय** होती है। गद्य की यह लय कविता या कविता की लय से उतनी ही दूर होती है जितने कि किसी गधे के सिर से सींग!

दरअसल, कविता से भिन्न गद्य की अपनी लय होती है जो एक ही 'पिच' पर नहीं चलती, बल्कि स्वराघात और आरोह-अवरोह के अनुरूप ऊपर-नीचे भी होती रहती है। एंकर में न केवल इस गद्य की लय को समझकर उसे पकड़ने की क्षमता होनी चाहिए, बल्कि बलाघातों और प्रसंगानुकूल स्वरों के उतार-चढ़ाव की सही तमीज़ भी होनी चाहिए। गद्य की तमाम उतार-चढ़ावों के बावजूद एक सहज और स्वाभाविक 'पिच' होती है। एंकरिंग में ध्यान यह रखना चाहिए कि स्वर न तो एक ही 'पिच' पर एकतान चलें और न ही स्वरों की 'पिच' में बड़ा भारी अन्तर आने पाए। ऐसा होने पर एंकरिंग एकदम अस्वाभाविक और अति-नाटकीय हो जाएगी।

जहाँ तक शब्दों के शुद्ध और स्पष्ट उच्चारण की बात है तो ग़ैर-हिन्दीभाषी क्षेत्रों से आए एंकरों की बात छोड़िए, ख़ुद हिन्दीभाषी क्षेत्रों से आए एंकरों की स्थिति इस मामले में बेहद दयनीय है। सबसे शर्मनाक बात तो यह है कि उनकी न केवल मातृभाषा हिन्दी होती है और वे घर-परिवार में अपने रोज़मर्रा के जीवन में बराबर हिन्दी बोलते हैं, बल्कि बचपन से ही वे हिन्दी माध्यम से पढ़ते आए हैं। इनमें से कुछ मानसिक तौर पर हीन-ग्रंथि के शिकार होते हैं और ख़ुद को बड़ा अंग्रेज़ीदाँ 'दिखाने' के चक्कर में जानबूझकर अंग्रेज़ी वाक्य-विन्यास में ढालकर अंग्रेज़ी शैली में हिन्दी बोलते हैं। ऐसे 'भूरेलाल अंग्रेज़' ऐसा दिखाते हैं कि उन्हें हिन्दी-विन्दी नहीं आती और यहाँ वे अगर हिन्दी में बोल भी रहे हैं तो आप पर एहसान कर रहे हैं!

भूरेलाल अंग्रेज़ों की हिंग्लिश

ऐसे लोगों के लिए अंग्रेज़ी विद्वत्ता और ग्लैमर की प्रतीक होती है और हिन्दी ग़रीबी, गँवारपने और हीनता की प्रतीक! अंग्रेज़ी सत्ता की भाषा और हिन्दी साधारण जन की भाषा। भूरेलाल की यह लाइलाज बीमारी है, जिससे किसी भी एंकर को बचना चाहिए।

वैसे भी मीडिया में क्या प्रिंट और क्या टेलीविज़न, यह भेदभाव दिखता और दिखाया जाता है कि अंग्रेज़ी के पत्रकार ऊँची नस्ल के हैं और हिन्दी या क्षेत्रीय भाषाओं के पत्रकार बेचारे निचले पायदान पर खड़ी भीड़ के हिस्सा। वेतन से लेकर तमाम सुविधाओं आदि में भी ज़माने से यह भेदभाव जारी रहा है। हालाँकि निजी न्यूज़ चैनलों की शुरुआत के बाद, टेलीविज़न के व्यापक विस्तार के बाद, बड़ा फ़र्क़ पड़ा है। लेकिन फिर भी हिन्दी को हिकारत से देखने की प्रवृत्ति अभी भी गई नहीं है। इसमें सबसे आगे हिन्दीभाषी पत्रकार और एंकर ही हैं।

इसके अलावा एक अन्य बीमारी भी निजी चैनलों के एकदम शुरुआती दौर में फैली थी। इसे व्यंग्य से 'हिंग्लिश' कहा जाता था। ग़नीमत है कि इस फूहड़पन से बड़ी जल्दी निज़ात पा ली गई और धीरे-धीरे एंकरिंग में सहज और स्वाभाविक हिन्दी ही अपनी प्रतिष्ठा कायम करती गई। कुछ तो इस कारण कि ग्लोबलाइजेशन के दौर में धीरे-धीरे हिन्दी के बाज़ार की भाषा बनते जाने के कारण और राष्ट्रीय

स्तर पर टीवी पत्रकारिता के 90 प्रतिशत से अधिक के हिन्दी पत्रकारिता और हिन्दी चैनलों के कारण हिन्दी केन्द्रीय स्थान लेती चली गई। टेलीविज़न ही नहीं, प्रिंट मीडिया के क्षेत्र में भी हिन्दी ने अंग्रेज़ी को बहुत पीछे छोड़ दिया।

राष्ट्रीय स्तर पर राजनेताओं की समझ में भी यह बात भली भाँति आ गई है कि भले ही उनकी व्यवहार की भाषा (औपनिवेशिक विरासत के बोझ को ढोते जाने की आदत के कारण) और सांस्कृतिक भाषा अंग्रेज़ी हो, वोट उन्हें हिन्दी से ही मिलेंगे। बाज़ार की तरह लोकमत का भी विशाल हिस्सा हिन्दी ही है। इसलिए टीवी पत्रकारिता, ख़ास कर एंकरिंग के लिए तो यह भाषा वरदान ही सिद्ध हुई है। उसे बुलंदियों तक पहुँचाने वाली।

अभिजनवादी मानसिकता का रोग

यहाँ असली दिक्कत उन एंकरों को होती हैं जो महानगरों के 'एलीट' तबके से आते है, जिनकी 'कान्वेंट' शिक्षा और सामान्य बोलचाल की भाषा भी अंग्रेज़ी ही होती है। साथ ही इस व्यावहारिक कठिनाई के अलावा हिन्दी से नफ़रत की मानसिकता, भले ही रोटी उसी से मिलती हो। लेकिन अच्छे और लोकप्रिय एंकर बनने के लिए इस अभिजनवादी मानसिकता की बीमारी से उबरना होगा।

दिबांग

ऐसे लोगों को अवश्य हिन्दी के सही वाक्य-विन्यास और शुद्ध उच्चारण को अपनाने के लिए सायास कड़ी मेहनत और अभ्यास करना पड़ता है। ऐसे ही वे लोग भी कहे जा सकते हैं जो ठेठ अहिन्दी-भाषी क्षेत्रों से आते हैं। यदि हम विनोद दुआ जैसे पंजाबीभाषी और राजदीप सरदेसाई जैसे मराठीभाषी की बात न भी करें तो अरुणाचल प्रदेश के **दिबांग** और मणिपुर के **ताजिल गोलमई** जैसे एंकर-रिपोर्टरों के बेहतरीन उदाहरण हमारे सामने हैं। इनकी शुद्ध, बेहतरीन हिन्दी और सही उच्चारण अनेक हिन्दी-भाषियों पर भारी पड़ेगा। दिबांग और ताजिल अनेक हिन्दीभाषी एंकर-रिपोर्टरों से ज़्यादा शुद्ध, स्वाभाविक और मुहावरेदार हिन्दी बोलते हैं।

ताजिल गोलमई

दक्षिण भारतीय राज्यों अथवा उत्तर-पूर्वी राज्यों से रिपोर्टिंग करने वाले रिपोर्टरों के लिए (जो वहीं के निवासी हों और वहीं की भाषा उनकी मातृभाषा हो) फिर भी एक सीमा तक उस राज्य-विशेष या उस ख़ास क्षेत्र की अपनी भाषा के अनुरूप भाषा-प्रयोग, वाक्य-विन्यास के गठन, उच्चारण और लहजे के सन्दर्भ में थोड़ी-बहुत छूट दी भी जा सकती है, पर ध्यान रहे कि एक हद तक ही, वह भी तब जब वे उसी राज्य या क्षेत्र से रिपोर्टिंग कर रहे हों। लेकिन एंकरिंग के लिए इसकी ज़रा भी गुंजाइश नहीं है।

लेकिन हम देखते हैं कि अनेक हिन्दीभाषी एंकर और रिपोर्टर ग़लत उच्चारण, भद्दे वाक्य-विन्यास और फूहड़ अभिव्यक्ति के आजकल सरताज़ नज़र आते हैं। यह तो और भी शर्मनाक है कि इनमें से कई लम्बे अनुभव वाले और अत्यन्त वरिष्ठ एंकर और रिपोर्टर भी हैं जिन्हें अच्छा-ख़ासा नामी-गिरामी टीवी पत्रकार माना जाता है। इसे किसी भी दृष्टि से सही नहीं ठहराया जा सकता।

ऐसा नहीं है कि कठोर परिश्रम और निरन्तर अभ्यास से इन कमियों को सायास दूर नहीं किया जा सकता। हर हालत में दूर किया जाना चाहिए। लेकिन जब किसी दुर्गुण और कमी को ही 'गुण' मान लिया जाए या उपेक्षणीय समझ लिया जाए तो कुछ नहीं किया जा सकता। कुतर्क यह भी दिया जाता है कि इस तरह के प्रयोगों से प्रादेशिक रंग और स्थानीयता का स्पर्श आ जाता है।

कोई हैरानी नहीं होनी चाहिए यदि कल को इस कुतर्क के आधार पर कोई रिपोर्टर या एंकर स्क्रीन पर यह कहता हुआ मिले कि 'आज साम उपमंत्री सामनाथ की एक शड़क दुरघटना में मृत्यु हो गई' या 'जब हमने राज्य के एक चिरकुट अफ़सर से सफ़ाई माँगी तो उस बुड़बक ने टिप्पणी करने से इनकार कर दिया।' ऐसे तथाकथित प्रादेशिक **रंग** या स्थानीय **स्पर्श** की वकालत करना अपनी भद्दी कमजोरियों को छिपाने की बेशर्म कोशिश और ख़ुद को सुधारने से बचने की आलस्यपूर्ण निकम्मी हरकत के अलावा और कुछ नहीं कहा जा सकता।

अटपटी भाषा की लटपटाती एंकरिंग

इसके अलावा कई लोग ऐसी अटपटी भाषा और लटपटाते उच्चारण के साथ एंकरिंग या रिपोर्टिंग करते हैं कि वे पत्रकार की जगह जोकर ज़्यादा लगते हैं। यह अलग बात है कि इससे दर्शकों का मनोरंजन भले ही ख़ूब होता हो। इसी तरह कई एंकर या रिपोर्टर प्राय: हर वाक्य में हकलाने लगते हैं या 'अँ-अँ' अथवा ऐसी ही तरह-तरह की मनोरंजक (पर वस्तुत: 'हास्यास्पद') ध्वनियाँ निकाल-निकालकर तीन या चार वाक्यों की समयावधि में बमुश्किल-तमाम एक वाक्य ही बोल पाते हैं। उसे ही रबड़ की तरह तान कर इतना लम्बा खींच देते हैं या बीच-बीच में इतनी अनावश्यक और फ़िजूल की भर्ती के शब्दों का मलबा डाल-डालकर भाषा और शैली के अद्भुत खंडहर खड़े कर देते हैं।

ऐसे लोग फुटेज़ भी इतना खाते हैं कि देखकर हैरानी होती है कि भाषा-शैली से दरिद्र इन मरभुक्खों का पेट क्यों नहीं फूट जाता। पर अफ़सोस कि उन्हें तो इससे मामूली-सी बदहज़मी तक नहीं होती। कुछ ऐसे सूरमा हैं जो ग़ालिब को 'गालिब' ही कहेंगे, तो कुछ अन्य दूसरे छोर पर जाकर प्रायः हर अक्षर में नुक़्ता लगाकर बोलेंगे मानो दाँतों के नीचे मुँह में रेत भरी हुई हो!

यह बात अच्छी तरह समझ लेनी चाहिए कि हिन्दी भाषा का एक मानक रूप है और उसके सही उच्चारण की भी एक सुनिश्चित वैज्ञानिक परिपाटी है। बच्चा जब घर में भाषा सीखनी शुरू करता है और फिर स्कूल में उसके मानक रूप और शुद्ध उच्चारण से परिचित होता है, तभी यह बात उसके भाषा-संस्कारों का अभिन्न अंग बन जाती है। हिन्दी ही नहीं, अंग्रेज़ी और अन्य क्षेत्रीय भारतीय भाषाओं सहित दुनिया की सभी भाषाओं और उनके व्यावहारिक प्रयोग के सन्दर्भ में यह बात कही जा सकती है।

अंग्रेज़ी का ही उदाहरण लें तो 'बी-यू-टी' बट को यदि कोई बुट कहे और कुतर्क में 'पी-यू-टी' पुट का उदाहरण दे अथवा 'टी-ओ' टू की तर्ज़ पर 'जी-ओ' गो को गू कहने की ज़िद करे तो यह उसकी दिमाग़ी सडांध के अलावा और कुछ नहीं। ऐसा व्यक्ति कम-से-कम एंकर तो किसी भी क़ीमत पर नहीं बन सकता। किसी घटिया फ़िल्म का फूहड़ कॉमेडियन वह भले बन जाए।

दूरदर्शन शुरू से बरी था

दुर्भाग्य तो यह है कि ऐसे अनेक 'कॉमेडियन' आपको न्यूज़ चैनलों की स्क्रीन पर एंकर या एंकर-रिपोर्टर बने चहकते और फुदकते नज़र आ जाएँगे। **दूरदर्शन** की और चाहे जितनी बातों के लिए कठोर-से-कठोर आलोचना की जाए, पर कम-से कम ऐसे हास्यास्पद और शर्मनाक उदाहरणों की आप वहाँ आरम्भ से आज तक कल्पना नहीं कर सकते।

इन्फ़ोटेनमेंट की 'चलती का नाम गाड़ी'

हो सकता है कि आजकल की तथाकथित 'इन्फ़ोटेनमेंट' की नई अवधारणा के तहत रद्दी माल बेचने की सड़कछाप बाज़ीगरी ऐसी ही होती हो! टीवी एंकरिंग और रिपोर्टिंग तो यह सब किसी भी तरह से नहीं हो सकती और न टीवी पत्रकारिता से ही इन सब बातों का कहीं कोई ताल्लुक नज़र आता है। चलती का नाम गाड़ी हो तो बात दीगर है। देखने की बात यह है

सूर्यकान्त त्रिपाठी निराला

कि टेलीविज़न दर्शक कब तक भाषा, भाव और विचारों से दरिद्र ऐसे न्यूज़ चैनलों की इस पंचर गाड़ी को धकिया कर आगे बढ़ाते जाने की व्यर्थ की ज़हमत मोल लेते हैं।

एक समय ऐसा भी था जब लोग अख़बारों और पत्रिकाओं से भाषा सीखते थे। अच्छी हिन्दी और अच्छी अंग्रेज़ी सीखने के लिए लोग इन भाषाओं के दैनिक और 'दिनमान' या 'फ़्रन्टलाइन' जैसी न्यूज़ मैगज़ीनें अथवा अच्छी साहित्यिक पत्रिकाएँ नियमित रूप से पढ़ते थे। छात्रों-युवाओं को ख़ास तौर से इसकी सलाहें दी जाती थीं। आज आलम यह है कि यदि अपनी अच्छी ख़ासी भाषा बिगाड़नी हो, तो आजकल के तमाम दैनिक अख़बार और 'इंडिया-टुडे' (हिन्दी)—जैसी पत्रिकाएँ आपकी भरभूर मदद करेंगी। हिन्दी अख़बारों और अनेक तथाकथित समाचार पत्रिकाओं के सन्दर्भ में तो आज लगभग यही सच्चाई नज़र आ रही है।

हास्यास्पद उदाहरण

यही वजह है कि सभी न्यूज़ चैनलों के (जी हाँ, **सभी**) एंकर और एंकर-रिपोर्टर एक दिन एक बार नहीं, बार-बार यही कहते पाए गए कि इस घटना (जामा मस्ज़िद में बम-विस्फोट) में 'किसी के मरने की ख़बर नहीं है और कोई हताहत नहीं हुआ है।' इसके बाद एक दिन सभी न्यूज़ चैनल सारे दिन यह ख़बर दोहराते रहे कि इस दुर्घटना (कहीं कोई अन्य दुर्घटना घटी थी) में 'चार लोग मारे गए हैं और दस हताहत हुए हैं।'

जिस हिन्दी गद्य को **निराला** ने कभी 'जीवन-संग्राम की भाषा' कहा था, न्यूज़ चैनलों की टीवी स्क्रीन पर उसका प्राय: सबसे भ्रष्ट, निकृष्ट, निर्जीव और पतित रूप सहज ही देखा जा सकता है। शब्दों और मुहावरों के ग़लत या विपरीतार्थी प्रयोगों और लँगड़ाते हुए लचर वाक्य-विन्यास का तो कहना ही क्या!

अगर आप अपने भाषा-संस्कारों के लिए और नहीं भी तो सिर्फ़ **हरिशंकर परसाई** की (छह खंडों में राजकमल प्रकाशन से प्रकाशित) रचनावली और डॉ. **रामविलास शर्मा** की पुस्तकों का सम्पूर्ण सैट (ज़्यादातर राजकमल प्रकाशन से और चार किताबों की 'पुस्तक-माला' **दिल्ली विश्वविद्यालय** के हिन्दी माध्यम कार्यान्वयन निदेशालय से प्रकाशित) ख़रीदकर अपने पास रखेंगे और उन्हें बारंबार पढ़ेंगे, तो न सिर्फ़ अच्छी भाषा में महारत हासिल कर पाएँगे बल्कि देश, दुनिया और समाज को समझने का आपका एक सही और वैज्ञानिक दृष्टिकोण भी विकसित हो पाएगा।

इन दोनों महान् लेखकों की पुस्तकों के गम्भीर और गहन अध्ययन से ही आपको हिन्दी के साहित्यिक संस्कारों की भी उपलब्धि होगी और आप राजनीति, अर्थनीति, समाजशास्त्र, इतिहास, पुरातत्त्व और दर्शन की गहराइयों के तल भी छू सकेंगे। एक वाक्य में कहें तो इन दोनों महान् लेखकों की कृतियों को आत्मसात करके ही आपको भाषा के साथ ही बौद्धिक संस्कार भी अर्जित हो सकेंगे यानी एक पंथ दो काज नहीं, बल्कि सौ काज!!

09

स्वर-साधना और आवाज़ का जादू

टेलीविज़न एंकरिंग में दिखने का जितना महत्त्व है उतना ही यह मायने रखता है कि आपकी आवाज़ में कितना दम है। टेलीविज़न दृश्य माध्यम है और दृश्य का मतलब केवल आँखों से नज़र आने वाली चीज़ों से नहीं होता। दृश्यों में ध्वनि का समावेश भी होता है। बिना आवाज़ के दृश्य अधूरे होते हैं। इसलिए इस माध्यम में समाचार या कार्यक्रम प्रस्तुत करने वालों की आवाज़ बेहद अहम हो जाती है। यहाँ दमदार आवाज़ से मतलब भारी-भरकम आवाज़ से नहीं है। ऐसी आवाज़ जो पूरी स्पष्टता के साथ प्रभावशाली ढंग से दर्शकों को बता सके कि क्या घटा है, टेलीविज़न के लिए उपयुक्त आवाज़ मानी जाएगी। ज़ाहिर है कि काफ़ी कुछ दारोमदार एंकर की आवाज़ और उसके अन्दाज़ पर निर्भर करता है कि समाचार में जो कुछ भी है वह ठीक तरीके से दर्शकों तक पहुँच जाए, यानी संप्रेषण या संवाद का जो उद्देश्य संचार माध्यमों में होता है, वह पूरा हो जाए।

प्रस्तुति का पहला प्रभाव

परदे पर एंकर प्रकट होता है तो सबसे पहले अपनी उपस्थिति से ही एक प्रभामंडल का

निर्माण करता है। अगर उसमें दर्शकों को कुछ चुम्बक दिखा तो वह क्षण भर रुकेगा। इसके बाद एंकर की तरफ़ से किया जाने वाला अभिवादन दर्शकों के मन में यह एहसास पैदा करता है कि यह एंकर उसे ठीक ढंग से ख़बरें बता पाएगा या नहीं। एंकर नमस्कार कहता है और एक तरह का भावनात्मक संवाद उसके और दर्शकों के बीच हो जाता है। अगर नमस्कार करने के अन्दाज़ में भरपूर प्रेम और विश्वास है तो यकीन मानिए कि दर्शक ख़बरें देखने के लिए बाध्य हो जाएगा। मगर एंकर ने यदि बहुत ही सामान्य ढंग से, बिना किसी जोश या गरमाहट के नमस्कार किया तो स्थिति इसके ठीक विपरीत हो जाएगी। प्रेम और विश्वास केवल शब्दों से नहीं व्यक्त होता है बल्कि विभिन्न तरह से की जाने वाली अभिव्यक्तियों से भी ज़ाहिर होता है। आपकी आंगिक भाषा और आपके द्वारा बोले गए शब्दों के उतार–चढ़ाव इसे बेहतर ढंग से सम्प्रेषित करते हैं। यही वजह है कि आवाज़ और बोलने के अन्दाज़ को एंकरिंग का एक महत्त्वपूर्ण हिस्सा माना जाता है।

अच्छी आवाज़ क्या है?

अच्छी आवाज़ को लेकर बहुत तरह के भ्रम लोगों में फैले हुए हैं। अक्सर ऐसे लोग मिल जाएँगे जो **अमीन सयानी** या **तबस्सुम** की आवाज़ को सराहते हुए मिल जाएँगे। कुछ **आकाशवाणी** पर ख़बरें पढ़ने वाले स्वर्गीय **देवकीनंदन पांडेय** की आवाज़ को याद करते हैं तो कुछ हॉकी में दिलचस्पी रखने वाले **जसदेव सिंह** की आवाज़ के कायल हैं। इसमें संदेह नहीं कि इन सभी की आवाज़ अपने आप में

विशिष्ट थी या है और इसीलिए वे अपनी पहचान बना पाए। मगर इसकी वजह केवल आवाज़ की गुणवत्ता ही नहीं थी और भी बहुत कुछ था। ये सभी रेडियो के लिए उपयुक्त थीं, इसीलिए जब इन्होंने टेलीविज़न में हाथ आज़माने की कोशिश की तो नाक़ामयाब हो गए। बहुत से लोग मानते हैं कि पुरुष एंकर के लिए भारी-भरकम (ज़्यादा बेस

वाली) आवाज़ ही अच्छी होती है। कुछ नाटकीय अन्दाज़ से भरपूर आवाज़ को बेहतर मानते हैं। महिलाओं की आवाज़ के लिए भी इसी तरह के पैमाने बना दिये गए हैं।

लेकिन न्यूज़ चैनलों में अच्छी आवाज़ का मतलब इन तमाम धारणाओं से हटकर है। ठीक है कि अगर पुरुषों की आवाज़ में मर्दानापन हो तो लोग उसे पसंद करते हैं। महीन या औरतों जैसी आवाज़ वाले रिपोर्टर या एंकर आम तौर पर दर्शकों द्वारा स्वीकार नहीं किए जाते। इसी तरह महिलाओं के मामले में भी होता है। महिलाओं की आवाज़ में जनानापन होना अनिवार्य माना जाता है। अगर वह भारी-भरकम हो जाए तो दर्शकों को रास नहीं आएगी। लेकिन आवाज़ की गुणवत्ता की और भी कसौटियाँ हैं। सर्वप्रथम तो आवाज़ की अपनी विश्वसनीयता होती है। यह विश्वसनीयता बोलने वाला डालता है। जिस तरह कोई भी गायक तब तक भजन में वह रस पैदा नहीं कर सकता जब तक कि वह ख़ुद भक्ति में डूबकर न गाए। ठीक उसी तरह अगर बोलने वाले ने शब्दों के भाव को पकड़कर उन्हें पूरी अदायगी के साथ न निबाहा तो वह वैसा प्रभाव भी पैदा नहीं कर पाएगा। टेलीविज़न पर बोलना दरअसल एक क़िस्म की गायकी है। इसमें उस तरह के सुर-ताल भले ही नहीं होते, मगर इसकी भी अपनी लय होती है और यह भी दर्शकों को बाँध सकती है।

विश्वसनीयता के तत्त्व

विश्वसनीयता इस बात पर भी निर्भर करती है कि एंकर या रिपोर्टर जो बोल रहा है, उसे वह कितना समझता है। अगर वह उन शब्दों और वाक्यों के महत्त्व और गम्भीरता को नहीं समझता तो उसके साथ न्याय भी नहीं कर सकता। मसलन, अगर कोई एंकर क्रिकेट के बारे में बोल रहा है मगर उसे इस खेल के बारे में ज़्यादा नहीं मालूम तो वह विश्वास के साथ नहीं बोल पाएगा। नतीजतन उसके बोलने में विश्वसनीयता भी नहीं आ पाएगी। इसलिए एक बार फिर यहाँ ज्ञान की महत्ता रेखांकित होती है। एंकर के लिए ज़रूरी हो जाता है कि वह ज़्यादा से ज़्यादा विषयों के बारे

में अधिकतम सम्भव जानकारी हासिल करे। जिन विषयों के बारे में वह अधपका होगा, उनके साथ वह न्याय भी नहीं कर पाएगा।

अच्छी आवाज़ का एक और पैमाना है, और वह यह कि उसमें कितनी मिठास और अपनापन है। कुछ आवाज़ें ऐसी होती हैं जिन्हें सुनने का मन करता रहता है जबकि कुछ को सुनकर चिढ़ पैदा होती है। कुछ आवाज़ में दंभ भरा होता है तो कुछ विनम्रता लिए हुए होती हैं। ज़ाहिर है कि दर्शक उस आवाज़ को पसंद करेगा जो उन्हें अपना समझकर संवाद करेगी। जो उसे उपदेश देने के बजाय दोस्त समझकर ख़बरें बताएगी या जानकारी देगी। आवाज़ का दर्शक के साथ एक तरह का भावनात्मक सम्बन्ध कायम करना ज़रूरी होता है।

आवाज़ को कैसे निखारा जाए

यह आम धारणा है कि आवाज़ तो कुदरत की देन होती है, वह माँ-बाप से आनुवंशिक गुणों के रूप में मिलती है। यह धारणा काफ़ी हद तक सही भी है। मगर इसका यह मतलब नहीं है कि आवाज़ को सुधारा या बेहतर नहीं बनाया जा सकता। लगातार अभ्यास के ज़रिए उसे सँवारा जा सकता है। लेकिन सबसे पहला सवाल तो यह उठता है कि अपनी आवाज़ की कमियों को पहचाना जाए। मोटे तौर पर लोगों की आवाज़ में निम्न प्रकार के दोष देखे जाते हैं—

नाक के सहारे बोलना

बहुत सारे लोग बोलते समय नाक का सहारा लेते हैं जिससे उनकी आवाज़ में नाक से निकलने वाली ध्वनि भी शामिल हो जाती है। इसे अच्छी आवाज़ का गुण नहीं माना जाता। इसका परीक्षण आसानी से किया जा सकता है। बोलते समय अपनी एक उँगली नाक पर रखें और देखें कि क्या उसमें बहुत अधिक कम्पन हो रहा है? यदि हो रहा है तो मान लीजिए कि आप नाक का सहारा लेकर बोल रहे हैं।

अधिकारपूर्वक न बोल पाना

विषयों की जानकारी न होने की वजह से अक्सर एंकर की आवाज़ से आत्मविश्वास ग़ायब हो जाता है और इसका असर आवाज़ की गुणवत्ता पर भी पड़ता है। वह कमज़ोर हो जाती है और श्रोताओं या दर्शकों की उसमें दिलचस्पी नहीं रह जाती।

एक ही पिच पर बोलना

लगातार एक ही पिच पर बोलने से आवाज़ उबाऊ लगने लगती है।

पिच में बहुत ज़्यादा उतार-चढ़ाव

कई लोगों की आवाज़ में बहुत ज़्यादा उतार-चढ़ाव होता है। इससे बहुत ज़्यादा नाटकीयता तो पैदा होती ही है, आवाज़ की कमज़ोरियाँ भी उजागर होती हैं।

बहुत ऊँची या नीची पिच पर बोलना

नीची पिच पर बोलने से एक तरह की बोरियत पैदा होती है, क्योंकि उसमें उत्साह की कमी झलकती है। ऐसे में दर्शकों की दिलचस्पी भी जाती रहती है।

बहुत तेज़ बोलना

बहुत तेज़ रफ़्तार से बोलने से यह ज़ाहिर होता है कि बोलने वाले में आत्मविश्वास की कमी है और वह जल्दी से अपनी बात ख़त्म कर देना चाहता है, बस।

भाषा पर अधिकार न होना

अगर एंकर का भाषा पर अच्छा अधिकार नहीं है तो ज़ाहिर है कि बोलते समय वह शब्दों के साथ न्याय नहीं कर पाएगा। अपरिचित शब्दों को बोलते समय उसका विश्वास डोल जाएगा और इसका सीधा असर आवाज़ की गुणवत्ता पर भी पड़ेगा।

ज्ञान की कमी

एंकर यदि पूरी तैयारी के साथ मैदान में उतरता है तो उसकी आवाज़ में विश्वास भरा होता है और दर्शकों को भी तब उसकी आवाज़ पर यकीन होने लगता है। इसलिए यह बहुत ज़रूरी हैं कि एंकर जहाँ तक हो सके, ज्ञान में वृद्धि करे।

आवाज़ को निखारने के उपाय

वैसे तो आवाज़ कुदरत की देन होती है। यह आनुवंशिक होती है और माँ-बाप से विरासत में मिलती है। लेकिन इसका यह मतलब नहीं है कि उसमें किसी तरह का परिवर्तन या सुधार नहीं किया जा सकता। लगातार अभ्यास से उसे सँवारा जा सकता है।

एक ज़माना था जब टेलीविज़न में किसी भी कार्यक्रम या रिपोर्ट में **वॉयस-ओवर** विशेषज्ञ ही करते थे। लेकिन जब बुलेटिन की संख्या बढ़ी और फिर निजी न्यूज़ चैनलों का आगमन हुआ तो सूरत बिलकुल बदल गई। अब यह सम्भव नहीं रहा कि वॉयस-ओवर के लिए चैनल चौबीस घंटे विशेषज्ञ रखें। इसलिए हुआ यह कि रिपोर्टर ही वॉयस-ओवर भी करने लगे। हालाँकि बेशक इससे वॉयस-

ओवर की गुणवत्ता गिरी, लेकिन इसका नतीजा यह निकला कि सभी अपनी आवाज़ और उच्चारण के दोषों को सुधारने में जुट गए। पुरानी व्यवस्था इसलिए भी नहीं चल सकती थी कि 'लाइव' के ज़माने में रिपोर्टर को ख़ुद भी परदे पर आकर धाराप्रवाह बोलना था और इस मामले में वॉयस-ओवर आर्टिस्ट किसी भी तरह से मददगार साबित नहीं हो सकते थे।

अब आइए, एंकर की बात करें। पहले गिने-चुने एंकरों की ज़रूरत थी और यह सम्भव था कि शक्ल और आवाज़ के आधार पर उनका चयन कर लिया जाए। मगर अब चैनलों में ढेर सारे एंकर चाहिए होते हैं और वे भी ऐसे एंकर जिनका पत्रकारिता से वास्ता रहा हो। इसके अलावा अब एंकर को रिपोर्टर भी होना है और रिपोर्टर भी एंकर की भूमिका निभाते हैं, इसलिए यह ज़रूरी हो गया कि सभी वॉयस-ओवर में ट्रेंड हों या सभी अपनी आवाज़ को माँजें और सँवारें। इसमें हो सकता है, कुछ लोग बहुत पारंगत न हों, मगर व्यावहारिकता का तकाज़ा यही है कि थोड़ा कम पर भी समझौता कर लिया जाए और किया भी जाता है। मगर इसका मतलब यह नहीं कि आप ख़ुद कम पर समझौता करें। आशय यह है कि आवाज़ को माँजा जा रहा है और आप भी माँज सकते हैं।

अपनी आवाज़ की परख

आवाज़ को सुधारने के लिए यह जानना आवश्यक है कि उसमें कमी क्या है और उसमें किस तरह के सुधार की आवश्यकता है। हालाँकि किसी हद

तक इसका अन्दाज़ आप ख़ुद भी लगा सकते हैं। अपनी आवाज़ को रिकॉर्ड करें और उसे बार-बार सुनें। आपको पता चल जाएगा कि कमी कहाँ है। मगर बहुत मर्तबा हम अपनी ग़लतियों को ख़ुद बेहतर ढंग से समझ पाने में नाकाम रहते हैं। ऐसे में आप ऐसा कर सकते हैं कि अपनी आवाज़ की रिकॉर्डिंग कुछ ऐसे लोगों को सुनाएँ जो अनुभवी हैं और आपको सही राय दे सकते हैं। आप चाहें तो इस काम में पेशेवर लोगों की मदद भी ले सकते हैं।

जानकार लोग आपकी आवाज़ की रिकॉर्डिंग सुनकर बता देंगे कि आवाज़ में क्या कमी है। उसमें **बेस** (भारीपन) कम है या वह कर्कश है। वे आवाज़ के 'टेक्सचर' और 'टोन' के बारे में बता सकते हैं।

बहरहाल, एक बार आपको अपनी आवाज़ की कमियों के बारे में पता चल जाए तो आप आवाज़ को सुधारने का अभियान शुरू कर सकते हैं। ये अभियान निम्नलिखित हिस्सों में बाँटा जा सकता है—

1. आवाज़ (Voice)
2. आवाज़ का उतार-चढ़ाव, अदायगी (Voice modulation) और विराम (Punctuations)
3. उच्चारण (Pronunciation)

1. आवाज़ (Voice)

आवाज़ को सुधारने के लिए बहुत से उपाय प्रचलित हैं, लेकिन उन पर चर्चा करने से पहले आपको यह बता दें कि आवाज़ के भी कई हिस्से होते हैं। सर्वप्रथम तो वाक्-शक्ति (Vocal power) आती है। इसके बाद आवाज़ में स्थायित्व, दमखम, लचीलापन आदि गुण होते हैं। इसलिए आवाज़ के इन सभी गुणों को सँवारने के लिए प्रयास करने होते हैं।

आवाज़ को सुधारने के लिए सबसे आसान और सुलभ उपाय योग है। योग में कई ऐसे आसन हैं जो इस काम में बहुत सहायक साबित हो सकते हैं। यहाँ हम कुछ आसनों का ज़िक्र करना चाहेंगे। इन आसनों को योग के किसी जानकार अथवा योग की विश्वसनीय पुस्तक की मदद से सीखा जा सकता है।

1. **पद्मासन या सिद्धासन** की अवस्था में बैठकर **ओम्** का उच्चारण करने से आवाज़ को बेहतर बनाने में मदद मिलती है। गहरी साँस भरकर देर तक ओम् का उच्चारण करना चाहिए। ऐसा करते वक़्त रीढ़ की हड्डी बिलकुल सीधी होनी चाहिए और नेत्र या तो बंद हों या फिर किसी एक बिंदु पर केंद्रित हो। ध्यान पूरी तरह से ओम् के उच्चारण में होना चाहिए। यहाँ साफ़ कर देना ठीक होगा कि ओम् का अर्थ यहाँ किसी धर्म-विशेष से नहीं जुड़ा है और केवल स्वर को ध्यान में रखकर, इसके उच्चारण की सलाह दी जा रही है।

शुरुआत में इसकी अवधि कम होगी, मगर निरंतर अभ्यास से उसमें इज़ाफ़ा होगा। इस आसन से आवाज़ तो खुलेगी ही, साथ ही उसमें स्थायित्व आएगा और लम्बे समय तक बोलने की क्षमता में भी बढ़ोतरी होगी।

2. **सिंहासन :** इसमें वीर आसन में बैठते हैं और फिर जीभ को निकालकर गले के अंदरूनी भाग से आवाज़ निकालते हैं। इससे भी गला खुलता है और आवाज़ साफ़ होती जाती है।
3. **भ्रमर प्राणायाम :** जैसा कि नाम से ही ज़ाहिर है कि यह एक तरह का प्राणायाम है। इससे वे लाभ तो होते ही हैं जो किसी भी प्राणायाम को करने से होते हैं, मगर इससे आवाज़ को भी लाभ होता है। भ्रमर प्राणायाम में पद्मासन की मुद्रा में बैठकर कानों को उँगलियों से बन्द कर लेते हैं। इसके बाद गहरी साँस भरते हैं और फिर मुँह बन्द कर भँवरे की तरह गुनगुन (Humming) करते हुए नाक से साँस छोड़ते हैं।
4. **उज्जयी प्राणायाम :** यह प्राणायाम बैठकर या खड़े होकर किया जा सकता है, मगर बैठकर करना ही ज़्यादा सुविधाजनक होता है। पद्मासन या सिद्धासन में बैठकर दोनों नासाछिद्रों से धीरे-धीरे श्वास लेते हैं और फिर गले के ज़रिए ताक़त के साथ हवा बाहर की तरफ़ फेंकते हैं।

आवाज़ को बेहतर बनाने के लिए इसी तरह के और भी रियाज़ हो सकते हैं। कुल मिलाकर इस तरह की तमाम कसरतों का एक ही मक़सद होता है कि आपकी आवाज़ खुल जाए। आपकी आवाज़ पेट और गले की मांस-पेशियों की मदद से निकले ताकि उसका बेस बढ़े।

एंकर को कभी भी लम्बे समय तक बोलना पड़ सकता है। वैसे भी उनकी आठ से दस घंटे की शिफ्ट होती है और नियमित रूप से बुलेटिन पढ़ना पड़ता है। मगर कभी ऐसी घटना घट जाती है जब उसे लगातार आठ-दस घंटों तक बोलते रहना पड़ता है। अगर अभ्यास नहीं होगा और आपका गला तैयार नहीं होगा तो धीरे-धीरे आवाज़ ख़राब होती जाएगी जो कि दर्शक आसानी से समझ लेगा। इसलिए नियमित रियाज़ करना आवश्यक होता है।

2. आवाज़ का उतार-चढ़ाव (Voice modulation)

आप लगातार अभ्यास से अपनी आवाज़ को बेहतर बना लें, मगर उसमें यदि उतार-चढ़ाव नहीं है तो टेलीविज़न के लिए वह उपयोगी नहीं हो सकती। अच्छी आवाज़ भी अगर एक ही पिच पर एक ही अन्दाज़ में कुछ बताए तो एकरसता ही पैदा करेगी और अच्छी से अच्छी रिपोर्ट भी दर्शकों को बोर करने लगेगी। इसके विपरीत अगर आवाज़ थोड़ा कमज़ोर भी हो, मगर उसमें ज़रूरी उतार-चढ़ाव हों तो दर्शकों को वह बाँधे रखने में सहायक हो सकती है। इसलिए आप समझ सकते हैं कि आवाज़ के उतार-चढ़ाव का कितना अधिक महत्त्व होता है। अगर अच्छी आवाज़ और उसमें सही उतार-चढ़ाव का संगम हो जाए तो फिर कहना ही क्या! यह तो सोने में सुहागा वाली बात हो जाती है।

आवाज़ में उतार-चढ़ाव पढ़ी जाने वाली सामग्री और उसके साथ चलने वाले दृश्यों पर निर्भर करता है यानी आप कह सकते हैं कि रिपोर्ट के मूड के हिसाब से इस काम को अंजाम दिया जाता है। इसमें भावनाओं और अनुभूतियों का बहुत महत्त्व होता है। जो स्क्रिप्ट आपको दी जाए उसे सपाट ढंग से न पढ़ें। देखें कि रिपोर्ट का विषय क्या है और उसे किन भावनाओं के साथ प्रस्तुत किया जाना चाहिए; अर्थात् अगर कोई ख़बर दर्शकों के लिए एक खुशख़बरी है तो उसे उत्साह और उमंग से बताया जाना चाहिए और यदि आप कोई दुख या त्रासदी की ख़बर के बारे में बता रहे हैं तो आपकी आवाज़ से भी दुख झलकना चाहिए। ऐसा न हो कि दुख भरी ख़बर चहकते हुए पढ़ें और ख़ुशी की ख़बर पढ़ते वक़्त आपकी आवाज़ से उदासी टपके। मगर भावनाओं के इज़हार में भी आपको एक संतुलन बनाए रखना होता है। ऐसा न होने से आवाज़ बहुत ज़्यादा नाटकीय लग सकती है और ख़बरों की गम्भीरता और महत्त्व को गिरा सकती है। रेडियो से टीवी पर आने वाले लोग अक्सर ऐसा कर बैठते हैं। रेडियो में दृश्य नहीं होते और उद्घोषक या समाचार-वाचकों को आवाज़ के सहारे ही दृश्यों की रचना करनी होती है। ऐसे में यह स्वाभाविक है कि नाटकीयता लाई जाए, मगर टेलीविज़न में यह नकारात्मक प्रभाव पैदा करती है। इसलिए इसे बहुत ही संतुलित ढंग से किया जाना चाहिए।

आवाज़ में उतार-चढ़ाव केवल भावनाओं को व्यक्त करने के लिए नहीं पैदा किया जाता। इसका उद्देश्य किसी चीज़ के महत्त्व को रेखांकित करना भी होता है। इसके लिए शब्दों पर कम या ज़्यादा ज़ोर दिया जाता है। एक अच्छे एंकर को पता होता है कि जो वह बोल रहा है या टेलीप्राम्पटर के सहारे पढ़ रहा है, उसमें महत्त्वपूर्ण बातें कौन सी हैं, उन पर कितना ज़ोर देना है। अगर एंकर सही शब्दों पर ज़ोर न दे तो, या तो उस वाक्य का अर्थ बिगड़ सकता है या फिर उससे वह प्रभाव पैदा नहीं होगा जो कि होना चाहिए।

ख़बरों के महत्त्व को समझते हुए यह पढ़ने से ही जुड़ा हुआ है कि विराम को ध्यान में रखकर उन्हें पढ़ना। जो लोग वॉयस-ओवर करते हैं, वे कॉपी में बाक़ायदा निशान लगा लेते हैं कि कहाँ कितना विराम देना है और फिर उसी हिसाब से उसे पढ़ते हैं। एंकर के पास यह सुविधा नहीं होती। उन्हें तो अपने अभ्यास से ही सीखना होता है कि वे कहाँ कितना रुकेंगे। विरामों की सही जानकारी से ही एंकर सही जगह पर साँस लेता है। अगर उसे इसका पता नहीं होगा तो वह ग़लत जगह पर वाक्य को तोड़ देगा या फिर उसकी साँस ही फूलने लगेगी। ख़ास तौर पर उस समय उसे मुश्किल हो सकती है जब लम्बी स्क्रिप्ट या लम्बे वाक्य होंगे।

कल्पनाशीलता और अवलोकन ज़रूरी

आवाज़ में सही ढंग का उतार-चढ़ाव पैदा करना हो, सही शब्दों पर ज़ोर देना हो या फिर विरामों का सवाल—इन्हें साधना बहुत मुश्किल काम नहीं है। ज़रूरत होती है कल्पनाशीलता की, अवलोकन की और बोल-बोलकर पढ़ने की।

कल्पनाशीलता का आवाज़ में इस्तेमाल थोड़ा अजीब सा लग सकता है। मगर किसी भी रचनात्मक कार्य में कल्पनाशीलता की ज़रूरत होती है और किसी ख़बर या कार्यक्रम को प्रस्तुत करना एक बड़ा रचना-कर्म है। आवाज़ में भावनाओं का मिश्रण तभी किया जा सकता है जबकि एंकर उस घटना से जुड़कर बोले। उन दृश्यों से जुड़ना तभी सम्भव होगा जबकि उसमें संवेदनाएँ होंगी और कल्पना कर सकने का माद्दा होगा कि पीड़ित का दुख या उपलब्धियों का सुख कैसा होगा। इस तरह की कल्पनाशक्ति आपके अवलोकन से लगातार समृद्ध होती रहती है और ऐसे मौकों पर आपकी मदद करती है। इसीलिए ज़रूरी है कि एंकर में मानवीय दृष्टि हो और वह पत्रकार के रूप में अपनी तमाम इंद्रियाँ तथा दिल-ओ-दिमाग़ हर समय खुला रखे।

एक काम तो हर एंकर को नियमित रूप से करना चाहिए और वह यह कि हर रोज़ अख़बारों की ख़बरों को बोल-बोलकर इस अन्दाज़ में पढ़े, जैसे कि टेलीविज़न पर ख़बरें पढ़ रहा हो! शुरुआत में अगर वह चाहे तो विराम चिन्हों का प्रयोग करे और जिन शब्दों पर ज़ोर देना हो, उन्हें रेखांकित भी कर ले। धीरे-धीरे यह उसकी आदत में शुमार हो जाएगा कि कहाँ रुकना है और कहाँ नहीं या किन शब्दों पर ज़ोर दिया जाना चाहिए।

3. उच्चारण (Pronunciation)

उच्चारण का दोष आज के दौर के एंकरिंग की एक बहुत बड़ी समस्या है। एक तो ज़्यादातर एंकरों की भाषा ही कमज़ोर होती है और वे सुंदरता की कसौटी पर एंकर बना दिए जाते हैं। फिर वे एंकर बनकर अपनी भाषा और उच्चारण के दोषों को सुधारने में मेहनत भी नहीं करना चाहते। 'सब चलता है' वाली मानसिकता उन पर हावी हो जाती है। वे यह भूल जाते हैं कि दर्शक सब कुछ देख-सुन रहे हैं और उसके आधार पर अपनी राय भी क़ायम कर रहे हैं। कोई भी समाज अपनी भाषा के बारे में बहुत संवेदनशील होता है। भाषा के आधार पर ही वह यह तय करता है कि फलाँ व्यक्ति पढ़ा-लिखा और समझदार है या नहीं। वह इस बारे में कोई भी लापरवाही या ग़लती बर्दाश्त नहीं करता और फ़ौरन अपनी राय बना लेता है। इसलिए एंकर बनने के इच्छुक तमाम लोगों को इस सच को समझ लेना चाहिए और अपनी तैयारी में इसे सबसे महत्त्वपूर्ण हिस्सा मानकर चलना चाहिए। ध्यान रहे कि अच्छी आवाज़ भी

उच्चारण के दोष को छिपा नहीं सकती। इसके उलट अच्छा उच्चारण थोड़ा कमज़ोर आवाज़ पर भी भारी पड़ सकता है।

आम तौर पर तीन तरह के उच्चारण दोष देखने में आते हैं—

1. स्थानीय और क्षेत्रीय प्रभाव से उपजे दोष,
2. उच्चारण के दोष और
3. नुक़्तों की जानकारी न होने से पैदा होने वाले दोष।

1. स्थानीय और क्षेत्रीय प्रभाव से उपजे दोष

अक्सर देखा गया है कि एंकर अपने स्थानीय एवं क्षेत्रीय भाषायी दोषों से मुक्त नहीं हो पाते। सर्वप्रथम तो वे उन इलाकों की धुन पकड़ लेते हैं और उसी के हिसाब से बोलते हैं। मसलन, हिन्दी में पंजाब से लेकर बुंदेलखंड और बिहार तक बहुत तरह के प्रभाव देखे जा सकते हैं। हालाँकि बहुत से लोग मानते हैं कि इन पर आपत्ति नहीं की जानी चाहिए और क्षेत्रीयता की छौंक हिन्दी भाषा में लगे तो कोई बुराई नहीं है। मगर हिन्दी का बहुसंख्यक दर्शक इसे स्वीकार नहीं करता। वह तो खड़ी बोली के अपने ठाठ और अन्दाज़ में ही ख़बरों को देखना-सुनना चाहता है। हाँ, अगर चैनल क्षेत्रीय भाषा का है तो और बात है।

हालाँकि यह क्षेत्रीयता का ही प्रभाव है कि बहुत से लोग ड़ को र और र को ड़ बोल जाते हैं। इसी तरह से बहुत से इलाक़ों में श और स के बीच फ़र्क नहीं किया जाता; इसलिए वहाँ से आने वालों के उच्चारण में यह दोष अक्सर पाया जाता है।

2. उच्चारण के दोष

उपरोक्त उच्चारण के दोषों के अलावा कई एंकर अपनी अज्ञानता या लापरवाही के कारण भी ग़लती कर जाते हैं। मसलन, बहुत से लोग आतंकवादी को अतंकवादी बोल जाते हैं। बहुत से एंकर किस्त और किश्त में फ़र्क नहीं कर पाते।

बहुत से उच्चारण के दोष अज्ञानता की वजह से उपजते हैं। उन्हें पता ही नहीं होता कि सही उच्चारण क्या होता है। अच्छे एंकर लगातार इस कोशिश में रहते हैं कि अपरिचित शब्दों के सही उच्चारण के बारे में अपनी जानकारी बढ़ाएँ। इसी तरह बहुत से एंकर ख़बरों से वाकिफ़ नहीं रहते, जिसकी वजह से उच्चारण में गड़बड़ियाँ करते हैं। खेल या अन्तर्राष्ट्रीय ख़बरों में व्यक्तियों के नाम अक्सर टेढ़े-मेढ़े होते हैं और एंकर इनमें अटकते देखे जाते हैं। इसी तरह व्यापार की ख़बरों में ऐसे तकनीकी शब्द आते हैं जिनके उच्चारण में एंकर को दिक्कत होती है। दूसरे अपरिचित विषयों के साथ भी ऐसा ही होता है। ऐसे में एंकर को ख़ुद अपनी

कमज़ोरियों का आकलन करना चाहिए और फिर उस हिसाब से सुधार करते रहना चाहिए। जैसे ही कोई अपरिचित नाम या शब्द आए तो उसके उच्चारण को स्पष्ट करना चाहिए और उसे कई बार बोलकर अभ्यास कर लेना ठीक होता है ताकि स्क्रीन पर कोई चूक न हो।

बहुत से ऐसे शब्द जीभ लटपटाने वाले (Tongue twister) होते हैं जिन्हें हर कोई आसानी से उच्चारित नहीं कर सकता। ऐसे शब्दों की सूची बनाकर भी अपनी ज़बान को लचीला बनाने की कोशिश करनी चाहिए।

कुछ एंकरों को लाख कोशिश करने के बावजूद कुछ शब्दों के उच्चारण में मुश्किल होती है। ऐसे में एंकर की कॉपी लिखने वालों से अनुरोध करना चाहिए कि जब वह एंकर एंकरिंग कर रहा हो तो उन शब्दों के प्रयोग से बचें। जिन शब्दों के आसान विकल्प हैं, वहाँ ग़लतियों से बचा जा सकता है।

3. नुक़्तों की जानकारी न होने की वजह से उपजे दोष

हिन्दी चैनलों में नुक़्तों के इस्तेमाल को लेकर अराजकता का माहौल बना हुआ है। कुछ चैनल इनका इस्तेमाल कर रहे हैं तो बहुत सारे चैनलों ने नुक़्तों से मुक्ति पा ली है। ऐसे भी चैनल हैं जो कभी नुक़्ता का प्रयोग करते हैं, कभी नहीं और कभी ग़लत भी। बहुत से चैनल स्क्रीन पर आने वाले ग्राफ़िक्स आदि में नुक़्तों का इस्तेमाल तो नहीं करते, मगर अपने एंकरों से अपेक्षा करते हैं कि वे नुक़्तों का ध्यान रखें यानी आप कह सकते हैं कि हर चैनल अपनी खिचड़ी ख़ुद पका रहा है। जो भी हो, जहाँ तक एक अच्छे एंकर का सवाल है तो उसे नुक़्तों की अच्छी जानकारी होनी चाहिए और उनका उसे इस्तेमाल भी करना चाहिए। नुक़्तों के साथ बोली जाने वाली भाषा का अपना एक अलग मज़ा है। सुनने वालों को अच्छा लगता है। उन्हें समझ में आ जाता है कि एंकर भाषा जानता है और उसके साथ न्याय कर रहा है।

जो लोग एंकर बनने के पहले नुक़्तों का बिलकुल भी प्रयोग नहीं करते थे, उनके लिए निश्चय ही यह एक मुश्किल चुनौती होती है। एक तो उन्हें पता ही नहीं होता कि कहाँ नुक़्ता है और कहाँ नहीं। इसके बाद अगर पता भी चल जाए तो नुक़्ते के साथ उस शब्द का उच्चारण करना भी कठिन होता है, क्योंकि उस हिसाब से उनका गला और ज़बान प्रशिक्षित नहीं होते। मगर वे चूँकि एंकरिंग करना चाहते हैं तो उन्हें अपने इस दोष से भी मुक्ति पानी चाहिए। इसके लिए शुरू में तो यह हो सकता है कि आप उन सौ-डेढ़ सौ शब्दों की सूची बनां लें जो चैनलों में सबसे ज़्यादा इस्तेमाल में आते हैं। फिर किसी नुक़्ते के जानकार की मदद से इनके उच्चारण का अभ्यास करें। ज़ाहिर है कि ये शॉर्ट-कट फौरी तौर पर आपका काम तो चला देगा, मगर आपको मुकम्मल एंकर नहीं बनाएगा। नई-नई घटनाएँ और

कार्यक्रम नये-नये शब्द आपके सामने रखते रहते हैं और तब आप गच्चा खा सकते हैं। इसलिए लगातार अपने शब्द-भंडार को बढ़ाते रहें।

आवाज़ की देखभाल

एंकर के लिए ज़रूरी होता है कि वह अपनी आवाज़ का पूरा ख़याल रखे, उसकी देखभाल करे; ठीक उसी तरह जैसे कि गायक करते हैं। खान-पान में संयम इसके लिए बहुत ज़रूरी होता है। हर एंकर को पता होना चाहिए कि उसका गला किन चीज़ों के प्रति संवेदनशील है और उनके सेवन से उसे दिक्कत होने लगती है। उसे खान-पान में ऐसी चीज़ों से बचना चाहिए।

10

आंगिक भाषा, अभिनय और अन्दाज़

हालाँकि टीवी एंकरिंग के बहुत से पक्ष होते हैं लेकिन अगर हम इस नज़रिए से देखें कि सबसे पहले दर्शकों को कौन सी चीज़ें आकर्षित करती हैं, तो हम पाएँगे कि इसमें **आंगिक भाषा** (Body language) का बहुत अधिक महत्त्व है। एंकर के स्क्रीन पर प्रकट होने के समय ही यह तय हो जाता है कि दर्शक उसे किस रूप में लेंगे। उसे स्वीकार करेंगे या ठुकरा देंगे। पहला प्रभाव हमेशा से ही महत्त्वपूर्ण माना जाता रहा है। अंग्रेज़ी में तो कहावत ही है कि first impression is last impression. ये प्रभाव पैदा होता है एंकर के हाव-भाव से, उसकी आंगिक भाषा से। एंकर की आँखें क्या बोल रही हैं, वह किस अन्दाज़ में बैठा है, उसके हाथ कहाँ हैं, वे कैसे रखे हुए हैं या किस तरह से गतिशील हैं, चेहरे के भाव क्या कह रहे हैं, एंकर गम्भीर और आत्मविश्वास से भरा हुआ है या फिर डरा हुआ या हड़बड़ाया-सा है—ये सब चीज़ें हैं जिन पर दर्शक की सीधी नज़र होती है। एक ही झटके में उसे या तो वह खारिज़ कर सकता है या फिर ठहरकर उसे देखने लगता है। ध्यान रहे कि अमूमन लोग आपको इससे कम याद रखते हैं कि आपने क्या कहा। इसके उलट आपकी आंगिक भाषा उनके दिमाग़ में ज़्यादा दर्ज़ रहती है। आपने जिस अन्दाज़ में बातें कीं, वे लोगों को याद रह जाती हैं।

यह सिलसिला केवल शुरुआत में ही नहीं चलता बल्कि जब-जब एंकर स्क्रीन पर होता है, दर्शक उसे तौल रहा होता है। हर समय वह उसकी कसौटी पर होता है। सर्वेक्षण बताते हैं कि एंकर और दर्शकों के बीच केवल पच्चीस फ़ीसदी संवाद या सम्प्रेषण बोलकर होता है। बाक़ी का 75 प्रतिशत एंकर की आंगिक भाषा करती है। कई बार तो आंगिक भाषा के ज़रिए होने वाला संप्रेषण 93 प्रतिशत तक होता है। निजी जीवन में भी कोई जब किसी से पहली बार मिलता है तो उन दोनों के बीच पहला संवाद आंगिक भाषा के ज़रिए होता है। किस गरमजोशी के साथ उसने हाथ मिलाया, कितनी सख़्ती से और कितनी देर तक वह आपका हाथ थामकर हिलाता रहा, इस मुलाक़ात के दौरान उसकी आँखें और चेहरे के हाव-भाव क्या बयान कर रहे थे, उसने क्या और कैसे पहन रखा था, यहाँ तक कि उसने क्या और किस अन्दाज़ में बोला—यह सब पहले प्रभाव का हिस्सा बन जाता है। इन सबके आधार पर ही आप तय कर लेते हैं कि उस व्यक्ति से आपकी जमेगी या नहीं। अगर उसकी आंगिक भाषा में दोस्ती वाला अन्दाज़ रहा तो निश्चय ही आप आगे भी मिलना चाहेंगे और उसमें अहंकार की झलक मिली तो आप शायद उस मुलाक़ात को आख़िरी समझकर भूल जाना चाहेंगे।

ठीक ऐसा ही कुछ एंकर और दर्शकों के बीच टेलीविज़न के परदे के ज़रिए भी होता है। यही वजह है कि एंकर की आंगिक भाषा पर बहुत अधिक ज़ोर दिया जाता है। इसमें उसका **अन्दाज़** भी शामिल होता है और **अभिनय** भी। अन्दाज़ इसलिए कि अपने रंग-ढंग के बल पर ही वह अपनी अलग पहचान गढ़ता है। अभिनय भी इस माध्यम की अपनी विशिष्ट ज़रूरत होती है और इसमें दक्ष एंकर बेहतर ढंग से दर्शकों में विश्वास जगा पाते हैं, उन्हें बाँध पाते हैं।

आंगिक भाषा को हम निम्नलिखित पाँच हिस्सों में बाँट सकते हैं—

1. **उपस्थिति एवं काया (Appearance and Physique)**
2. **आँखें बोलती हैं**
3. **चेहरे के हाव-भाव (Face expressions)**
4. **संकेत और शरीर की हलचलें (Gestures and Body Movements)**
5. **मुद्रा या भंगिमा (Posture)**

1. उपस्थिति एवं काया (Appearance and Physique)

टेलीविज़न एंकरिंग में इन दोनों का बहुत महत्त्व है। एंकर के चयन की यह एक महत्त्वपूर्ण कसौटी मानी जाती है। कोई भी व्यक्ति स्क्रीन पर किस ढंग से पेश आता है और उसकी काया किस तरह का प्रभाव पैदा करती है, इसमें एंकर की सफलता निर्भर करती है। यह मनोवैज्ञानिक तथ्य है कि सबसे पहले नज़रों की मुलाक़ात शरीर से होती है और फिर व्यक्ति आपस में मिलते हैं यानी मुलाक़ात की शुरुआत दिखने

से होती है। आप किस तरह दिखते हैं, क्या पहनते हैं, इसके आधार पर लोग आपके बारे में पहली राय बनाते हैं। हालाँकि यह अटपटा लग सकता है कि किसी एंकर का आकलन उसके पत्रकारीय गुणों के आधार पर न होकर उसके दिखने पर किया जाए। मगर हम इस कड़वे सत्य से आँखें नहीं चुरा सकते कि दर्शकों की नज़रों में दिखने का महत्त्व बहुत ज़्यादा होता है। सेलेब्रिटी का टेलीविज़न पर छाए रहना इसका सबूत है। वे बोलें चाहे कितना ही घटिया, मगर अपनी प्रसिद्धि और दिखने की वजह से दर्शकों को बाँधने में सहायक होते हैं। भारत में सिनेमा की तरह टेलीविज़न भी शो-बिज़नेस है और इसमें भी चमक-दमक का उतना ही महत्त्व है। हिंदुस्तान में तो टेलीविज़न को अभी भी मनोरंजन का माध्यम ही माना जाता है। इसीलिए अधिकांश दर्शक भी उससे यही अपेक्षा रखते हैं। यहाँ तक कि न्यूज़ चैनलों से भी उन्हें मनोरंजन की उम्मीद होती है। यही वजह है कि गम्भीर चीज़ों को सादगी के साथ प्रस्तुत करना जोख़िम का काम माना जाता है, क्योंकि एक छोटा-सा बौद्धिक वर्ग ही उसे देखता और सराहता है। हालाँकि यह छोटा सा वर्ग बहुत महत्त्वपूर्ण है और इसकी अनदेखी नहीं की जानी चाहिए। मगर जहाँ तक ख़ूबसूरती का सवाल है तो यह तबका भी चाहता ही है कि एंकर समझदारी की बात तो करे ही, उसे प्रस्तुतनीय (Presentable) भी होना चाहिए।

इसलिए यह बहुत स्वाभाविक है कि चैनलों में एंकरों की **उपस्थिति** और **काया** यानी उनके **सुंदर दिखने** पर बहुत ज़ोर दिया जाता है। इसके लिए वे एंकर के हेयर स्टाइल से लेकर उनके कपड़ों तक—सभी पर जमकर पैसा भी ख़र्च करते हैं। कुछ साल पहले जब एक चैनल शुरू हुआ था तो उसने अपने सभी एंकरों की मूँछें मुड़वा दी थीं।

टेलीविज़न स्क्रीन पर उपस्थिति का सबसे महत्त्वपूर्ण पक्ष होता है एंकर के कपड़े। कहावत है कि खाओ अपने मन का मगर कपड़े ऐसे पहनो जो सबको अच्छे लगें। टेलीविज़न में तो देखने वालों की संख्या लाखों और करोड़ों में होती है इसलिए कोशिश यह होती है कि एंकर ज़्यादा से ज़्यादा लोगों को अच्छे लगें। इसीलिए उनके कपड़ों पर विशेष ध्यान दिया जाता है। अच्छे कपड़ों का मतलब यह है कि जो आपके व्यक्तित्व पर फबें। इसमें एंकर की क़द-काठी, रंग-रूप सब कुछ ध्यान में रखना होता है। यही नहीं, सेट्स के रंगों का भी ध्यान रखना होता है क्योंकि अगर बैकग्राउंड में नीला रंग ज़्यादा है और आपने भी उसी से मिलते-जुलते रंग के कपड़े पहन लिए तो दिक्कत हो जाएगी। एंकर उभरकर नहीं आएगा। ख़बर या कार्यक्रम के मिज़ाज के हिसाब से भी वस्त्रों का चयन किया जाता है। मनोरंजन से जुड़े बुलेटिन या कार्यक्रमों में कार्यक्रम को ग्लैमरस बनाने की ग़रज़ से आम तौर पर चमक-दमक वाले कपड़े पहने जाते हैं।

ज़्यादातर न्यूज़ चैनलों में **ड्रेस कोड** होता है यानी पुरुष और महिला एंकर क्या-क्या पहन सकते हैं, यह बता दिया जाता है। भारतीय चैनलों में पुरुषों के लिए टाई-कोट का प्रचलन है जबकि महिला एंकर पश्चिमी लिबास या फिर सलवार-सूट पहन सकती हैं। इक्का-दुक्का चैनलों में इक्का-दुक्का एंकर को साड़ी पहनने की छूट भी दे दी जाती है। हाँ, किसी त्यौहार के मौक़े पर ज़रूर स्त्री-पुरुष दोनों एंकरों को भारतीय पोशाक पहनने के लिए कहा जाता है। बंद गले के कोट या पाजामा-कुर्ता तो एक तरह से प्रतिबंधित ही हैं।

वैसे तो अच्छे चैनलों में सभी एंकरों को समय-समय पर कपड़ों के सम्बन्ध में सलाह दी जाती है। उन्हें बताया जाता है कि वे क्या पहनें और क्या नहीं। उनके लिए अच्छे डिज़ाइनरों से कपड़े भी डिज़ाइन करवाए जाते हैं। फिर भी अपने स्तर पर एंकर को यह जानने की कोशिश करते रहना चाहिए कि उस पर कौन से कपड़े अच्छे लगते हैं और कौन से नहीं। वे दूसरे एंकर के 'ड्रेस सेंस' से भी सीख सकते हैं। सामान्य तौर पर छोटी चौकड़ी वाली कमीज़, कोट या टाई नहीं पहनना चाहिए क्योंकि कैमरे के लिहाज़ से ये परेशानी खड़ी करती हैं। इसी तरह से बहुत हल्के रंगों के कपड़ों से भी बचना चाहिए। मनोरंजन के कार्यक्रमों को छोड़ दें तो बहुत ज़्यादा डिज़ाइन वाले कपड़े न्यूज़ चैनलों पर नहीं जँचते हैं।

पहनावे के बाद एंकर की उपस्थिति को आकर्षक बनाती है उसकी काया। दर्शक की निगाह कपड़ों के साथ-साथ ही एंकर के डील-डौल और उसके चेहरे-मोहरे पर जाती है। दर्शक आँखों ही आँखों में तौलता है कि यह जो शख़्स सामने बैठकर उसे ख़बरें बता रहा है या फिर किसी चीज़ के बारे में बता रहा है अथवा किसी का इंटरव्यू कर रहा है, उसकी काया इस काम के लिए कितनी माफ़िक है। सभी दर्शक एक ही तरह से सोचते हों, ऐसा ज़रूरी नहीं है। मगर आम तौर पर एक

बड़ा दर्शक वर्ग बुलेटिन या कार्यक्रम के अनुरूप एंकर के बारे में अपनी उम्मीद और कल्पना के आधार पर फ़ैसला लेता है। एक थुलथुल, शिथिल और तेजहीन काया के बजाय वह निश्चय ही सुघड़, गतिशील एवं ऊर्जावान व्यक्ति को देखना पसंद करेगा। इसलिए यह बहुत ज़रूरी होता है कि एंकर अपनी काया का पूरा ध्यान रखे और उसे निखारने के लिए जो कुछ भी कर सकता है, करे। स्क्रीन पर किसी भी तरह से यह नहीं लगना चाहिए कि एंकर में उत्साह नहीं है, वह थका हुआ है। नियमित कसरत इसके लिए बहुत ज़रूरी होती है।

2. आँखें बोलती हैं

आँखें टेलीविज़न एंकर की आंगिक भाषा का सबसे महत्त्वपूर्ण हिस्सा होती हैं। वे एंकर के दिल की ज़ुबान होती हैं। ज़बान चाहे कुछ भी बोले, आँखों की भाषा सबसे महत्त्वपूर्ण होती है। कई मर्तबा ज़बान झूठ बोल रही होती है, मगर आँखें सच बयान कर देती हैं। इसीलिए सामान्य बातचीत में भी कहा जाता है कि अगर आँखों में आँखें डालकर बातें की जाएँ तो भरोसा बँधता है। लोगों को यक़ीन हो जाता है कि सामने वाला सच बोल रहा है। मगर झूठ बोलने वाला हमेशा नज़रें चुराता है। वह नज़रें नहीं मिलाता।

आँखें सच और झूठ का फ़र्क़ ही बताती हों, ऐसा नहीं है। वे और भी बहुत कुछ बयान करती हैं। किसी ख़बर से एंकर का सरोकार कितना है, वह दुख भरी ख़बर पर विचलित है या नहीं, अथवा उसकी ख़ुशी या नाराज़गी में वह भी साझीदार है या नहीं—ये सब आँखें ज़ाहिर कर देती हैं। ज़बान और आँखों की संगत बहुत ज़रूरी है। वे अगर एक ही तरह से बोलेंगी तभी जो बोला जा रहा है, उसमें विश्वसनीयता

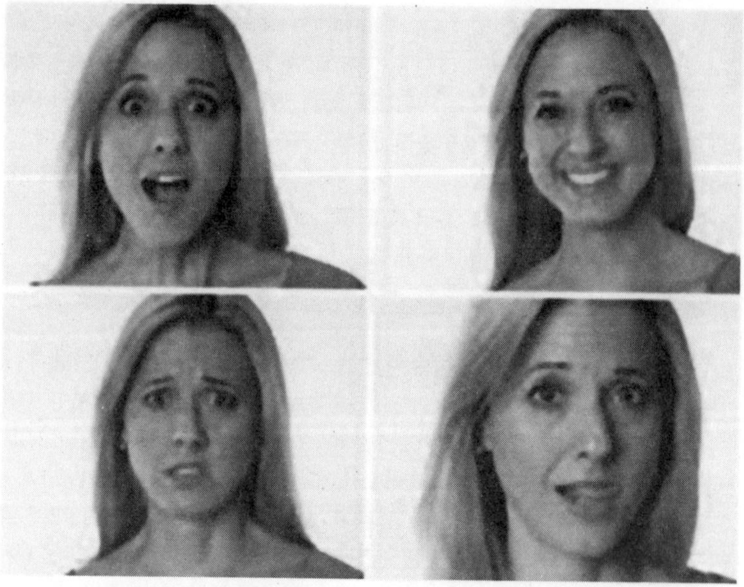

आ सकेगी। इसलिए किसी भी एंकर को **आँखों की भाषा** आनी चाहिए और उसे ख़बरों के हिसाब से सही इस्तेमाल भी करना चाहिए।

आँखों का एक महत्त्वपूर्ण हिस्सा होती हैं पलकें। एंकर की पलकें भी बहुत कुछ कहती हैं। कई बार एंकर जल्दी-जल्दी पलकें झपकाते हैं जो उनके कमज़ोर आत्मविश्वास को प्रकट करती हैं। कई एंकर वाक्य के ख़त्म होने के बाद इस अन्दाज़ में पलकें बंद करते हैं मानो वे महाज्ञानी हों! अगर कोई वरिष्ठ एंकर ऐसा करता है तो दर्शक फिर भी इसे स्वीकार कर लेता है, मगर यदि नया एंकर यह करे तो दर्शक इसे अपनी अवमानना भी समझ सकता है। उसे यह लग सकता है कि एंकर उसे बिलकुल बच्चा या अज्ञानी समझकर बात कर रहा है।

आँखों की भाषा सीखने के लिए सबसे अच्छा तरीक़ा यही है कि फ़िल्मों के कलाकारों के अभिनय पर ग़ौर किया जाए। ध्यान दिया जाए कि वे जब नाराज़ होते हैं तो उनकी भँवें कैसे सिकुड़ती हैं और ख़ुशी के मौक़े पर कैसे फैल जाती हैं। जब वे दुखी होते हैं और रोते हैं तो आँखें छोटी हो जाती हैं या गम्भीर होते हैं तो कैसे वे गहरी हो जाती हैं! यह सबक अच्छे टीवी एंकर की एंकरिंग को लगातार देखकर भी सीखा जा सकता है।

बहरहाल मूलमंत्र यह है कि एंकर कैमरे के लेंस को दर्शक की आँख समझे और उसमें नज़रें डालकर बोले। साथ ही ख़बर या कार्यक्रम के मूड के हिसाब से अपनी आँखों में आवश्यकतानुसार भाव पैदा करे।

3. चेहरे के हाव-भाव (Face Expressions)

आंगिक भाषा में आँखों के ज़रिए प्रामाणिक संवाद ज़रूर होता है, मगर कोई ज़रूरी नहीं है कि हर दर्शक के पास आँखों को पढ़ने का समय और समझ हो ही! अगर समय और समझ है तो भी वह आँखों के अलावा चेहरे के हाव-भाव से भी बहुत कुछ ग्रहण करता है। चेहरे से ही एंकर के आत्मविश्वास की झलक मिलती है। तनावग्रस्त चेहरा कभी भी दर्शकों में भरोसा पैदा नहीं कर सकता। हर ख़बर को एक ही अन्दाज़ में सपाट चेहरे के साथ पढ़ने वाला एंकर देखने वाले में अरुचि भी पैदा कर सकता है। इसके विपरीत इत्मीनान के साथ ज़रूरत के मुताबिक़ भावों को व्यक्त करता हुआ चेहरा उन्हें देखते रहने को बाध्य कर देता है।

चेहरे के भावों को प्रकट करने में सबसे महत्त्वपूर्ण भूमिका अदा करते हैं एंकर के **होंठ**। होंठों की स्थिति से चेहरे की अलग-अलग मुद्राएँ बनती हैं। अगर होंठ मुस्कराते हैं तो गाल फैल जाते हैं और नतीजतन आँखें भी सिकुड़ जाती हैं। इस तरह चेहरे का मानचित्र ही बदल जाता है। मगर सिकुड़े हुए होंठ चेहरे में थोड़ा या ज़्यादा तनाव पैदा कर देते हैं। होंठों से शरारत भी झलकती है और उदासीनता भी।

एंकरिंग में **मुस्कान** का बहुत ज़्यादा महत्त्व है। हँसता हुआ चेहरा दर्शकों के साथ एक ख़ास रिश्ता बना लेता है। यह रिश्ता दोस्ती का होता है। हर आदमी दोस्ती के अन्दाज़ में होने वाले संवाद में सबसे ज़्यादा सहूलियत महसूस करता है। दुख भरी ख़बरों और कार्यक्रमों की बात छोड़ दें तो एक हँसता-मुस्कराता चेहरा टीवी स्क्रीन पर जान डाल देता है। मगर यह मुस्कराहट रिसेप्शनिस्ट या एयर होस्टेस जैसी बनावटी मुस्कान नहीं होनी चाहिए। मुस्कराहट स्वाभाविक होनी चाहिए और भरपूर—भले ही वह नियंत्रित हो!

मनोरंजन के तमाम कार्यक्रमों में इसीलिए ऐसे एंकर चुने जाते हैं जिन्हें हँसना-मुस्कराना ख़ूब आता है। इसी तरह सुबह के समय होने वाले कार्यक्रमों या बुलेटिनों के लिए भी इसी तरह के एंकर को ज़िम्मेदारी सौंपी जाती है। इस मामले में महिला एंकर बाज़ी मार लेती हैं। पुरुष एंकर आम तौर पर मुस्कराने के मामले में कंजूस होते हैं या फिर गम्भीरता का लबादा ओढ़े रहते हैं।

4. संकेत और शारीरिक हलचलें (Gesture and Body Movements)

संकेत और **शरीर** की हलचलें भी आंगिक भाषा में शामिल होती हैं, क्योंकि इनमें भी आप बिना बोले दर्शकों के साथ संवाद करते हैं। अगर एंकर किसी बात पर कंधे उचका देता है तो दर्शक को समझ में आ जाता है कि वह क्या कहना चाहता है। कंधे उचकाने का मतलब है, जिस बारे में बात की जा रही है—एंकर उसकी परवाह नहीं करता या उसके बारे में अपनी अनभिज्ञता प्रकट कर रहा है अथवा फिर पूरी तरह से आश्वस्त नहीं है। स्क्रीन पर सहमति या असहमति में सिर हिलाना या हाथों के ज़रिए अपने भाव प्रकट करना भी संकेत-शास्त्र का ही एक हिस्सा है।

लेकिन अक्सर यह भी देखा गया है कि एंकर शारीरिक हलचलें कुछ ज़्यादा करने लगते हैं, जो कि अतिनाटकीयता की शक्ल ले लेती हैं और दर्शकों को अखरने भी लगती हैं। तेज़ी के साथ हाथों को नचाना, चेहरे को हिलाना या आँखों और भौंहों की हरकतें इसके अंतर्गत आती हैं।

ऐसे में एंकर के लिए यह बेहद ज़रूरी है कि उसे पता होना चाहिए कि उसे क्या करना है और कितना करना है। ख़ुद को इस बारे में पता नहीं होता, मगर एंकर को दूसरों की प्रतिक्रिया के आधार पर अपने प्रदर्शन में सुधार और बदलाव करते रहना चाहिए। यह भी हो सकता है कि एंकर ख़ुद और अपने कुछ विश्वस्त लोगों के साथ कार्यक्रम की रिकॉर्डिंग देखे और आकलन करे।

कई बार शारीरिक हलचलों या बॉडी–मूवमेंट की ज़रूरत कार्यक्रम की माँग भी होती है। अक्सर स्टूडियो में एक से ज़्यादा कैमरों का इस्तेमाल होता है और एंकर को एक कैमरे से दूसरे कैमरे पर मुख़ातिब होना पड़ता है। ऐसे में एंकर को हमेशा पता होना चाहिए कि उसका कैमरा कौन सा है।

स्टैंडिंग या आउटडोर एंकरिंग में तो बॉडी मूवमेंट की और भी महत्त्वपूर्ण भूमिका होती है। ऐसी सूरत में कैमरे आपके शरीर के आधे हिस्से को नहीं, पूरे शरीर की हरकतों को पकड़ते हैं। आप किस तरह से खड़े हैं या चल-फिर रहे हैं, सब कुछ आपके व्यक्तित्व और एंकरिंग का हिस्सा बन जाता है। कार्यक्रम के दौरान आपको ध्यान रखना पड़ता है कि आप उसमें हिस्सा लेने वाले भागीदारों या दर्शकों के पास कैसे जाएँगे, उनसे खड़े-खड़े, झुककर या उनके पास बैठकर कैसे बात करेंगे। कई कार्यक्रमों में दर्शकों को संयमित और नियंत्रित करने का काम भी एंकर को करना पड़ता है और तब उसकी शारीरिक हलचलें ही साबित करती हैं कि वह इस काम को कितने प्रभावशाली ढंग से अंजाम दे सकता है।

5. मुद्रा या भंगिमा (Posture)

दर्शक जब टीवी खोलकर सबसे पहले एंकर पर नज़र डालता है तो उसकी आँखें नोटिस करती हैं कि वह कौन है और कैसे बैठा है। अगर जाना-पहचाना चेहरा है तो वह उसकी मुद्रा से वाकिफ़ होता है और चाहे वह उसे पसंद करे या नापसंद, मगर

एक तरह की सहमति उसकी बन जाती है। मगर नये एंकर को वह काफ़ी ग़ौर से देखता है और उसकी मुद्रा से ही वह अन्दाज़ लगाने की कोशिश करता है कि उसमें कितना आत्मविश्वास है और कुल मिलाकर उसका **टीवी-व्यक्तित्व** कैसा हो सकता है। अगर वह ढीला-ढाला लगा तो दर्शक की नज़रों में तुरन्त गिर जाएगा, मगर यदि इसके विपरीत हुआ तो उसे वह और भी ग़ौर से देखेगा, उसकी बात को ध्यान से सुनेगा और फिर अपनी राय बनाने की कोशिश करेगा। यह एक दर्शक का सामान्य मनोविज्ञान है और एंकरिंग के विद्यार्थी को इसे समझना चाहिए। एंकर की कुर्सी पर वह कैसे बैठे, उसके हाथ कहाँ हों, उसकी गर्दन कितनी हिलेगी-डुलेगी और शरीर के ऊपरी हिस्से की हलचलें भी कैसी और कितनी होंगी, इसका अभ्यास होना बेहद ज़रूरी है।

शुरू के दिनों में एंकर जब न्यूज़ रीडर होते थे तो यह माना जाता था कि उन्हें तनकर ही बैठना चाहिए यानी रीढ़ की हड्डी सीधी होनी चाहिए। इससे ख़बरों की गम्भीरता प्रकट होती है और यह भी ज़ाहिर होता है कि एंकर उन्हें गम्भीरता से लेता है। लेकिन न्यूज़ चैनलों के युग में यह अकड़ ख़राब मानी जाने लगी। अपेक्षा की जाने लगी कि एंकर को सहज लगना चाहिए न कि तनावग्रस्त। इसलिए नई एंकरिंग में एंकर टेबल पर कोहनी टिकाकर या दोनों हथेलियों को फैलाकर भी बैठने लगे। इस तरह एंकर के बैठने की नई शैलियाँ भी बनने लगीं। हालाँकि हम हिंदुस्तानियों के लिए यह अन्दाज़ नया हो सकता है, मगर विदेशों में यह बहुत पहले से चल रहा था और सच तो यह है कि वहीं से लिया गया है। लेकिन यह बात ध्यान में रखने की है कि हर शैली हर एंकर के व्यक्तित्व के साथ नहीं फबती। इसलिए अपने अन्दाज़ का चुनाव बहुत सावधानी से करना चाहिए।

एंकरिंग के अलावा कार्यक्रमों और ख़ास तौर पर बातचीत के दौरान एंकर अपनी मुद्राएँ बदलते रहते हैं। वे कभी तनकर बैठते हैं, कभी ढीले पड़ जाते हैं, कभी आगे झुककर बैठते हैं तो कभी पीछे टिककर बैठ जाते हैं—ये सारे अन्दाज़ शारीरिक भाषा का हिस्सा हैं। ये एंकर की मनोदशा को प्रकट करते हैं और कार्यक्रम में अच्छा या बुरा योगदान देते हैं। इसलिए एंकर को हमेशा बहुत ही चौकन्ने रहकर अपनी **भंगिमा** देनी चाहिए कि वह दर्शकों को नकारात्मक संदेश न दे। उन्हें यह न लगे कि वह ऊब रहा है, अन्यथा उबासी स्क्रीन से होकर उन तक भी पहुँचने लगेगी और वे फ़ौरन चैनल बदल देंगे।

इस अध्याय का लब्बो-लुआब यह है कि एंकर को अपने शरीर को जानना और कार्यक्रमों को जीवन्त तथा आकर्षक बनाने के लिए उसका बेहतर इस्तेमाल करना आना चाहिए। इसके लिए ज़रूरी है कि वह बहुत बारीकी से अपने समूचे व्यक्तित्व का अध्ययन करे। अलग-अलग फ़ार्मेट में एंक़रिंग रिकॉर्ड करके उसे देखना और फिर अपेक्षित सुधार करना इसका एक आसान ज़रिया हो सकता है।

11

एंकरिंग कैसी-कैसी ?

न्यूज़ चैनलों में हम एंकरिंग के बहुत सारे रूप देखते हैं। एक तो अलग-अलग तरह की सम्पादकीय सामग्री को विभिन्न अन्दाज़ में प्रस्तुत करने के लिए ऐसा किया जाता है। दूसरे, प्रस्तुति की एकरसता को तोड़ने और उसे आकर्षक बनाने के उद्देश्य से लगातार ऐसे तरीक़े ढूँढ़े जाते हैं जो दर्शकों को पसंद आएँ और चैनल को भी विशिष्टता प्रदान करें। इसीलिए हम देखते हैं कि मनोरंजन के कार्यक्रम को पेश करने वाले एंकर का अन्दाज़-ए-बयाँ कुछ और होता है और अपराध के कार्यक्रम के एंकर कुछ अलग ढंग से कार्यक्रम प्रस्तुत करते हैं।

न्यूज़ चैनल

'न्यूज़ चैनलों के एंकर' नामक अगले अध्याय में हम मोटे तौर पर देखेंगे कि न्यूज़ चैनलों में किस तरह की एंकरिंग की दरकार होती है या एंकर को कितने तरह से एंकरिंग करने के लिए तैयार रहना चाहिए। अब इस अध्याय में हम थोड़ा विस्तार से एंकरिंग के विविध रूपों की चर्चा करेंगे।

न्यूज़ चैनलों में मुख्य रूप से निम्न प्रकार की एंकरिंग होती हैं—

1. सामान्य बुलेटिन की एंकरिंग
2. क्राइम न्यूज़ की एंकरिंग
3. बिज़नेस न्यूज़ की एंकरिंग
4. खेल की ख़बरों की एंकरिंग
5. इंटरटेनमेंट न्यूज़ की एंकरिंग
6. स्टूडियो डिस्कशन

1. सामान्य बुलेटिन की एंकरिंग

जैसा कि नाम से ही स्पष्ट हो जाता है कि यह एक सामान्य तरह की एंकरिंग होती है जिसमें एंकर को वे **बुलेटिन** प्रस्तुत करनी होती हैं जिनमें कमोबेश सभी तरह की ख़बरों का समावेश होता है। बुलेटिन की शुरुआत **प्रमुख समाचारों** (हेडलाइंस) से होती है। इसके बाद महत्त्व के हिसाब से या फिर चैनल के स्वभाव के अनुसार एक के बाद एक ख़बरें पढ़ते जाना होता है। खेल, कारोबार और मौसम के विशेष खंड होते हैं, जिनकी ख़बरें या तो अलग एंकर पढ़ते हैं या फिर

वही एंकर इन समाचारों का पाठ भी कर देता है। इसमें आवश्यकतानुसार 'लाइव' तत्त्व भी होते हैं। कई चैनल इन ख़बरों की अलग पहचान गढ़ने और **ब्रांडिंग** करने के लिए भी पैकेजिंग और प्रस्तुति का **अन्दाज़** बदल देते हैं। मगर बुलेटिन का मूल चरित्र कमोबेश वही होता है। विशेष मौक़ों पर, जैसे कोई बड़ी ख़बर आने पर इसका स्वरूप भी बदल जाता है। तब या तो एक या कुछ महत्त्वपूर्ण ख़बरों पर ही ध्यान केंद्रित कर दिया जाता है और बाक़ी ख़बरें छोड़ दी जाती हैं। आजकल न्यूज़ चैनलों में ऐसा अक्सर होता है। लेकिन जैसे ही सामान्य बुलेटिन अपनी विशेष बनावट से हटती है, वह कुछ 'विशेष' का रूप भी ले लेती है। ऐसे में एंकर का अन्दाज़ बदल जाता है या एंकर ही बदल दिया जाता है। घटना के हिसाब से उपयुक्त एंकर को ज़िम्मेदारी सौंप दी जाती है।

2. क्राइम न्यूज़ की एंकरिंग

भारत में अपराध की ख़बरों या कार्यक्रम की एंकरिंग का मतलब है पूरी ड्रामेबाज़ी। इनमें एंकर पत्रकार कम, अभिनेता ज़्यादा हो जाता है। वैसे भी अपराध के कई कार्यक्रम आजकल ऐसे लोग पेश कर रहे हैं जिनका पत्रकारिता से कुछ भी वास्ता

नहीं रहा, वे रंगमंच में ज़रूर सक्रिय थे। जिन चैनलों में पत्रकार क्राइम बुलेटिन या अपराध आधारित कार्यक्रम प्रस्तुत कर रहे हैं, वे भी अपने हाव-भाव एवं संवाद अदायगी से **नाटकीयता** के रंग भरते हैं।

बहरहाल, सच्चाई यह है कि अब यह धारणा बन चुकी है कि अपराध की एंकरिंग नाटकीय ही होनी चाहिए, यही दर्शकों को पसंद आती है। ऐसी एंकरिंग के बल पर चलने वाले कार्यक्रमों को मिलने वाली अच्छी रेटिंग ने भी उनकी इस धारणा को मज़बूत किया है। इसलिए यह तय है कि जिन्हें अपराध के कार्यक्रमों या समाचारों की एंकरिंग करनी है, उन्हें अपनी अभिनय क्षमता को बढ़ाना होगा।

अपराध बुलेटिन की एंकरिंग अब आम तौर पर खड़े होकर की जाती है और इसके लिए अलग सेट भी होते हैं, हालाँकि ये 'वर्चुअल सेट्स' होते हैं। गाहे-बगाहे आउटडोर एंकरिंग भी की जाती है।

चूँकि अपराध के कार्यक्रम आम तौर पर रिकॉर्डेड होते हैं और इनमें बहस-मुबाहिसा भी न के बराबर ही होती है, इसलिए विशेष ज्ञान की ज़रूरत नहीं पड़ती। अच्छे अभिनय से काम चल जाता है। लेकिन जो लोग पत्रकारिता के रास्ते इसमें आना चाहते हैं, उन्हें अपराध की दुनिया और क़ानूनों के बारे में अपनी जानकारी को समृद्ध करना चाहिए।

3. बिज़नेस न्यूज़ की एंकरिंग

न्यूज़ चैनलों में **कारोबार** को एक अलग, विशिष्ट शाखा के रूप में देखा जाता है, इसलिए कारोबार की अलग डेस्क होती है, अलग टीम होती है और ज़ाहिर है कि **बिज़नेस बुलेटिन** को पढ़ने के लिए अलग एंकर भी। ऐसा इसलिए है, क्योंकि हर किसी को आर्थिक मामलों की समझ नहीं होती। शेयर बाज़ार के उतार-चढ़ाव और उसकी शब्दावली बहुतों के पल्ले नहीं पड़ती, जबकि अर्थ-जगत की हलचलें तो और भी विस्तृत एवं प्रभावशाली होती हैं। भूमंडलीकरण और आर्थिक उदारवाद ने तो इसे और भी अहमियत प्रदान कर दी है। चैनलों में भी बिज़नेस सम्बन्धी कार्यक्रमों और ख़बरों का महत्त्व बढ़ा है, बेशक वे हल्की-फुल्की ही होती हों। बहुत सारे लोग बिज़नेस चैनल में भी जाना चाहते होंगे, जबकि वहाँ तो इन्हीं की भरमार होती है।

लब्बोलुआब यह है कि बिज़नेस की एंकरिंग करने के इच्छुक लोगों को इस क्षेत्र का भरपूर ज्ञान अर्जित करना चाहिए। इसके अलावा उन्हें इस तरह की ख़बरों

को देखने वाले दर्शकों के मनोविज्ञान और उनकी ज़रूरतों से भी भली भाँति परिचित होना चाहिए। दर्शकों का विश्वास और प्यार प्राप्त करने के लिए ऐसा करना आवश्यक होता है। सरकारी नीतियाँ, बजट, बैंकिंग कारोबार आदि से जुड़े ऐसे बहुत सारे मसले होते हैं जो आम दर्शकों के लिए गूढ़ होते हैं। अर्थ जगत की शब्दावली भी उनके लिए उलझन पैदा करने वाली होती है। ऐसे में एंकर की ज़िम्मेदारी होती है कि या तो वह उन्हें खोलकर बताए या फिर विशेषज्ञों की मदद से ऐसा करे। यह तभी सम्भव है जब उसका अपना अध्ययन ठीक-ठाक हो।

4. खेल समाचारों की एंकरिंग

वैसे तो खेल समाचारों की एंकरिंग को बहुत आसान माना जाता है, मगर ऐसे समय जब तमाम चैनल उसी टाइम बैंड पर खेल के समाचार या कार्यक्रम प्रस्तुत कर रहे हों, मामला इतना सीधा नहीं रह जाता। हिंदुस्तान में खेल का मतलब क्रिकेट से होता है और यह इतना लोकप्रिय खेल है कि आम दर्शक भी इसमें विशेषज्ञता रखता है।

ऐसे में किसी भी एंकर के लिए यह एक मुश्किल चुनौती हो सकती है कि वह दूसरे चैनलों के मुक़ाबले बेहतर ढंग से प्रस्तुत करे और दर्शकों को भी यह एहसास कराए कि वह उनको ऐसा कुछ दे सकता है जो उनके पास नहीं है। ऐसा वह अपने ज्ञान और **अनुभव** के बल पर तो करता ही है, मगर साथ ही **वाक्पटुता** के दम पर भी करता है।

खेल समाचार और कार्यक्रम हर न्यूज़ चैनल के लिए बेहद महत्त्वपूर्ण हो गए हैं। बड़े आयोजनों के वक़्त तो आम समाचारों के बुलेटिन भी उनसे भरे रहते हैं। खेल समाचारों में दर्शकों की भी दिलचस्पी होती है और इसीलिए प्रायोजकों की भी यानी खेलों का अच्छा कवरेज़ चैनलों के लिए आर्थिक दृष्टि से भी महत्त्वपूर्ण होता है। इसीलिए वे खेलों पर ख़र्च भी खुलकर करते हैं। बड़े खिलाड़ियों को मेहमानों के तौर पर और जाने-पहचाने चेहरों की एंकरिंग के लिए मोटी रक़म ख़र्च करने से भी वे पीछे नहीं हटते।

स्पष्ट है कि खेल एंकरिंग में प्रतिस्पर्धा भी कड़ी हो गई है। लेकिन अगर इसे अच्छे से समझ लिया जाए तो यह इतनी मुश्किल भी नहीं है। ध्यान रखना चाहिए कि खेल में गम्भीर चीज़ों को भी बहुत ही हल्के-फुल्के अन्दाज़ में पेश करने का चलन है। एंकर से उम्मीद की जाती है कि वह कभी मुस्कराकर तो कभी चुटकियों के ज़रिए मनोरंजन के टुकड़े डालकर प्रस्तुति को दिलचस्प बनाकर रखे यानी खेल के एंकर से एक क़िस्म के **खिलंदड़ेपन** की अपेक्षा दर्शक करते हैं।

इसके अलावा एंकर को खेल से जुड़ी तमाम जानकारियों से पूरी तरह से लैस होना चाहिए और खेल की बारीकियों पर भी उसका अधिकार होना चाहिए। किसी खेल, घटना या मैच का विश्लेषण करने का माद्दा भी उसमें होना चाहिए।

5. मनोरंजन की ख़बरों की एंकरिंग

खेल की तरह ही मनोरंजन की ख़बरें भी न्यूज़ चैनलों में बहुत ज़्यादा समय घेरती हैं। इसकी वजह यही है कि मनोरंजन का तत्त्व रेटिंग दिलाने में महत्त्वपूर्ण भूमिका अदा करता है, इसलिए उससे जुड़ी ख़बरों को भी अहमियत मिलती है। लिहाज़ा मनोरंजन की ख़बरों के विशेष बुलेटिन होते हैं और वे न केवल रात के समय दिखाए जाते हैं, बल्कि दिन में भी कई बार उनको प्रसारित किया जाता है।

जिस तरह भारत में खेल का मतलब क्रिकेट होता है, उसी तरह मनोरंजन समाचारों का अर्थ है फ़िल्मी ख़बरें। हाल के वर्षों में इसमें टेलीविज़न धारावाहिकों और फ़ैशन इंडस्ट्री से जुड़े समाचारों का समावेश भी कर दिया गया है।

मनोरंजन की ख़बरों की प्रस्तुति खेल के मुक़ाबले और भी हल्की-फुल्की रखी जाती है। एंकर बात-बेबात पर मुस्कराता, चहकता और ठिठोली करता नज़र आता है। इसमें **नाटकीयता** का पुट भी थोड़ा ज़्यादा होता है। आम तौर पर मनोरंजन के समाचार अगम्भीर और गपशप पर आधारित होते हैं। मसलन, किस अभिनेता का किस अभिनेत्री से चक्कर चल रहा है या फ़िल्मी पार्टी में किसका

किससे झगड़ा हो गया आदि। वेशभूषा और साज-सज्जा की दृष्टि से भी एंकर चमकता-दमकता रहता है।

ज़ाहिर है कि यह भी एंकरिंग का अलग अन्दाज़ है और सब लोग ऐसा नहीं कर सकते। एक तो फ़िल्मी गपशप में दिलचस्पी रखने और हल्का-फुल्का मज़ाक करने वाला मिज़ाज होना चाहिए। कई बार मूल रूप से लोग ऐसे नहीं होते और अपने अभिनय के दम पर ये खूबियाँ स्क्रीन पर दिखा देते हैं और कुछ स्वभावत: ऐसे होते हैं। जो भी हो, अपेक्षा यही होती है कि स्क्रीन पर गम्भीरता कतई न झलके, बेशक वह ज़्यादा हल्का हो जाए।

एंकर को फ़िल्म, फ़ैशन और टेलीविज़न इंडस्ट्री में चल रही गतिविधियों की भी अच्छी जानकारी होनी ज़रूरी है, ताकि किसी से बातचीत करते वक़्त उसकी अज्ञानता उसे हास्यास्पद न बना दे।

हालाँकि यह आज के न्यूज़ चैनलों की माँग है, मगर बतौर मनोरंजन-एंकर अगर आप लम्बे समय तक मैदान में टिके रहना चाहते हैं तो आपको अपने काम को बेहद गम्भीरता से लेना होगा और उपर्युक्त विषयों पर गम्भीर अध्ययन भी करना चाहिए। गपशप और अधपकी जानकारियों से काम तो चल सकता है मगर यह स्थायित्व नहीं दे सकता। दूसरे, कई बार फ़िल्मों पर गम्भीर कार्यक्रम करने के अवसर भी आते हैं और तब वही कामयाब हो सकता है जिसने इसके लिए पहले से तैयारी कर रखी हो।

6. स्टूडियो वार्ताएँ

स्टूडियो में मेहमानों के साथ चर्चा न्यूज़ चैनलों के व्यक्तित्व का अभिन्न अंग है। किसी भी महत्त्वपूर्ण घटना का कवरेज़ मेहमानों के साथ गहन वाद-विवाद के बिना सम्पन्न नहीं होता। वास्तव में ये चर्चाएँ जहाँ घटनाओं के नए आयाम खोलती हैं, उन पर कई कोणों से रोशनी डालती हैं, वहीं चैनलों को ये कई और भी तरह से मदद करती हैं। अव्वल तो इनसे किसी महत्त्वपूर्ण घटना पर टिके रहने का आधार मिलता है। ख़ास तौर पर जब घटनास्थल से सामग्री आने में देर हो रही हो या फिर सब कुछ वे दिखा चुके होते हैं। दूसरे, ये चर्चाएँ चैनलों को **प्रबुद्धता का प्रभामंडल** भी प्रदान करती हैं। जिस चैनल पर जितनी अच्छी चर्चाएँ होती हैं, लोग उसे उतना ही समझदार मानते हैं। जिन चैनलों पर चर्चाएँ अच्छी होती हैं, वहाँ अच्छे मेहमान भी जाना पसंद करते हैं। इस तरह भी चैनलों का दर्ज़ा बढ़ता है।

अब यह सोचना कोई मुश्किल नहीं है कि किसी भी चैनल पर चर्चा तभी अच्छी हो सकती है जबकि उसके पास अच्छे एंकर हों। यहाँ अच्छे एंकर से मतलब विषयों की अच्छी जानकारी रखने वाले और मेहमानों से बढ़िया सवाल करने वाले एंकर। इन एंकरों को बातचीत की कला आनी चाहिए और दर्शकों को जोड़े रखने

का हुनर भी उनके पास होना चाहिए। **स्टूडियो डिस्कशन** को अच्छे से संचालित करने वाले एंकर में निम्नलिखित ख़ूबियाँ होनी चाहिए—

- **विषय की पूरी और गहराई से जानकारी होनी चाहिए।**
- **भाषा पर अच्छा अधिकार होना चाहिए।**
- **विषय की शुरुआत बहुत महत्त्वपूर्ण होती है, इसलिए उसके बारे में पूरी तैयारी होनी चाहिए।**
- **लिखे हुए या रटे-रटाए सवालों से बचना चाहिए, उनकी जगह बातचीत से ही प्रश्न निकालकर पूछना ज़्यादा स्वाभाविक और रोचक होता है।**
- **बतियाने और बातचीत में रस पैदा करना आना चाहिए। मसलन, कब व्यंग्य किया जा सकता है, कब मज़ाक करना ठीक होगा और कब एकदम से गम्भीर हो जाना है—यह उसे पता होना चाहिए।**
- **प्रश्न पूछने का ढंग आना चाहिए। प्रश्न हमेशा शालीनता से पूछे जाने चाहिए, मगर कई बार मेहमान उत्तर देने में टाल-मटोल करते हैं और तब आक्रामकता एवं सख़्ती का इस्तेमाल करने का साहस और समझ भी होनी चाहिए।**

- **बातचीत विषय से न भटके या भटक रही हो तो कैसे उसे पटरी पर लाना है, यह ध्यान रखना चाहिए।**
- **एक से अधिक मेहमान होने की सूरत में यह ध्यान रखना चाहिए कि सभी मेहमानों को मौक़ा मिले। हाँ, अगर कोई मेहमान ज़्यादा दिलचस्प बात कर रहा हो तो उसे ज़्यादा समय देना भी ठीक होता है।**

- **समय का प्रबंधन आना चाहिए, ताकि निर्धारित समय में बातचीत पूरी की जा सके।**
- **अगर उचित अवसर हो तो दर्शकों से सीधे भी संवाद करते रहना ठीक होता है। इससे उन्हें लगता है कि वे भी उसमें हिस्सा ले रहे हैं।**
- **कई बार मेहमान आपस में उलझ जाते हैं, ऐसे में एंकर की ज़िम्मेदारी हो जाती है कि वह अशोभनीय स्थिति निर्मित होने से रोके। दोनों को समझाकर मुद्दे पर वापस लाना उसी का काम है।**
- **बातचीत की समाप्ति आम तौर पर निष्कर्ष के साथ होती है, इसलिए एंकर को हमेशा इसके लिए तैयार रहना चाहिए।**

स्टूडियो डिस्कशन की विधा **इंटरव्यू** से मिलती-जुलती है। अतः कृपया, इंटरव्यू से जुड़ा अन्तिम अध्याय भी देखें, जहाँ इस बारे में और भी विस्तार से जानकारी दी गई है।

विशेष एंकरिंग

न्यूज़ चैनलों में आए दिन ऐसे मौक़े आते रहते हैं जब एक ख़ास तरह की एंकरिंग की ज़रूरत पड़ती है। कभी किसी बड़ी तात्कालिक घटना की वजह से, कभी कोई ख़ास रिपोर्ट को ख़ास अन्दाज़ में पेश करने के लिए और कभी कोई ऐसी घटना होती है जिसे विशेष ढंग से प्रस्तुत करना ज़रूरी होता है, क्योंकि यही उसे दूसरे चैनलों से अलग करते हैं और एक विशेष पहचान गढ़ने में मददगार भी। इसके लिए चैनलों में ख़ास इंतज़ामात किए जाते हैं। नये सेट्स लगाए जाते हैं, नई पैकेजिंग तैयार की जाती है और कई दूसरे प्रयोग भी किए जाते हैं।

ज़ाहिर है, इन ख़ास अवसरों पर उन्हीं एंकर को ज़िम्मेदारी सौंपी जाती है, जो अनुभवी होते हैं, जिनका उस विषय पर अधिकार होता है और जो उसे अच्छी तरह से अंजाम दे सकने की महारत रखते हैं।

विशेष एंकरिंग को भी हम तीन वर्गों में विभाजित कर सकते हैं—

1. समसामयिक घटनाओं पर आधारित विशेष एंकरिंग
2. विशेष आयोजन या विशेष रिपोर्ट आदि पर आधारित विशेष एंकरिंग
3. विशेष अवसरों पर आयोजित एंकरिंग

1. समसामयिक घटनाओं पर आधारित विशेष एंकरिंग

न्यूज़ चैनल हर समय सोचते रहते हैं कि किन घटनाओं को कैसे प्रस्तुत किया जाए कि वह दर्शकों की नज़र में ख़ास नज़र आने लगें। यहाँ तक कि वे ख़बरें जो और चैनलों पर चल रही हैं, उनको भी अलग अन्दाज़ में पेश करके आगे निकलने की जद्दोज़हद में वे लगे रहते हैं। इसीलिए कई बार हास्यास्पद दृश्य भी नज़र आते हैं।

कभी कोई पुष्पक विमान पर सवार होकर एंकरिंग कर रहा होता है तो कोई टाइटैनिक पर सवार होता है। जो भी हो, चूँकि इस तरह की एंकरिंग आम हो चुकी है इसलिए एंकर को इसके लिए भी तैयार रहना चाहिए।

लेकिन कोई ज़रूरी नहीं है कि सारे समसामयिक कार्यक्रम इसी तरह के हों। कई बार बहुत ही गम्भीर कार्यक्रम होते हैं और उनके साथ इस तरह के खिलवाड़ सम्भव नहीं होते। इसलिए एंकर को दोनों ही स्थितियों के लिए तैयार रहना चाहिए। मुख्य बात यह है कि भले ही तकनीक के स्तर पर थोड़ी सी भिन्नता होती है और इसे थोड़े से अभ्यास के ज़रिए साधा जा सकता है, मगर ज्ञान की ज़रूरत हर जगह होती है। घटनाओं की पूरी जानकारी होना परम आवश्यक होता है और उसे आकर्षक ढंग से प्रस्तुत करने का हुनर भी।

2. विशेष आयोजन या विशेष रिपोर्ट आदि पर आधारित विशेष एंकरिंग

रोज़मर्रे की घटनाओं को विशेष ढंग से पेश करने के अतिरिक्त चैनल लगातार कुछ ऐसे अवसर भी तलाशते रहते हैं जिनको दिखाकर वे दूसरे चैनलों से आगे निकल सकें। मसलन, कोई विशेष रिपोर्ट हाथ लगने पर वे इस अन्दाज़ में पेश करना चाहते हैं कि वह लोगों के दिमाग़ों में दर्ज़ हो जाए। मसलन, अगर किसी चैनल ने कोई ज़बर्दस्त **स्टिंग ऑपरेशन** किया है, तो वह चाहेगा कि देश और दुनिया को चीख़-चीख़कर बता दे कि देखो हम कौन सा सत्य उजागर कर रहे हैं या यह है हमारे साहस और समझ की बानगी।

कोई महत्त्वपूर्ण विदेशी मेहमान आता है या कोई दूरगामी अहमियत वाला समझौता होने वाला होता है तो भी विशेष एंकरिंग का अवसर उपस्थित हो जाता है।

पिछले एक दशक में न्यूज़ चैनलों के **कंटेंट** में जो बदलाव आया है, उसमें मनोरंजन की भूमिका बहुत बढ़ गई है। इसलिए मनोरंजन के कार्यक्रमों को विशेष आयोजन के रूप में तब्दील करने की परम्परा भी चल पड़ी है। फ़ैशन शो हों या फिर फ़िल्मों के पुरस्कार बाँटने के लिए देश-विदेश में होने वाले आयोजन, उनके लिए विशेष भी आयोजन हो जाते हैं। इसी तरह क्रिकेट के सामान्य कवरेज़ के अलावा उससे जुड़ी किसी महत्त्वपूर्ण घटना पर भी विशेष कार्यक्रम किए जाते हैं।

इन सभी आयोजनों की तैयारी अलग तरह से करनी होती है, क्योंकि कोई कार्यक्रम बेहद गम्भीर होगा तो कोई बेहद हल्का-फुल्का। किसी में सादगी होती है तो कोई चकाचौंध से भरपूर। ऐसे हरेक कार्यक्रम की **भाषा** और **कलेवर** बदल जाता है। विभिन्न तरह के विशेष आयोजन एक ख़ास तरह के दर्शक वर्ग को ध्यान में रखकर किए जाते हैं। इसलिए एंकर को कार्यक्रम की ज़रूरत को समझकर ख़ुद को उनके अनुरूप ढालने का हुनर आना चाहिए।

इस तरह के कार्यक्रमों में आजकल असली सेट्स का कम से कम उपयोग होता है। टेलीविज़न की भाषा में 'क्रोमा बैकग्राउंड' या 'वर्चुअल सेट्स' कहे जाने वाले सेट्स का प्रयोग प्रचलन में ज़्यादा है। ये ग्राफ़िक्स के ज़रिए नकली दुनिया का निर्माण करते हैं, यानी वास्तव में पुष्पक विमान होता नहीं है, केवल स्क्रीन पर दिखाया जाता है। एंकर को इन सेट्स के हिसाब से एंकरिंग करने का तजुर्बा भी हासिल करना चाहिए।

3. विशेष अवसरों पर आयोजित एंकरिंग

चुनाव और **बजट** आदि ऐसे विशेष अवसर होते हैं जब चैनलों में विशेष एंकरिंग की ज़रूरत पड़ती है। निजी चैनलों के आगमन के पहले तो इस तरह की एंकरिंग को बहुत ही प्रतिष्ठित माना जाता था। उस ज़माने में प्रणय रॉय और विनोद दुआ को देशव्यापी पहचान और प्रतिष्ठा चुनाव के विशेष प्रसारण की एंकरिंग के ज़रिए ही मिली थी। उस समय मतदान और मतगणना का काम लम्बा चलता था। इसलिए एकमात्र चैनल (दूरदर्शन) के ज़माने में एंकर दो–तीन दिनों तक स्क्रीन पर बने रहते थे और दर्शक भी चुनाव परिणामों के पोस्टमार्टम को देखने के लिए डटे रहते थे। बाद के दिनों में बजट भी एक विशेष घटना बनकर जुड़ गई। रेल और आम बजट की बारीकियों का विश्लेषण किया जाने लगा। ज़ाहिर है कि यह भी एक ऐसा विषय था जिसमें **विशेषज्ञ एंकर** की ज़रूरत थी। जिसे अर्थव्यवस्था के विभिन्न पहलुओं की पक्की नहीं तो मोटी जानकारी हो, वही बजट के गूढ़ रहस्यों से परदा हटाने का काम कर सकता था।

अब तो चैनलों की भरमार हो गई है और उन्होंने चुनाव के कार्यक्रमों को विराट रूप भी दे दिया है। उसमें विविधता भी बहुत आ गई है। हालाँकि इलेक्ट्रॉनिक वोटिंग मशीन आने के बाद से मतगणना का समय घटकर एक–चौथाई रह गया है,जिससे सारा सस्पेंस आठ–दस घंटों में ख़त्म हो जाता है। मगर इसके लिए अपेक्षित विशेषज्ञता कहीं से कम नहीं हुई है, बल्कि प्रतिस्पर्धा की वजह से चुनौती और भी बढ़ गई है। इसके अलावा चुनाव केवल दो–चार दिन की घटना रहने के बजाय महीनों तक चलने वाली प्रक्रिया भी बन गई है।

चुनाव के कार्यक्रमों की एंकरिंग के लिए दो चीज़ों की बुनियादी ज़रूरत होती है। ये हैं–राजनीति की अच्छी समझ और चुनावी आँकड़ों की जानकारी। चुनाव विश्लेषण का काम इन्हीं दो चीज़ों के इर्द–गिर्द घूमता है। लेकिन चुनाव के बहुत

सारे रंग होते हैं। उसमें अपराध, भ्रष्टाचार, पाखंड, वंशवाद, भाई-भतीजावाद, मौक़ापरस्ती, ग्लैमर आदि सब कुछ शामिल होता है और ज़ाहिर है कि एक अच्छे एंकर को इन सबके बारे में न केवल जानकारी होनी चाहिए बल्कि सही समय पर इनका इस्तेमाल करना भी आना चाहिए। **हाज़िर-जवाबी** एंकर का विशेष गुण होना चाहिए।

चुनाव का माहौल बेहद गरमागरमी वाला होता है। ख़ास तौर पर जब किसी ऐसे शो की एंकरिंग करना हो जो स्टूडियो के बाहर हो रहा हो और उसमें आम लोग भी शामिल हों, किसी भी क्षण स्थिति के नियंत्रण से बाहर हो जाने का ख़तरा बना रहता है। कोई भी मेहमान ऐसा कुछ कह सकता है जिससे ज़बानी झगड़ा हाथापाई में तब्दील हो जाए। ऐसी सूरत में भी एंकर को शो को सँभालना आना चाहिए। कैसे मेहमानों को शान्त किया जाए या बातचीत के रुख़ को कैसे दूसरी तरफ़ मोड़कर मामले को ठंडा किया जाए, यह सूझबूझ उसके पास होनी चाहिए। उम्मीदवार कार्यक्रमों का इस्तेमाल अपने चुनाव प्रचार के लिए भी करने की कोशिश करते हैं और यह भी एंकर को देखना होता है कि वे ऐसा न करने पाएँ। उनका मक़सद तो आम जनता को प्रत्याशियों की असलियत से वाकिफ़ करवाना होता है और इसमें नाकामी एंकर की नाकामी है।

अक्सर होने वाले चुनावों और बजट की सालाना कवायद के अलावा यदा-कदा बड़ी राजनीतिक-सामाजिक-आर्थिक घटनाएँ भी होती हैं जिन्हें पेश करने के लिए चैनल विशेष तैयारी करते हैं। इन तमाम आयोजनों के लिए अनुभव और ज्ञान की ज़रूरत पड़ती है। अच्छा एंकर बनने के लिए लगातार ख़ुद को तैयार करने की ललक होनी चाहिए, तभी अवसर आने पर कोई ख़ुद को साबित कर सकता है।

12

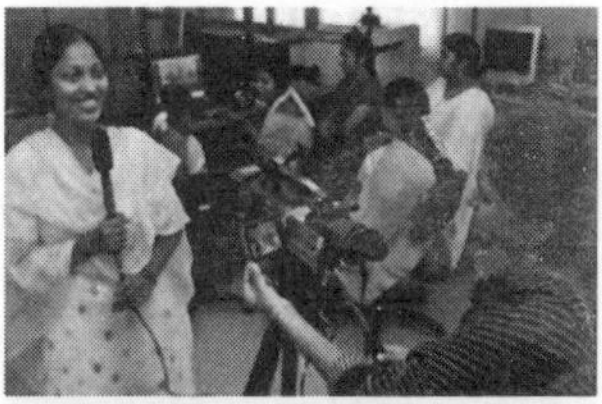

न्यूज़ चैनलों के एंकर

पिछले अध्यायों में हमने इसकी विस्तृत चर्चा की है कि कैसे एंकरिंग का स्वरूप बदलता रहा है और आज के दौर की एंकरिंग की ज़रूरतें क्या हैं। इसके अलावा हमने यह भी देखा है कि एक अच्छे एंकर में क्या-क्या ख़ूबियाँ होनी चाहिए। इस तरह मोटे तौर पर एंकर और एंकरिंग दोनों की रूपरेखा स्पष्ट हो गई है। अब हम यह देखेंगे कि एक न्यूज़ चैनल में एंकर की क्या और कैसी भूमिका होती है या न्यूज़ चैनलों में अपनी जगह बनाने के लिए एंकर को क्या-क्या करना चाहिए।

बनिए हरफ़नमौला टीवी पत्रकार

अव्वल तो अब ज़्यादातर न्यूज़ चैनलों में एंकर केवल एंकर नहीं होते। वे एक साथ कई भूमिकाओं को निभाते रहते हैं। वे कभी प्रोडक्शन के काम में लग जाते हैं, कभी रिपोर्टिंग में जुट जाते हैं और कभी कैमरे के सामने आकर ख़बरों और कार्यक्रमों को प्रस्तुत करने लगते हैं। इसलिए यह बहुत ज़रूरी है कि जो भी छात्र ख़ुद को एक अच्छे एंकर के रूप में देखना चाहते हैं, वे सभी विधाओं में ख़ुद को पारंगत करें। ऐसा इसलिए भी करना होता है या करना चाहिए, क्योंकि ये सारे काम अंततः एंकरिंग में आपकी मदद करते हैं।

जब एक एंकर एक रिपोर्टर के तौर पर भी काम कर रहा होता है तो उसे ख़बरों का और ख़बरें लाने के तौर-तरीक़ों के बारे में पता होता है। वह संवाददाताओं के कामकाज और रंग-ढंग से वाकिफ़ होता है। वह एंकरिंग करते समय घटनास्थल के दृश्य की कल्पना कर सकता है और उस आधार पर दर्शकों को ज़्यादा अच्छे तरीक़े से समझा सकता है या रिपोर्टर से सटीक सवाल कर सकता है।

एक कॉपी राइटर या कॉपी एडीटर के तौर पर काम करके एंकर भाषा की बारीकियों को जानता-समझता है। उसमें सही भाषा के इस्तेमाल और तथ्यों की पवित्रता को लेकर जो बोध पैदा होता है वह एंकरिंग में बेहद सहायक होता है। कैमरे के सामने बोलते वक़्त उसे पता होता है कि जो वह अपने दर्शकों को बता रहा है, वह क्या है और उसे कैसे बताया जाना चाहिए। उसके शब्दों का संसार भी समृद्ध होता है जो कि उसकी एंकरिंग को भी सँवारता है।

डेस्क पर काम करते समय उसे अपने साथियों के बारे में बहुत सारी चीज़ों के बारे में पता चल जाता है। उसे पता होता है कि किसकी कॉपी को वह धड़ल्ले से बिना किसी संदेह के पढ़ सकता है और किसकी कॉपी को पढ़ते समय उसे बेहद चौकन्ना रहना है। बहुत सारे शब्द कई एंकर के लिए मुश्किल भरे होते हैं और वह उनकी जगह आसान शब्द डालने के लिए कह सकता है।

अक्सर डेस्क पर काम करने वालों और एंकर के बीच एक दूरी-सी पैदा हो जाती है। एंकर ख़ुद को स्टार समझने लगते हैं या डेस्क के लोगों को लगता है कि एंकर को कुछ आता-जाता तो है नहीं, बस सज-धजकर कैमरे के सामने खड़े हो जाते हैं और शान बघारते हैं। मगर यदि एंकर डेस्क के साथ हिल-मिल जाते हैं तो यह भावना या दूरी पैदा नहीं होती। दोनों के बीच दोस्ताना सम्बन्ध उनके हित में तो अच्छे होते ही हैं, साथ ही चैनल के प्रदर्शन पर भी इसका सकारात्मक असर पड़ता है।

मैत्रीपूर्ण सम्बन्ध केवल सम्पादकीय साथियों के साथ ही नहीं, तकनीकी सहयोगियों से भी होने चाहिए। कैमरा, साउंड और पीसीआर में पैनल पर बैठे कर्मचारी बहुत तरह से आपके प्रदर्शन को बेहतर बनाने में योगदान देते हैं। समय पर सही जानकारी आपको मिल जाए या कोई बढ़िया सवाल सुझाने तक वे आपकी एंकरिंग को निखारने में सहयोग करते हैं। यही नहीं, वे यह भी बताते हैं कि आपके बाल ठीक हैं या नहीं या आपकी टाई टेढ़ी तो नज़र नहीं आ रही। इसी तरह आउटडोर एंकरिंग के समय कैमरामैन के साथ तालमेल रखने में भी आपका व्यवहार अहम भूमिका अदा करता है।

यह तो बहुत साफ़ है कि न्यूज़ चैनलों में एंकर की भूमिका बहुत अहम होती है। वह **चैनल का चेहरा** होता है यानी उसकी एंकरिंग से चैनल को लोकप्रियता मिलती है और दर्शकों में उसकी विश्वसनीयता भी क़ायम होती है। कोई भी चैनल

उन तमाम चीज़ों के प्रति बहुत ही सावधान और संवेदनशील होता है जो कि परदे पर नज़र आती हैं। एंकर वे लोग होते हैं जो कि किसी भी चैनल पर सर्वाधिक समय तक बने रहते हैं, इसलिए उनके मामले में चैनल सबसे ज़्यादा सजग होते हैं। वे उन्हें चुनने, सजाने-सँवारने और बेहतर ढंग से प्रस्तुत करने की हर जुगत करते हैं। ज़ाहिर है कि एंकर की कोई भी लापरवाही बर्दाश्त करने के मामले में वे उतने ही कठोर भी हो जाते हैं। इसलिए यह ज़रूरी हो जाता है कि एंकर इन सब चीज़ों का पूरा ख़याल रखें।

एंकर वही जो दर्शक मन भाए

न्यूज़ चैनलों का चरित्र बन गया है कि वे ख़बरों को लगातार ताज़ा बनाते रहते हैं। न्यूज़ का कारोबार ही इसी पर टिका हुआ है कि कितनी जल्दी ताज़ा ख़बरें आप दर्शकों तक पहुँचाते रहते हैं। ऐसे में ख़बरों को ताज़ा बनाने की चुनौती हमेशा उनके सामने होती है। लेकिन ख़बरें ताज़ा जानकारी से ही नहीं बनतीं, उनको प्रस्तुत करने के अन्दाज़ से भी उनमें ताज़ापन लाया जाता है। यहीं पर एंकर का कौशल काम आता है। वह सपाट अन्दाज़ में ख़बरें बताने के बजाय उनके पढ़ने के अन्दाज़ में बदलाव से और कभी-कभार टिप्पणियाँ करके उन्हें दिलचस्प बना देता है। अगर बाज़ार की भाषा में कहें तो एंकर एक **सेल्समैन** की तरह भी काम करता है। वह दर्शकों को ख़बरें देखने के लिए आकर्षित करता है। जो एंकर यह काम जितने अच्छे से करता है, उसे उतना अच्छा एंकर माना जाता है।

ख़बरों को लगातार ताज़ा बनाने की इस क़वायद से एंकर का काम इसलिए कठिन हो जाता है, क्योंकि उसे लगातार नई जानकारियों से लैस होता रहना पड़ता

है। अगर वह ऐसा नहीं करेगा तो बासी या पुरानी जानकारियों पर निर्भर रहेगा और अपनी तथा चैनल दोनों की भद उड़वाएगा। यह एंकर की **साख** से जुड़ा मामला है। जो एंकर जितना जानकार होगा, उसकी साख उतनी ऊँची होगी।

कैसे-कैसे एंकर

न्यूज़ चैनलों में मोटे तौर पर तीन तरह के एंकर होते हैं—

1. ख़बरें पढ़ने वाले एंकर,
2. ख़बरें पढ़ने और कार्यक्रम करने वाले एंकर और
3. केवल कार्यक्रम करने वाले एंकर।

1. ख़बरें पढ़ने वाले एंकर

यह तो हम बता ही चुके हैं कि अब न्यूज़-रीडर का ज़माना नहीं रहा। यह एंकर का दौर है और इस दौर में उसे कई तरह के काम करने पड़ते हैं। मगर कुछ न्यूज़ चैनलों में अभी भी विभिन्न वजहों से ख़बरें पढ़ने वाले एंकर अलग होते हैं। यह समाचारवाचन पहले जैसा नहीं होता। इसमें टेली-प्राम्पटर से ख़बरें पढ़ने के अलावा एंकर को अपनी तरफ़ से और भी बहुत कुछ करना पड़ता है। वह ख़बरों के बीच में रिपोर्टर या किसी अन्य मेहमान से 'फ़ोनो' या 'सिमसेट' भी करता है। कभी वह अपनी तरफ़ से टिप्पणियाँ भी करता है और जानकारियाँ भी जोड़ता चलता है। इस सबके बावजूद या तो चैनल की नीति के कारण या एंकरों की अपनी सीमाओं की वजह से उन्हें समाचार-वाचन तक ही महदूद कर दिया जाता है। समाचार आधारित कार्यक्रम या समसामयिक विषयों के कार्यक्रमों की एंकरिंग उनसे नहीं करवाई जाती।

2. ख़बरें पढ़ने और कार्यक्रम करने वाले एंकर

न्यूज़ चैनलों में ऐसे बहुत से एंकर होते हैं जो ख़बरें पढ़ने के साथ-साथ कार्यक्रमों की भी एंकरिंग करते हैं। इन एंकरों में कार्यक्रमों को विशेष अन्दाज़ में प्रस्तुत करने का हुनर होता है या कुछ विषयों में उनकी विशेष पकड़ होती है। कुछ एंकर होते हैं, जो मनोरंजन, खेल या अपराध के कार्यक्रमों की एंकरिंग करने में दक्ष होते हैं, इसलिए वे ख़बरों की एंकरिंग के अलावा इस तरह के कार्यक्रमों को भी प्रस्तुत करते हैं।

इसके अलावा कुछ वरिष्ठ एंकर होते हैं, जिन्हें दूसरे कार्यक्रमों की एंकरिंग करने का दायित्व भी सौंपा जाता है। उन्हें विभिन्न तरह की परिस्थितियों से गुज़रने और अलग-अलग तरह के कार्यक्रम करने का अनुभव होता है। ख़ास तौर पर

गम्भीर मसलों पर चर्चा या वाद–विवाद के कार्यक्रम जिनमें वरिष्ठ और विशेषज्ञ लोग हिस्सा लेते हैं, उन्हें वरिष्ठ एंकर ही प्रस्तुत करते हैं। पुराना और परिचित चेहरा होने के नाते वे दर्शकों को स्वीकार्य भी होते हैं। इसलिए यह स्वाभाविक है कि उन्हें महत्त्वपूर्ण मौक़ों पर एंकरिंग करने के लिए चुना जाए। लेकिन हमेशा यह ज़रूरी नहीं है कि वरिष्ठता को ही ध्यान में रखा जाए। कई बार नौजवान एंकर भी अपने अध्ययन और समझ से भरोसा पैदा कर लेते हैं और तब उन्हें भी बड़ी ज़िम्मेदारियाँ सौंपी जाती हैं या फिर यह भी होता है कि किसी वजह से वरिष्ठ एंकर उपलब्ध न होने के चलते यह काम नये एंकर की झोली में अचानक आ जाए।

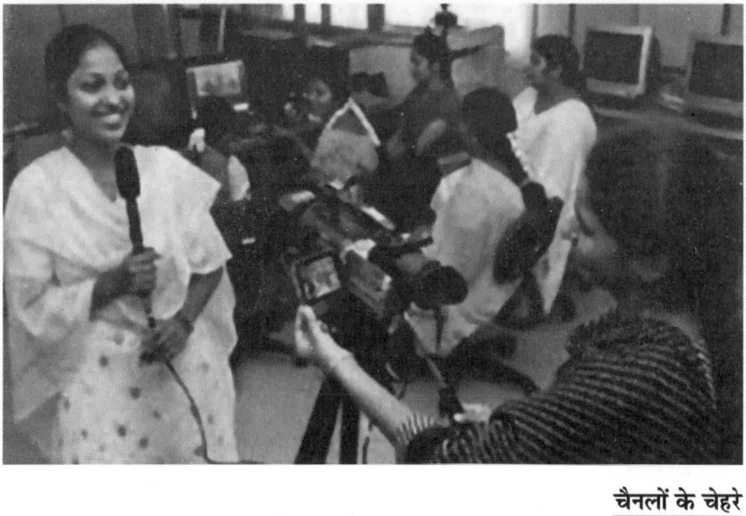

3. केवल कार्यक्रम करने वाले एंकर

न्यूज़ चैनलों में कुछ एंकर ऐसे भी होते हैं जो न्यूज़ एंकरिंग बिलकुल भी नहीं करते। इनका काम कुछ कार्यक्रमों की एंकरिंग करना होता है। आम तौर पर यह कार्यक्रम न्यूज़ आधारित नहीं होते। ये या तो समसामयिक विषयों के कार्यक्रम होते हैं या फिर ख़बरों से हटकर होते हैं। उदाहरण के तौर पर मनोरंजन, फ़िल्म या अपराध पर आधारित शो को लिया जा सकता है।

अगर आपमें तीनों तरह की एंकरिंग करने का माद्दा है और आप एक **हरफ़नमौला** की भूमिका निभा सकते हैं तो इससे अच्छा कुछ नहीं हो सकता। ऐसे एंकर किसी भी चैनल के लिए सर्वाधिक उपयोगी होते हैं और वे इनका पूरा ख़याल रखते हैं। इसलिए एंकर बनने की चाहत रखने वाले किसी भी व्यक्ति को कोशिश करनी चाहिए कि वह अपने को एंकरिंग की तीनों विधाओं में माँजने की कोशिश करे। लेकिन इस सचाई से भी मुँह नहीं मोड़ना चाहिए कि हर व्यक्ति हरफ़नमौला नहीं हो सकता। कोई अच्छा बल्लेबाज़ होता है, कोई गेंदबाज़ तो कोई विकेटकीपर या अच्छा फील्डर; और टीम में हर एक की भूमिका महत्त्वपूर्ण होती है। इसलिए अपनी क्षमताओं को माप-तौल कर, यदि एंकरिंग का सही क्षेत्र चुनकर तैयारी की जाए तो कामयाबी की गुंजाइश काफ़ी बढ़ जाती है।

न्यूज़ चैनलों की एंकरिंग की ख़ास बातें

हम पिछले अध्यायों में न्यूज़ चैनलों की एंकरिंग की विशेषताओं के बारे में विस्तार से चर्चा कर चुके हैं। इन विशेषताओं में से एक है **बुलेटिन** का **लाइव** होना, और बुलेटिन में लगातार लाइव तत्त्व का समावेश किया जाना चाहिए। एक ज़माने में रिकॉर्डेड बुलेटिन प्रसारित होती थीं या अगर वे लाइव भी होती थीं तो उनमें एंकरिंग के अलावा सब कुछ रिकॉर्डेड होता था। कभी-कभार कोई बड़ी घटना घटने पर एक पर्ची न्यूज़ रीडर को दे दी जाती थी और वह उसे पढ़ देता था। लेकिन न्यूज़ चैनलों के युग में जहाँ चैनलों के बीच इस कदर प्रतिस्पर्धा हो, वहाँ इससे काम नहीं चल सकता। इसीलिए ज़्यादातर चैनल सुबह से शाम तक लाइव होते हैं। वे हर बुलेटिन में नई-नई चीज़ें शामिल करते रहते हैं। यह लाइव का तत्त्व एंकर के लिए नई चुनौतियाँ पैदा करता है क्योंकि अब टेली-प्राम्पटर पर देखकर ख़बरें पढ़ने का काम भर नहीं रह जाता। इसमें दिमाग़ का इस्तेमाल करने की ज़रूरत भी पड़ती है।

लाइव, लाइव, लाइव

न्यूज़ बुलेटिन में लाइव तत्त्व के बढ़ते महत्त्व की वजह से एंकर का काम ज़्यादा चुनौतीपूर्ण हो गया है। उसे हर समय किसी भी परिस्थिति के लिए तैयार रहना होता है। ज़रा सी भी असावधानी दुर्घटना का सबब बन सकती है। यह एक तरह से भीड़-

भाड़ वाले इलाक़े में गाड़ी चलाने जैसा है। हर समय नई-नई ख़बरें आपकी राह में आती हैं और आपको उनसे निपटना होता है। हर नई ख़बर अपने आप में चुनौती होती है, क्योंकि वह किसी भी क्षेत्र की हो सकती है, किसी भी विषय से सम्बन्धित हो सकती है। लाइव के सम्बन्ध में कुछ विशेष सावधानियाँ ये हो सकती हैं—

1. हमेशा घटना की पूरी जानकारी माँगें। घटना कहाँ, कब और कैसे घटी है, इसका ब्यौरा होने से दर्शकों को पूरे भरोसे के साथ बताया जा सकता है।
2. स्थान, दिन, तारीख़ और व्यक्तियों के नामों में अक्सर चूक होने की आशंका रहती है, इसलिए इन्हें बार-बार सुनिश्चित कर लें।
3. घटना कितनी भी बड़ी हो, एंकर को हड़बड़ाना या उत्तेजित नहीं होना चाहिए। उसे संयम और धैर्य के साथ उसके बारे में बताना चाहिए, अन्यथा बड़ी ग़लती होने की आशंका बढ़ जाती है।
4. किसी भी घटना के बारे में अटकलबाज़ी से बचें। अपने अनुभव का इस्तेमाल करके ही कोई अनुमान लगाएँ, अन्यथा जितनी जानकारी मिलती जाए, उसी के आधार पर आगे बढ़ते जाएँ।
5. और अधिक जानकारी के लिए पीसीआर से लगातार आग्रह करते रहें।
6. बड़ी घटनाओं के वक़्त पीसीआर से लगातार निर्देश मिलते रहते हैं और उनसे कई बार भ्रम भी पैदा होता है। मगर एंकर को तय करना चाहिए कि उनमें से किसका, कैसे और कब पालन करना है। पीसीआर में उत्तेजना का

माहौल बन जाता है, क्योंकि कई स्रोतों से उसके पास जानकारियाँ और दृश्य आ रहे होते हैं और उसे उन्हें एंकर के ज़रिए सबसे पहले दर्शकों तक पहुँचाना होता है। ऐसे में एंकर को बहुत ही ठंडे दिमाग़ से काम लेना चाहिए, मगर इसका मतलब यह नहीं है कि वह ठंडा ही पड़ जाए।

7. पीसीआर में बैठे लोग कई बार पर्याप्त अनुभवी नहीं भी हो सकते हैं, ऐसी सूरत में एंकर को अपने विवेक के अनुसार परिस्थितियों को सँभालना पड़ता है।

लाइव की स्थिति में चैनलों के एंकर को टेली-प्राम्पटर के ज़रिए ख़बरें पढ़ने के अलावा कई और काम भी करने पड़ते हैं। इनमें फ़ोन या रूबरू होकर अपने संवाददाता अथवा किसी मेहमान से बातचीत करनी पड़ती है। कई बार प्रत्यक्षदर्शियों

और आम दर्शकों से भी चर्चा (चैट) करनी होती है। इन तमाम क़िस्म की बातचीत में एंकर को अलग-अलग ढंग अपनाना होता है। मसलन, चैनल के रिपोर्टर से पूछताछ अलग तरह की होगी और जब वह किसी विशेषज्ञ से मुख़ातिब होगा तो उसके सवाल और सवाल पूछने का अन्दाज़ भी बदल जाएगा। आइए, अब विभिन्न तरह की बातचीत को ज़रा विस्तार से देखा जाए!

1. फ़ोनो या फ़ोन-इन (फ़ोन पर बातचीत)

न्यूज़ चैनलों में आम तौर पर फ़ोन पर बातचीत तभी होती है जबकि घटनास्थल पर उसकी ओबी या डीएसएनजी वैन नहीं होती या लाइव वीडियो भेजने का कोई दूसरा ज़रिया **वी सैट** या **लीज़ लाइन** वग़ैरह नहीं होता। ऐसा कम वक़्त होने पर भी होता है; या फिर कम महत्त्व की बातचीत को भी फ़ोन पर बात करके निपटा दिया जाता है।

फ़ोनो करने के कुछ नियम होते हैं, जो कि इस प्रकार हैं—

शुरुआत में एंकर दर्शकों को बताता है कि वह अब किससे और क्यों बात करने जा रहा है। मसलन—

एंकर : और अब हमारे साथ हैं लखनऊ से हमारे संवाददाता...तो आइए, उनसे पूछते हैं कि बहुजन समाज पार्टी की रैली कैसी रही, उसमें क्या-क्या हुआ।

इसके बाद एंकर सवाल-जवाब का सिलसिला शुरू कर देता है। एंकर को ध्यान रखना होता है कि रिपोर्टर जवाबों को लम्बा न खींचे या खींच रहा हो तो उसे तुरन्त रोके और अगले सवाल पर आ जाए।

यहाँ यह बहुत ज़रूरी होता है कि एंकर को पता हो कि उसे किन प्रश्नों के उत्तर चाहिए या दर्शकों को अभी कौन–सी जानकारियों में दिलचस्पी हो सकती है।

हालाँकि चैनलों में टेली–प्राम्पटर पर ही एंकर के लिए प्रश्न भी दिये जाते हैं। मगर जो एंकर उन्हीं पर निर्भर रहता है, वह लकीर के फ़कीर होकर रह जाता है, कुछ नया निकाल नहीं पाता। इसके अलावा कई बार तो हास्यास्पद ग़लती भी कर बैठता है, जैसे—उत्तर देने वाला पहले प्रश्न के जवाब में दूसरे का उत्तर भी दे देता है, मगर एंकर उस सवाल को दोबारा पूछने की भूल कर बैठता है। इसलिए एंकर को प्रश्न गढ़ने की अपनी क्षमता का विकास करना चाहिए।

आम तौर पर फ़ोनो का अंत इस वाक्य से किया जाता है—धन्यवाद रोहित, इस जानकारी के लिए...ये थे लखनऊ से हमारे संवाददाता...जो बता रहे थे कि बहुजन समाज पार्टी की रैली में राज्य ही नहीं, राज्य के बाहर से भी बड़ी तादाद में लोग आए हुए हैं। और अब वक़्त है एक ब्रेक का या अब चलते हैं अगली ख़बर की ओर...।

फ़ोनो में कई बार ऐसी स्थितियाँ भी निर्मित होती हैं जब रिपोर्टर आपकी आवाज़ या आप उसकी आवाज़ ठीक ढंग से नहीं सुन पा रहे होते हैं, लेकिन फिर भी बातचीत ज़रूरी होती है, इसलिए आपको उसे अंजाम तक पहुँचाना होता है। ऐसे में कोशिश करके उसे बेहतर ढंग से संचालित करना होता है और फिर उसका निचोड़ दर्शकों को बताना होता है।

2. सिमसैट–चैट

फ़ोनो और **सिमसैट** या **चैट** में मुख्य फ़र्क़ यही होता है कि फ़ोन पर जिससे बात की जा रही है, वह नज़र नहीं आता और इसमें नज़र आता है। ज़ाहिर है कि दृश्य के शामिल होने से चीज़ें भी काफ़ी बदल जाती हैं। संवाददाता या मेहमान का अपना व्यक्तित्व और जानकारी या जवाब देने का ढंग बातचीत को नीरस या रोचक बनाने में योगदान देता है। इसलिए एंकर पर यह अतिरिक्त ज़िम्मेदारी आ जाती है कि वह अखरने वाली चीज़ों को दर्शकों के ध्यान से बाहर ले जाए, साथ ही वार्तालाप करने वाले को भी नियंत्रित करे या उसका मार्गदर्शन करे।

इस तरह की बातचीत में अक्सर घटनास्थल के दृश्य भी नज़र आते हैं। कभी–कभी रिपोर्टर ख़ुद कैमरामैन की मदद से उन्हें दिखाता है और कभी एंकर को आग्रह करना पड़ता है कि वह ऐसा करे। कहने का मतलब यह है कि एंकर की नज़र दृश्यों पर भी होती है और वह ख़ुद भी कोशिश करता है कि परोक्ष रूप से दर्शकों में शामिल होकर दर्शकों को बताता जाए। इससे बातचीत ज़्यादा जीवंत बन जाती है।

फ़ोनो की तुलना में **चैट** और भी कई मामलों में भिन्न होती है। एक तो कोई ज़रूरी नहीं है कि चैट में हमेशा एक ही मेहमान या वार्ताकार हो। चैट में घटनास्थल पर या दूसरे शहरों के स्टूडियो में एक से अधिक मेहमान हो सकते हैं। ऐसे में एंकर

को बहुत ही समझदारी के साथ बातचीत का संचालन करना होता है। यह ध्यान रखना होता है कि सभी मेहमानों से कम-से-कम समय में अधिकतम जानकारी निकलवा ली जाए।

3. लाइव कमेंट्री

कई मर्तबा ऐसा भी होता है कि एंकर घटनास्थल पर न होते हुए भी रिपोर्टर की भूमिका में आ जाता है। कैमरों के ज़रिए लाइव दृश्य स्क्रीन पर दिखाए जाते हैं और एंकर को केवल घटना और दृश्यों के बारे में जानकारी देनी होती है। किसी समारोह या उत्सव आदि के प्रसारण में तो यह अक्सर ही किया जाता है। ऐसे मौक़ों पर सारा दारोमदार एंकर के कंधों पर होता है। उसे ही बार-बार दर्शकों को बताना पड़ता है कि क्या हो रहा है या जो दिखाया जा रहा है, उसके विवरण क्या हैं। यही नहीं, कई दृश्य तो लम्बे, उबाऊ होते हैं और बार-बार दोहराए जाते हैं। ऐसी स्थिति में एंकर का दायित्व हो जाता है कि वह अपने ज्ञान और भाषा से रंग भरकर रोचकता बढ़ाए।

तेज़, तेज़, और तेज़

न्यूज़ चैनलों की दूसरी बड़ी ख़ास बात होती है उनकी **गति**। वे तेज़ रफ़्तार में भरोसा करते हैं और ऐसा करना स्वाभाविक है, क्योंकि जब ढेर सारे चैनल हों और उनके बीच पहले ख़बर दिखाने की होड़ हो तो ज़ाहिर है कि सुस्ती उनकी सबसे बड़ी दुश्मन होगी। इसीलिए चैनलों के निचले हिस्से में **ब्रेकिंग** और **न्यूज़ फ्लैश** की पट्टियाँ लगातार दौड़ती रहती हैं। इसी तरह की दौड़ न्यूज़रूम और पीसीआर में भी

मची रहती है और अंततः इसका दबाव एंकर पर भी पड़ता है। ग्राफ़िक्स के ज़रिए ख़बर को ब्रेक कर देना एक बात है, मगर एंकर के ज़रिए उस ख़बर को पुष्ट करते रहना और आगे बढ़ाना भी ज़रूरी होता है। इसलिए पीसीआर के ज़रिए एंकर के ऊपर नई ख़बरों की बारिश होती रहती है। एंकर से अपेक्षा होती है कि वह उन ख़बरों को उनकी अहमियत के आधार पर विशेष ढंग से प्रस्तुत करेगा और अपनी तरफ़ से भी उनको इस तरह से सँवारेगा कि दर्शकों को वे पसंद आएँ।

यही नहीं, एंकर ख़ुद भी ख़बरों की रफ़्तार को बढ़ाने में योगदान देता है। कई बार कोई बड़ी ख़बर नहीं होती, मगर एंकर उत्साहजनक प्रस्तुति से उन्हीं ख़बरों को महत्त्वपूर्ण बनाकर तीव्र गति से पेश करता है और इससे वही बुझी हुई बुलेटिन आकर्षक लगने लगती है, उसमें चुस्ती-फुर्ती दिखलाई पड़ने लगती है।

बार-बार, लगातार

न्यूज़ चैनलों में एक प्रवृत्ति यह भी होती है कि वह एक या कुछ ख़बरों को महत्त्वपूर्ण बनाकर बार-बार प्रस्तुत करते रहते हैं। इस पुनरावृत्ति के पीछे उनकी एक धारणा यह भी होती है कि अलग-अलग समय पर आने वाले दर्शक को अपने सबसे महत्त्वपूर्ण समाचार ज़रूर दिखाए जाएँ। लेकिन बड़ी ख़बरों के समय तो ऐसा करना ज़रूरी हो ही जाता है। फिर तो चैनलों पर घंटों वही ख़बर टँगी रहती है। लेकिन ख़बर का विषय एक ही होने के बावजूद उसमें लगातार नई जानकारी का समावेश किया जाता है।

किसी बड़ी ख़बर के आने के साथ ही एंकर का काम बढ़ जाता है। इस दौरान ख़बरें टुकड़ों में आती हैं और एंकर को उन्हें दर्शकों के समक्ष ख़ुद ही क़रीने से पेश करना होता है। चूँकि एक साथ कई जानकारियाँ आ रही होती हैं इसलिए उसे बिना उत्तेजित हुए शान्त रहकर उन्हें उनके महत्त्व के क्रम से बताते रहना चाहिए। इससे किसी तरह के भ्रम की आशंका कम हो जाती है।

उदाहरण के लिए, बम-विस्फोट की घटना को लिया जा सकता है। शुरुआत में विस्फोट की सूचनाएँ आती हैं, मगर हमेशा उनमें भ्रम की स्थिति होती है। विस्फोट कहाँ हुए हैं, कितने हुए हैं, कितने लोगों की जानें गई हैं और कितने लोग घायल हुए हैं—इन तमाम प्रश्नों के जवाब इसीलिए हर चैनल पर अलग-अलग मिलते हैं। इसीलिए अच्छे एंकर बताते चलते हैं कि अभी आधिकारिक सूत्रों से इसकी पुष्टि नहीं हुई है या अभी यक़ीन के साथ नहीं कहा जा सकता कि जान-माल की कितनी हानि हुई है।

कुछ एंकर बहुत जल्दबाज़ होते हैं और इस तरह से पेश आते हैं मानो वे सर्वज्ञ हों, उन्हें सब कुछ पता हो! ऐसे लोग अक्सर ग़लती करते हैं। तथ्यों के बारे में एंकर को हमेशा विश्वसनीयता का ख़याल रखना चाहिए, अन्यथा वह अपनी साख तो खोता ही है, चैनल से भी दर्शकों का भरोसा तोड़ देता है। एक और लापरवाही वे यह करते हैं कि तुरन्त निष्कर्ष निकालने बैठ जाते हैं। वे तय कर देते हैं कि इस घटना को फलाँ ने ही अंजाम दिया होगा। पुलिस, प्रशासन और सरकारों को कठघरे में खड़ा करने में भी वे देर नहीं लगाते। यह न तो अच्छी पत्रकारिता है और न ही अच्छी एंकरिंग।

ऐसे मौक़ों पर एंकर की ज़िम्मेदारी इस लिहाज़ से भी बढ़ जाती है कि उसकी ज़ुबान से कुछ ऐसा न निकले जिससे दो समुदायों के बीच वैमनस्य की आग भड़के या सांप्रदायिकता को हवा मिले। उसे बहुत ही अकलमंदी के साथ जानकारियों को प्रस्तुत करना आना चाहिए।

विविधता

न्यूज़ चैनलों में हालाँकि ख़बरों को प्रमुखता दी जाती है, मगर उनमें तरह-तरह के कार्यक्रम भी प्रस्तुत किए जाते हैं। ख़बरें भी अलग-अलग समय पर अलग ढंग से पेश की जाती हैं। सुबह के वक़्त ख़बरों का मिज़ाज दूसरा होता है और शाम के वक़्त दूसरा। सुबह ख़बरें हल्की-फुल्की, नरम और मनोरंजक रखी जाती हैं, जबकि शाम को वे सुलगी हुई होती हैं, आग बरसाने लगती हैं। एकरसता तोड़ने के लिए भी उनको विभिन्न फ़ार्मेट में पेश करना होता है।

ज़ाहिर है कि अच्छे एंकर को भिन्न अन्दाज़ में ख़बरें पेश करना आना चाहिए। वह समय और ज़रूरत के हिसाब से अपनी एंकरिंग को ढाल सके, यह गुर उसके

पास होना चाहिए। वैसे यह भी सच्चाई है कि भारतीय न्यूज़ चैनल कहने को तो न्यूज़ चैनल हैं वर्ना उनकी सामग्री मनोरंजन से भरपूर होती है। ख़बरों को मनोरंजक बनाने या मनोरंजन को ख़बरों की तरह प्रस्तुत करने में उन्होंने महारत हासिल कर रखी है। इसीलिए चैनलों में एंकरिंग को भी विविधता की इस चुनौती से निपटना होता है।

किसी एक क्षेत्र में विशेषज्ञता हासिल करना अच्छी बात है। अगर कोई शुरू से तय करके चलता है कि उसे बिज़नेस, खेल या अपराध आदि के कार्यक्रम की एंकरिंग ही करनी है और वह उसी के लिए तैयारी करता है, तो यह उसकी पसंद से जुड़ा मामला बन जाता है, मगर यह ध्यान रहे कि इसमें अवसर सीमित हो जाते हैं। करियर की शुरुआत में एंकरिंग के मामले को खुला रखना ठीक होता है। हाँ, धीरे-धीरे किसी एक विशेषज्ञता की ओर बढ़ना और उचित अवसर मिलने पर उसे पूरी तरह से अपना लेना ठीक है।

संकट और समाधान

न्यूज़ चैनलों में आए-दिन तरह-तरह की दिक़्क़तें खड़ी होती रहती हैं। कभी तकनीकी ख़राबी की वजह से तो कभी किसी और वजह से। मगर दर्शकों को इसका पता ही नहीं चल पाता या बहुत कम दर्शक ही समझ पाते हैं कि कोई गड़बड़ है। स्क्रीन पर इन गड़बड़ियों को सँभालने का काफ़ी कुछ दायित्व एंकर का ही होता है। यह उसके ज़िम्मे होता है कि घर की बात बाहरवालों को पता न चले। आइए, देखें कि ये दिक़्क़तें किस तरह की हो सकती हैं!

- तकनीकी ख़राबी की वजह से फ़ोन या लाइव सम्पर्क टूट जाना एक आम बात है। अक्सर होता है कि एंकर घोषणा कर देता है कि अब हमारे साथ फलाँ हैं और आइए, उनसे बात करते हैं, मगर सम्पर्क ही नहीं हो पाता या फिर बात पूरी होने के पहले ही टूट जाता है। ऐसे में एंकर को स्थिति इस तरह से सँभालनी पड़ती है कि दर्शकों को खटके न। वह कहता है कि माफ़ कीजिएगा, तकनीकी ख़राबी की वजह से बात पूरी नहीं हो सकी, मगर जैसे ही सम्पर्क दोबारा स्थापित होगा, हम उनसे बात करके पूरी जानकारी आपको देंगे।
- कई बार टेली-प्राम्पटर ठीक ढंग से काम नहीं करता या काम करना ही बंद कर देता है। यह एक ऐसी स्थिति होती है जब अच्छों-अच्छों के हाथ-पाँव फूल जाते हैं। इस स्थिति में एंकर से अपेक्षा की जाती है कि वह अपनी ओर से कुछ बोले। एंकर को उस वक़्त बातें बनानी पड़ती हैं, मसलन, वह यह कहना शुरू कर सकता है कि आगे बढ़ने से पहले मैं आपको आज की सबसे बड़ी ख़बर के बारे में बता दूँ... । इस तरह वह कुछ समय लेता है और तब तक टेली-प्राम्पटर पर सही लाइनें मिल जाती हैं। अगर ऐसा फिर भी नहीं हो पाता तो वह ब्रेक की घोषणा कर सकता है।
- कई बार एंकर ग़लत जानकारी दे देता है या ख़बर पढ़ने में कोई चूक कर बैठता है। ऐसे में अपनी ग़लती को छिपाने की बजाय उसे स्वीकार कर लेना और माफ़ी माँग लेना ही ठीक होता है।
- बुलेटिन में सब चीज़ों के लिए समय तय होता है। लेकिन किसी वजह से कोई ख़बर चल नहीं पाती और बुलेटिन छोटा पड़ने लगता है, तब एंकर

से कहा जाता है कि वह फ़ोनो या सिमसेट को लम्बा खींचे। ऐसी सूरत में एंकर को अपनी ओर से नए प्रश्न गढ़ने और बातचीत को विस्तार देने के लिए तैयार रहना चाहिए।

- कई बार ऐसा भी होता है कि बातचीत का शो होता है और जिन मेहमानों को आना होता है, उनमें से एक या दो नहीं आ पाते। ऐसे में एंकर के सामने चुनौती होती है कि वह किस तरह बातचीत को निर्धारित समय तक खींचे और उसे दिलचस्प भी बनाकर रखे। उसे कई बार उन अनुपस्थित मेहमानों की ओर से सवाल पूछने होते हैं या फिर जवाब देने पड़ते हैं।
- कई बार कई मेहमान उलटकर ऐसे सवाल दाग देते हैं या फिर एंकर द्वारा दी गई जानकारी को ही ग़लत बताने लगते हैं। इससे एंकर और चैनल की साख पर ही सवाल पैदा होने लगते हैं। ज़ाहिर है कि इन चुनौतीपूर्ण स्थितियों से निकलने के गुर एंकर को पता होने चाहिए। ध्यान रहे कि उसे मेहमान का अनादर नहीं करना है और अगर उसकी बात सही है तो उसे आप ख़ारिज भी नहीं कर सकते। इसलिए बहुत ही समझदारी से इस संकट का सामना करना चाहिए।

13

ऑउटडोर एंकरिंग

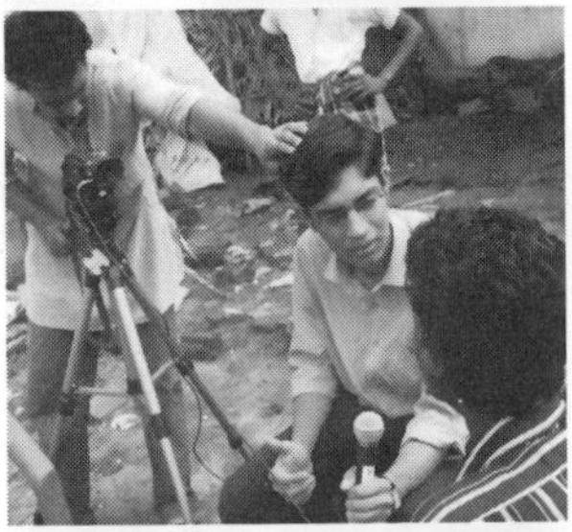

ऑउटडोर एंकरिंग का मतलब है—स्टूडियो से बाहर जाकर एंकरिंग करना। सामान्यतः किसी भी न्यूज़ चैनल में एंकरिंग अपने-आप में बड़ा चुनौतीपूर्ण काम है, लेकिन ऑउटडोर एंकरिंग तो और भी ज़्यादा चुनौतीपूर्ण और जोख़िम भरा काम है। सबसे पहले तो इस लिहाज़ से कि ऑउटडोर एंकरिंग में ऐसी कई सहायक चीज़ें नदारद होती हैं जो आम तौर पर स्टूडियो में आपकी काफ़ी मददगार होती हैं।

सबसे पहली बात तो यह समझने की है कि ऑउटडोर एंकरिंग में स्टूडियो नहीं होता जहाँ बैठकर (या खड़े होकर) आप एंकरिंग करने के अभ्यस्त होते हैं। वहाँ आपकी सहूलियत के लिए स्टूडियो से बाहर 'स्टूडियो' बनाया भी नहीं जा सकता। इस वजह से दोनों तरह की एंकरिंग में कुछ स्वाभाविक अन्तर आ जाता है। ऑउटडोर एंकरिंग में न केवल आपकी चुनौतियाँ और जोख़िम बढ़ जाते हैं, बल्कि स्टूडियो की तुलना में मानसिक दबाव भी काफ़ी बढ़ जाता है। ऐसी स्थिति में अधिक सतर्कता और ज़्यादा चौकन्नेपन की ज़रूरत पड़ती है कि कहीं कोई चूक न हो जाए।

स्टूडियों के माहौल का अभाव

ऑउटडोर एंकरिंग के दौरान आपके पास वहाँ स्टूडियो का माहौल भी नहीं होता। आपके पीछे वहाँ न तो कोई विशाल 'क्रोमा' या स्टूडियो की

'स्क्रीन' होती है और न ही 'प्लाज़्मा' जो एंकरिंग के दौरान अक्सर मनोवैज्ञानिक रूप से आपको एक क़िस्म की राहत देते हैं। या यह भी कहा जा सकता है कि वे आपके पीछे, पृष्ठभूमि में, आपका सहारा होते हैं। एक तरह से एंकरिंग के दौरान ये आपके लिए ख़ासे मददगार साबित होते हैं।

आपने प्राय: देखा होगा कि ऑउटडोर एंकरिंग के दौरान कई बार इसीलिए न्यूज़ चैनल पीछे कोई विशाल होर्डिंग या कोई कामचलाऊ स्क्रीन आदि लगा देते हैं। यह होर्डिंग या स्क्रीन आदि अक्सर उस कार्यक्रम और उसकी विषयवस्तु से सम्बन्धित होते हैं। ऐसी स्क्रीन या होर्डिंग के आगे खड़े होकर (या कभी-कभार अपवादस्वरूप बैठकर भी) एंकर ऑउटडोर एंकरिंग करते हैं। ऐसी स्थिति में एंकर कुछ राहत महसूस करता है क्योंकि स्टूडियो न सही, स्टडियो के माहौल का कुछ तो आभास इससे पैदा हो ही जाता है। इससे बेहतर मनोवैज्ञानिक प्रभाव पड़ता है। इसीलिए अगर सुविधा हो और कार्यक्रम से मेल खाए तो पीछे कोई ऐतिहासिक, प्रतीकात्मक या अन्य कोई इमारत अथवा ठोस प्राकृतिक पृष्ठभूमि का भी ऑडटडोर एंकरिंग में सहारा लिया जाता है।

लेकिन ऐसा हमेशा नहीं होता। कई बार ऑउटडोर एंकरिंग में न तो कार्यक्रम से सम्बन्धित कोई होर्डिंग या स्क्रीन होती है और न ही आपके पीछे कोई अन्य ठोस पृष्ठभूमि। ऐसी हालत में एंकर का पिछवाड़ा बिलकुल खुला छूटा रहता है। यह एक भिन्न मनोवैज्ञानिक प्रभाव पैदा करता है। कोई भी कम अनुभवी और नौसिखिया एंकर ऐसी स्थिति में अस्वाभाविक मन:स्थिति अनुभव करके अतिरिक्त मानसिक दबाव में आ सकता है। ऐसे में उसका आत्मविश्वास भी डगमगा सकता है। फलस्वरूप इन सब बातों का उसकी एंकरिंग पर प्रतिकूल असर पड़ सकता है।

यही नहीं, अगर सतर्क न रहें और माहौल से ख़ुद को तत्काल एकाकार न कर लें तो कभी–कभी अनुभवी एंकरों से भी ऐसी स्थिति में ऑउटडोर एंकरिंग में चूक होने की सम्भावना बनी रहती है।

लाइव रिपोर्टिंग का अनुभव मददगार

यह कुछ ऐसी ही स्थिति समझिए कि लड़ाई के मैदान में सैनिक के लिए मानो उसका पिछवाड़ा खुला छूट गया हो! एंकर को ऐसी हालत में इस मनोवैज्ञानिक बाधा से ख़ुद को बड़ी सतर्कता के साथ और सायास मुक्त रखते हुए, उस पर पूरी तरह से क़ाबू पाकर, स्टूडियो की तरह ही एकदम स्वाभाविक एंकरिंग करनी पड़ती है। वह भी पूरे आत्मविश्वास और भरोसे के साथ।

अन्यथा, अगर उसका आत्मविश्वास ज़रा–सा भी डगमगाया या उसने उपर्युक्त मानसिक दबाव को ख़ुद पर हावी हो जाने दिया, तो निश्चित है कि उसकी एंकरिंग पर इसका बड़ा प्रतिकूल असर पड़ेगा। ऐसी स्थिति में वह ऑउटडोर एंकरिंग में एकदम फ़्लॉप हो जाएगा। बिना **लाइव रिपोर्टिंग** के अनुभव के, सीधे एंकर बनने वालों को ऑउटडोर एंकरिंग में ऐसे हालात में ज़्यादा दिक़्क़त पेश आती है।

सामान्यत: लम्बे समय तक लाइव रिपोर्टिंग करते रहने वाले वरिष्ठ रिपोर्टरों का अनुभव इस स्थिति में उनके बहुत काम आता है। एनडीटीवी–इंडिया के एंकर रवीश कुमार के उदाहरण से इसे अच्छी तरह समझा जा सकता है, जिनके पीछे लाइव रिपोर्टिंग का अच्छा–ख़ासा अनुभव रहा है। ऐसे अनुभवी और कुशल रिपोर्टर

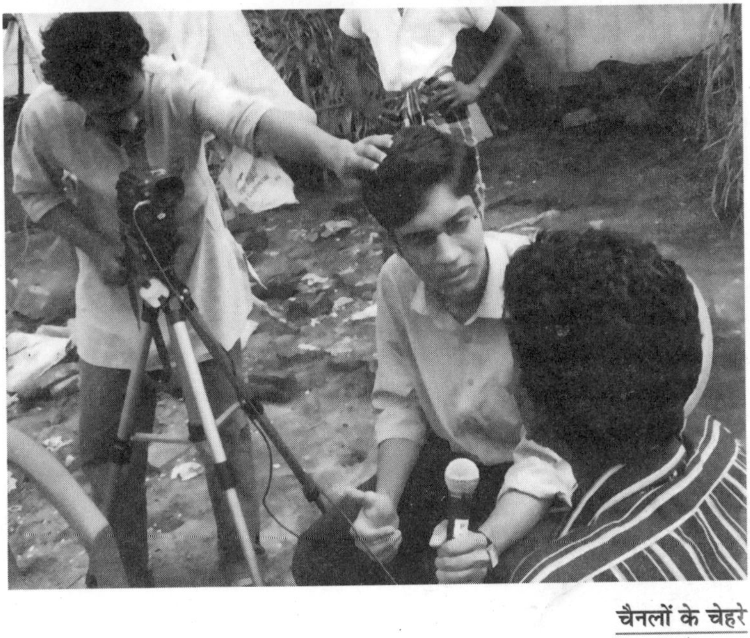

जब एंकर बनते हैं तो लाइव रिपोर्टिंग के अनुभव से शून्य एंकरों की तुलना में इस तरह की मनोवैज्ञानिक बाधा के शिकार नहीं हो पाते और ऑउटडोर एंकरिंग के दौरान पूर्णतः सहज एवं स्वाभाविक बने रहते हैं।

न्यूज़ चैनलों में आजकल इसीलिए **एंकर-रिपोर्टर** की अवधारणा अधिक प्रचलित और सफल हो रही है। अच्छे और अनुभवी रिपोर्टरों को एंकरिंग के मौक़े दिये जाते हैं। इसी तरह एंकरों को समय-समय पर रिपोर्टिंग के 'असाइनमेंट्स' पर भी भेजा जाता है। बहुत महत्त्वपूर्ण और विशिष्ट अवसरों की लाइव रिपोर्टिंग करने तो वरिष्ठ एंकर पहले भी जाते ही रहे हैं। अब भी जाते हैं।

ऑउटडोर एंकरिंग के दौरान एंकरों के आगे एक दिक़्क़त और आती है। यहाँ स्टूडियो की तरह उनके सामने प्लाज़्मा या मॉनिटर न रहने से एंकर एक तरह से उस 'दर्पण' से वंचित हो जाता है जिसमें देखकर वह लगातार अपनी 'बॉडी लैंग्वेज़' सही रखते हुए ग़लतियों को प्रायः सुधारता रहता है। इस तरह, मॉनिटर या सामने प्लाज़्मा रहने से वह उसकी मदद से कैमरे के फ्रे़म में सही जगह और स्वाभाविक स्थिति में बना रहता है। वैसे तो यह देखना कि सही फ्रेम बने और एंकर की 'पोज़ीशन' एंव 'पोश्चर' बराबर दुरुस्त रहते आएँ, इस पर लगातार नज़र रखना कैमरापर्सन की ज़िम्मेदारी होती है।

लेकिन यह ज़रूरी नहीं है कि उसका कैमरापर्सन इतना चतुर हो कि इस तरफ़ ध्यान देकर, ज़रूरत के मुताबिक सुधार के लिए उसे इशारा करे। इसलिए, इस बात की तरफ़ एंकर को ख़ुद भी ध्यान देना होता है कि प्लाज़्मा या मॉनिटर के अभाव में वह अतिरिक्त रूप से सतर्क रहे।

ऐसी स्थिति में अपनी ओर से कैमरापर्सन को इस दिशा में बराबर सतर्क रहने और कोई गड़बड़ी या अस्वाभाविक बात पकड़ में आते ही फ़ौरन उचित इशारा देकर सुधार करवा लेने की सलाह भी दे देनी चाहिए। वह भी इस लहज़े और ऐसे दोस्ताना अनुरोध के रूप में कि उसे बुरा न लगे। ख़ास तौर पर बहुत अनुभवी और वरिष्ठ कैमरापर्सन के साथ दोस्ताना और सम्मानजनक सलूक ही करना चाहिए, क्योंकि नये-नये एंकर उनसे बहुत कुछ सीख सकते हैं। उन्हें सीखने का प्रयास करना भी चाहिए।

बिना टीपी के एंकरिंग

ऑउटडोर एंकरिंग में एंकर जिस तीसरी अत्यन्त महत्त्वपूर्ण और मददगार सुविधा से प्रायः वंचित रह जाता है, वह है 'टेली-प्राम्पटर' या टीपी की सुविधा। टीपी टेलीविज़न सैट जैसा वह उपकरण है जो स्टूडियो में एंकर के सामने लगा रहता है। उसे (एंकर को) कुछ भी एंकरिंग के दौरान बोलना होता है, तो वह टीपी की स्क्रीन पर क्रमशः आता-जाता रहता है।

एंकर उसे पढ़कर बोलते रहते हैं, फिर चाहे वे प्रमुख समाचारों के शीर्षक (हैडलाइंस) हों या फिर उन समाचारों का (प्रायः वीडियो फुटेज़ के साथ या कभी

फुटेज़ के बिना भी) विस्तृत ब्यौरा; अथवा कोई अन्य ज़रूरी बातें या ब्यौरे जिन्हें 'डेस्क' के उसके पत्रकार सहकर्मियों ने उस कार्यक्रम की रूपरेखा और योजना के अनुसार पहले से तैयार किया हुआ होता है।

दरअसल, यह स्टूडियो में एंकरिंग के दौरान नियमित रूप से चलती रहने वाली एक स्वाभाविक और सहायक प्रक्रिया होती है। ऑउटडोर एंकरिंग में एंकर इस स्वाभाविक सहायक प्रक्रिया से महरूम रह जाता है। यहाँ उसके पास टीपी पर क्रमशः उभरती जाने वाली पहले से तैयार कोई 'स्क्रिप्ट' नहीं होती।

जिस एंकर में अपनी समझ से ख़ुद बोलने की क्षमता और आत्मविश्वास नहीं होता और वह दूसरों के तैयार किए हुए 'टेक्स्ट' को पढ़ते रहने वाले मात्र समाचार-वाचकों के स्तर का ही होता है (जिनकी चैनलों में आज भी कमी नहीं!), वह ऑउटडोर एंकरिंग नहीं कर सकता। अगर कभी ऐसा एंकर इसमें फँस गया तो निश्चित है कि उसकी एंकरिंग 'फ़्लॉप शो' में बदल जाएगी और वह अपने चैनल का नाम डुबो देगा!

स्क्रिप्ट-लेखन में महारत

इसी क्रम में चौथी महत्त्वपूर्ण बात है स्क्रिप्ट-लेखन की क्षमता। आम तौर से यह काम 'डेस्क' के आपके सहयोगी पत्रकार ही करते हैं। लेकिन यदि आपमें स्क्रिप्ट-लेखन की अतिरिक्त क्षमता भी होगी तो आप और बेहतर एंकर बन सकते हैं। यह अतिरिक्त क्षमता आपके लिए ऑउटडोर एंकरिंग में तो और भी अधिक मददगार साबित होगी, क्योंकि वहाँ आपके पास अक्सर पहले से तैयार कोई स्क्रिप्ट नहीं होती।

यहाँ एक बात और समझने की ज़रूरत है और वह यह कि ज़्यादातर न्यूज़ चैनलों में अभी भी यह स्थिति है कि डेस्क के अधिकांश पत्रकारों में प्रायः प्रिंट माध्यम से आए हुए पत्रकार ही हैं। इनमें से ज़्यादातर अभी तक ख़ुद को दृश्य-श्रव्य माध्यम के अनुरूप, टेलीविज़न की ख़ास ज़रूरतों के मुताबिक ढाल नहीं पाए हैं। वे अभी भी प्रिंट की भाषा में सोचते और लिखते हैं। टेलीविज़न की दृश्यात्मक भाषा में नहीं।

इसमें कोई शक नहीं कि प्रिंट माध्यम में रिपोर्टिंग, सबिंग और लेखन या सम्पादन के काम-काज का पाँच-सात साल का अनुभव टीवी पत्रकारिता के लिए बहुत मददगार साबित होता है। वह इस रूप में कि न्यूज़ चैनलों में काम के दौरान या उससे पहले उनके टीवी पत्रकारिता के मौजूदा पाठ्यक्रमों और प्रचलित प्रशिक्षण कार्यक्रमों में इसकी कोई गुंजाइश नहीं होती।

इसलिए इस तरह के प्रशिक्षण और अनुभव से शून्य एंकर भाषा, विशेष रूप से उसके सही, शुद्ध और अवसरानुकूल उपयुक्त रूप के चुनाव में अक्सर कच्चे रह जाते हैं। उनका शब्द-भंडार भी प्रायः बहुत सीमित और दरिद्र होता है। ऐसी हालत में बिना तैयार स्क्रिप्ट के एंकरिंग में, विशेष रूप से ऑउटडोर एंकरिंग में, जहाँ सामने कोई स्क्रिप्ट नहीं होती, ये कच्चे एंकर गच्चा खा जाते हैं।

प्रिंट माध्यम का अनुभव

दरअसल, दैनिक अख़बारों के सम्पादकीय विभाग में काम करने के लम्बे अनुभव या पत्र-पत्रिकाओं में नियमित रूप से 'कॉलम' या समसामयिक घटना-क्रम पर लेख अथवा टिप्पणियाँ आदि लिखते रहते से न्यूज़-सेंस और न्यूज़ ऐंगल के साथ ही भाषा और उसके उचित प्रयोग की समझदारी भी बढ़ती है।

साथ ही इससे शब्द-भंडार भी उत्तरोत्तर समृद्ध होता जाता है। ऐसी स्थिति में सही शब्दों के चुनाव, शुद्ध वाक्य-विन्यास के गठन और अनेक पर्यायवाची शब्दों में से एकदम उपयुक्त और सटीक शब्द चुनकर, उसके कारगर इस्तेमाल की क्षमताओं का विकास होता है। इसीलिए ज़्यादातर न्यूज़ चैनलों में ऐसे प्रिंट माध्यम के अनुभवी पत्रकार ही प्रायः स्क्रिप्ट-लेखन का काम करते हैं। इसमें कोई सन्देह नहीं कि ऐसा अनुभव ऑउटडोर एंकरिंग के सन्दर्भ में भी बहुत कारगर साबित होता है।

लेकिन यहाँ एक अन्य समस्या के सन्दर्भ में भी ख़ास ध्यान देना होगा, जिसकी ओर पहले भी ऊपर कुछ संकेत किया जा चुका है। दरअसल, जैसा कि बार-बार ध्यान दिलाया गया है कि प्रिंट माध्यम की भाषा और टेलीविज़न की भाषा में बुनियादी अन्तर होता है। प्रिंट की भाषा मूलतः विवेचनात्मक होती है और उसका रूप भी मुख्यतः लिखित भाषा का ही होता है।

इसके विपरीत टेलीविज़न की भाषा मूलत: बोलचाल की भाषा होती है। उसका रूप भी दृश्यात्मक होता है। वह दृश्यों की भाषा (Visual Language) होती है। यही कारण है कि प्रिंट माध्यम से टीवी न्यूज़ चैनलों के डेस्क पर आए हुए अनुभवी पत्रकारों में भाषा और विषय विश्लेषण की तो बेहतर तमीज़ होती है, लेकिन यही अक्सर उनकी भाषा की सीमा भी बन जाती है।

इस भाषा की सीमा यह होती है कि वह प्राय: वैसी दृश्यात्मक और बोलचाल की भाषा नहीं होती, जैसी कि टेलीविज़न के लिए स्क्रिप्ट-लेखन में चाहिए।

दृश्यों और बिम्बों की भाषा

ऐसे कई अनुभवी और प्रतिभाशाली पत्रकार इस बुनियादी अन्तर को बड़ी जल्दी समझकर अपने स्क्रिप्ट-लेखन में दृश्यात्मक और बोलचाल की भाषा की उपयुक्त क्षमता भी अर्जित कर लेते हैं। लेकिन अनेक अनुभवी पत्रकारों की भाषा शुद्ध, सम्पन्न, भरी-पूरी और विवेचनात्मक होने के बावजूद ऐसी दृश्यात्मक क्षमता अर्जित नहीं कर पाती। वे कोशिशें कर-करके भी दृश्यों में सोचने और दृश्यों की भाषा में लिखने की कला नहीं समझ पाते।

इसी तरह बोलचाल की भाषा के निकटतम रूपों तक पहुँचकर भी वह प्राय: उसका लिखित स्वरूप ही रह जाती है। उसमें वह सहज और स्वाभाविक क्षिप्र-प्रवाह नहीं आ पाता जो टेलीविज़न के लिए ज़रूरी सामान्य बोलचाल की सरल भाषा के लिए आवश्यक होता है। उनकी भाषा में न तो वांछित रवानगी होती है और न ही **वर्णनात्मकता** और **प्रत्यक्षीकरण** का वह दुर्लभ गुण जो टेलीविज़न की भाषा का सबसे प्रमुख, विशिष्ट और एक तरह से अनिवार्य लक्षण और गुण होता है। यह **दृश्यात्मकता** और **बिम्बात्मकता** ही टेलीविज़न की भाषा का ठोस आधार है, जो दृश्यों और बिम्बों में नहीं सोच और लिख या बोल सकता, वह इस माध्यम में नहीं खप सकता।

ऐसी स्थिति में एक कुशल एंकर को 'डेस्क' द्वारा तैयार की गई 'कॉपी' को भी कई बार अपने ढंग से दृश्यात्मक और पूर्णत: बोलचाल की भाषा में रूपांतरित करके प्रस्तुत करना पड़ता है। ऑउटडोर एंकरिंग में तो जहाँ ऐसी तैयार 'कॉपी' की सुविधा भी नहीं होती, एंकर को ख़ुद ही यह भूमिका भी निभानी पड़ती है। कहना न होगा कि इन हालात के मद्‌देनज़र एंकर के लिए स्क्रिप्ट-लेखन में महारत हासिल कर लेना भी बड़ा मददगार साबित होता है।

यह गुण उस एंकर की ऑउटडोर एंकरिंग में निखार लाकर उसे और भी बेहतर और आकर्षक बना देता है। यही नहीं, ऐसा कुशल एंकर ऑउटडोर एंकरिंग के दौरान किसी भी विषम से विषम परिस्थिति में भी असफल या पस्त नहीं होता।

हाज़िर-जवाब और भरोसेमंद एंकर

ऑउटडोर एंकरिंग के लिए ध्यान देने की पाँचवीं बात यह होती है कि इस ज़िम्मेदारी को निभाने वाले एंकर का प्रत्युत्पन्नमति होना बेहद ज़रूरी होता है यानी आपमें यह क्षमता होनी चाहिए कि कैमरे की स्क्रीन पर सामने प्रकट होने वाले किसी भी दृश्य, किसी भी अप्रत्याशित घटनाक्रम अथवा विशेषज्ञ, मेहमान या जनसाधारण में से किसी भी व्यक्ति से की जा रही लाइव बातचीत में आने वाले किसी भी अनोखे मोड़ को तत्काल समझकर, एंकर के बतौर आप उस पर फ़ौरन अपनी प्रतिक्रिया दे सकें और उपयुक्त टिप्पणी कर सकें—वह भी अपने कार्यक्रम की निर्धारित रूपरेखा और निश्चित उद्देश्यों के अनुरूप।

विशेष बात यह है कि आपकी प्रतिक्रिया या टिप्पणी एकदम सटीक हो और साथ ही असरदार भी, जो दर्शकों को अपने साथ सहमत कर सके और आपके कथन में भरोसा दिला सके। एक वाक्य में कहें तो आपकी समझ और विश्वसनीयता में दर्शकों का भरोसा क़ायम रहे।

कहना न होगा कि यहाँ ज़रा-सी भी हिचकिचाहट या क्षण-मात्र का अटकाव आपकी एंकरिंग को क्षतिग्रस्त करके एकदम बेअसर कर देगा और आपमें दर्शकों का भरोसा पूरी तरह समाप्त कर डालेगा। एक क्षण की चूक अब तक अर्जित सभी उपलब्धियों को एकदम मटियामेट कर डालती है।

स्पॉन्टेनिटी और प्रभावोत्पादकता

इसलिए, यह अच्छी तरह से समझ लीजिए कि ऑउटडोर एंकरिंग के लिए आपमें निरन्तर बोलते रहने की भरपूर क्षमता होनी चाहिए। वह भी टालू या अनाप-शनाप बकवास नहीं, बल्कि किसी भी अप्रत्याशित स्थिति पर तत्काल और असरदार

सटीक टिप्पणी करने की ऐसी क्षमता जिसे हम अक्सर 'स्पॉन्टेनिटी' कहते हैं। यही प्रत्युत्पन्नमति है।

वैसे तो 'स्पॉन्टेनिटी' का यह गुण एक तरह से एंकरिंग मात्र का एक आवश्यक गुण माना जाता है, लेकिन ऑउटडोर एंकरिंग के लिए तो यह लगभग एक अनिवार्य गुण ही है।

स्टूडियो में तो आपके अप्रत्याशित अटकाव अथवा क्षण–मात्र की हिचकिचाहट आदि की चूक को जैसे–तैसे लीपापोती करके या समय से पहले कमर्शियल्स लाकर, किसी भी वैकल्पिक उपाय द्वारा छिपाया, सुधारा या बचाया जा सकता है। लेकिन स्टूडियो से बाहर आउडटडोर एंकरिंग के दौरान इस बचाव की दूर–दूर तक कोई सम्भावना नहीं होती।

यहाँ आप नितान्त निहत्थे होते हैं और मात्र अपनी 'स्पॉन्टेनिटी' और प्रत्युत्पन्नमति से ही बेड़ा पार लगा सकते हैं। आडॅटडोर एंकरिंग एक तरह से आपकी प्रतिभा, योग्यता और अनुभव का 'लिटमस टेस्ट' है।

ताज़ा जानकारी और ज्ञान की विविधता

लेकिन यह बोलने और सटीक टिप्पणी करने की 'स्पॉन्टेनिटी' और प्रत्युत्पन्नमति बनने का कौशल भी कोई हवा में पैदा नहीं होता। यह ठीक है कि इस कौशल के पीछे किसी के हाज़िर–जवाब होने का स्वाभाविक गुण भी बड़ी भूमिका निभाता है, लेकिन इसका मुख्य आधार आपके ज्ञान और अनुभव की गहराई और विविधता ही होता है। साथ ही ख़ुद को निरन्तर 'अप–डेट' या अद्यतन बनाए रखने की सहज और स्वाभाविक प्रक्रिया, जो एक तरह से आपकी आदत बन चुकी हो। यह निरन्तर प्रक्रिया आपके काम का हिस्सा और जीवन का अंग बन चुकी हो।

यह समझ लीजिए कि ज्ञान और परिश्रम की इस प्रक्रिया के अभाव में केवल हाज़िर–जवाबी के बल पर ज़्यादा दूर तक नहीं चला जा सकता। ऐसा न होने पर कई बार ऐसा भी होता है कि कुछ तो विभिन्न सम्पादकीय और तकनीकी सहयोगियों के अच्छे टीमवर्क की बदौलत और कुछ अपनी मेहनत और चतुराई के बल पर कई 'अच्छे एंकर' स्टूडियो में एंकरिंग के दौरान तो 'अच्छे एंकर' की अपनी छवि लगातार बरकरार रखे रहते हैं, पर जैसे ही वे इन तमाम सुविधाओं, सहयोगियों और सहायकों से वंचित होकर ऑउटडोर एंकरिंग में एकदम निहत्थे खड़े होते हैं तो उनकी सारी 'काबलियत' की कलई खुल जाती है। ऑउटडोर एंकरिंग का यह द्वन्द्व–युद्ध आपको अकेले ही लड़ना पड़ता है। सिर्फ़ लड़ना ही नहीं, विजयी भी होना पड़ता है।

इसलिए, इस तथ्य को भली भाँति समझ लेना चाहिए कि ज्ञान और जानकारी की विविधता और गहराई का दूसरा कोई विकल्प नहीं है; और न ही इनकी कोई

सीमा ही है। अतएव, ज्ञान और सूचना के मामले में ख़ुद को निरन्तर 'अप-डेट' करके अद्यतन बनाए रखने के अलावा और कोई चारा नहीं है।

साथ ही इस ज्ञान और सूचना के तत्काल और सटीक इस्तेमाल का कलात्मक कौशल और चतुराई भी। तभी आप न केवल स्टूडियो में ही अच्छी एंकरिंग करेंगे और किसी भी अप्रत्याशित स्थिति से बख़ूबी निपट लेंगे, बल्कि 'लाइव' और ऑउटडोर एंकरिंग के दौरान भी कभी गच्चा नहीं खाएँगे।

स्थानीय परिवेश और पृष्ठभूमि

ऑउटडोर एंकरिंग में ध्यान देने की छठी महत्त्वपूर्ण बात यह होती है कि आप कार्यक्रम की एंकरिंग शुरू करने से पहले अपने परिवेश और पृष्ठभूमि से अच्छी तरह परिचित हो लें। उसकी विशेषताओं, विशिष्ट मान्यताओं, ख़ूबियों, कमियों और प्रसिद्धियों से वाक़िफ़ हो लें।

ऑउटडोर एंकरिंग शुरू करते समय उस शहर और उस इलाके के भौगोलिक परिवेश और उसकी ऐतिहासिक पृष्ठभूमि का चंद शब्दों में हल्का-सा परिचय देकर आप अपनी बात आरम्भ करें तो यह निस्सन्देह एक सपाट, शुष्क और 'स्टीरियोटाइप' शुरुआत से बहुत बेहतर और आकर्षक होगा।

इसे इस तरह से समझिए कि अगर आप दिल्ली में लाल क़िले की पृष्ठभूमि में खड़े एंकरिंग कर रहे हैं तो आप चंद वाक्यों में मुग़लों, शाहजहाँ और बहादुर शाह 'ज़फ़र' के उल्लेख तथा 1857 के प्रथम स्वंतत्रता संग्राम और आज़ाद हिन्द फ़ौज

के सेनानियों पर लाल क़िले में चलाए गए ब्रिटिश साम्राज्यवादियों के मुक़दमे और जनाक्रोश का ज़िक्र करते हुए अपनी बात शुरू कर सकते हैं।

फिर चाहे यह अवसर इंग्लैंड की रानी या ब्रिटिश प्रधानमंत्री के नागरिक अभिनन्दन की कॅवरेज़ की ऑउटडोर एंकरिंग का हो या फिर 'लाल क़िले पर लाल निशान! माँग रहा है हिन्दुस्तान!!' के गगनभेदी नारों के साथ कम्युनिस्ट पार्टी के लाखों मज़दूरों-किसानों की विराट रैली के कवरेज़ की ऑउटडोर एंकरिंग का।

ऐतिहासिक सन्दर्भ और चरित्र

इसी तरह अगर आप आगरे के क़िले और ताजमहल की पृष्ठभूमि के साथ आगरा में वाजपेयी-मुशर्रफ़ की शिखर वार्ता की ऑउटडोर एंकरिंग करने गए हैं तो भारत-पाक सम्बन्धों की संक्षिप्त व्याख्या से पहले ताजमहल और शाहजहाँ-मुमताज महल की प्रेम-कहानी का ज़िक्र भला क्योंकर छोड़ सकते है! और चाहें तो साहिर लुधियानवी की मशहूर पंक्तियों और ताजमहल तथा प्रेम के सन्दर्भ में सोवियत नेता निकिता ख्रुश्चेव की दिलचस्प टिप्पणी से अपनी इस ऑउटडोर एंकरिंग में और भी चार चाँद लगा सकते हैं।

यानी, क्या यह सम्भव है कि आप महोबा में खड़े होकर एंकरिंग करें और वहाँ के किंवदंती पुरुषों आल्हा-ऊदल का उल्लेख न करें और उन पर लिखे 'आल्हा' की अवसरोचित पंक्तियाँ न 'कोट' करें; अथवा झाँसी में हों और आपकी ऑउटडोर एंकरिंग की शुरुआत झाँसी की रानी लक्ष्मीबाई और क्रान्तिकारी चन्द्रशेखर आज़ाद और उनके साथी भगवानदास माहौर के उल्लेख के बिना हो या आप महान् ऐतिहासिक उपन्यासकार बाबू वृंदावनलाल वर्मा का ज़िक्र न करें? इसी तरह, सुभद्रा कुमारी चौहान और झाँसी की रानी पर उनकी मशहूर कविता की पंक्तियाँ क्या आपकी एंकरिंग को एकदम आकर्षक नहीं बना देंगी?

सामाजिक, आर्थिक, राजनीतिक वर्तमान भी

लेकिन ऑउटडोर एंकरिंग के इस आरम्भ के सन्दर्भ में एक और ख़ास बात भी ध्यान देने लायक़ है। वह यह कि अगर आप उस क्षेत्र की ऐतिहासिक-सांस्कृतिक पृष्ठभूमि और उसके भौगोलिक एवं प्राकृतिक परिवेश का उल्लेख करने के साथ ही उस इलाक़े के वर्तमान का भी ज़िक्र करेंगे तो आपकी एंकरिंग और भी ज़्यादा प्रभावशाली ढंग से आरम्भ होगी तथा लोगों का ध्यान बरबस खींच लेगी। उनकी दिलचस्पी और उत्सुकता बढ़ा देगी। अगर आप भौगोलिक-प्राकृतिक परिवेश और ऐतिहासिक-सांस्कृतिक परंपरा के बाद उस क्षेत्र-विशेष की समकालीन सामाजिक-आर्थिक और राजनीतिक समस्याओं का ज़िक्र भी कर देंगे और फिर इसे अपने कार्यक्रम की मुख्य 'थीम' से जोड़ते हुए अपनी बात आरम्भ करेंगे तो इसमें ज़रा भी सन्देह नहीं

कि आपकी एंकरिंग शुरू से ही दर्शकों को चुम्बक की तरह खींच कर आपके चैनल और फलस्वरूप ख़ुद आपकी 'टीआरपी' बढ़ाने वाली साबित होगी।

यानी, बात आन्ध्र प्रदेश या विदर्भ (महाराष्ट्र) और बुंदेलखंड की हो, तो अन्य तमाम ऐतिहासिक और सांस्कृतिक पृष्ठभूमि के बाद, किसानों की आत्महत्याओं का जिक्र भी आना चाहिए। यही नहीं, इन क्षेत्रों के अलग राज्यों की माँग और उनके औचित्य की बातें सब अत्यन्त संक्षेप में।

इसलिए, यह ज़रूरी होता है कि ऑउटडोर एंकरिंग के लिए आप जहाँ भी जाएँ, उस शहर या इलाक़े के बारे में और साथ ही वहाँ के निवासियों और समस्याओं के बारे में भी कुछ ज़रूरी जानकारी पहले अवश्य जुटा लें।

शहर के भौगोलिक और प्राकृतिक परिवेश के कुछ दृश्यों तथा उस शहर की ऐतिहासिक और सांस्कृतिक विरासत की प्रतीक कुछ इमारतों, व्यक्तियों (जीवित न हों तो उनके चित्र) या ऐसी ही कुछ अन्य दृश्यावलियों के भी पहले ही से चन्द 'शूट' अवश्य ले लेने चाहिए। इनका उपयुक्त अवसरों पर सटीक इस्तेमाल करके आप अपनी एंकरिंग को और भी असरदार एवं दिलचस्प बना सकते हैं।

प्रतिभा, कल्पना और कौशल की कसौटी

ऑउटडोर एंकरिंग के सन्दर्भ में सातवीं और शायद सबसे ज़्यादा महत्त्वपूर्ण बात यह कही जा सकती है कि इसमें आपके पास नये-से-नये प्रयोग करने की अनंत सम्भावनाएँ होती हैं।

ऑउटडोर एंकरिंग में जैसे किसी नाक़ाबिल और अक्षम एंकर की तमाम कमज़ोरियाँ खुलकर उजागर हो जाती हैं, ठीक उसी प्रकार एक सक्षम, क़ाबिल और कल्पनाशील एंकर की सृजनात्मकता और उसकी तमाम ख़ूबियाँ भी खुलकर पूरी तरह सामने आ जाती हैं। साथ ही उस प्रतिभाशाली एंकर को अपनी प्रतिभा और

कला–कौशल को और भी नये–से–नये तथा उच्चतर धरातलों की ओर विकसित करने का मौक़ा भी मिलता है।

ऑउटडोर एंकरिंग के दौरान एंकर को अपनी कल्पनाशील प्रयोगधार्मिता से और भी नई–से–नई ख़ूबियाँ खोजने और उन्हें विकसित करने के अपार अवसर मिलते हैं। स्टूडियो की एकरस और बँधी–बँधाई एंकरिंग से एकदम भिन्न, ऑउटडोर एंकरिंग में आपके आगे अकल्पनीय और मौलिक सम्भावनाएँ खुलती हैं।

आप ऑउटडोर एंकरिंग में अपने कथ्य को लेकर ही नहीं बल्कि कैमरे के साथ भी तरह–तरह के मज़ेदार खेल और खिलवाड़ करके, नये–से–नये प्रयोग कर सकते हैं। इस प्रकार, ऐसे प्रयोगों की सफलता से आप इस कला को नये कौशल से सम्पन्न बनाकर उसमें सकारात्मक विस्तार दे सकते हैं।

बेहतर तालमेल वाला हरफ़नमौला

लेकिन यह सब आप तभी सफलतापूर्वक कर सकते हैं जब एक एंकर–रिपोर्टर के रूप में सिर्फ़ एक अच्छे पत्रकार–भर नहीं बल्कि थोड़ा–बहुत कैमरे, लाइट और ध्वनि के प्रभावों समेत अन्य ज़रूरी तकनीकी जानकारियों से भी लैस हों।

आपको कैमरे की भाषा और उसके व्याकरण से भी परिचित होना चाहिए, ताकि आप कैमरे की सीमाओं और सम्भावनाओं को समझकर उसका सफल और सम्भावनापूर्ण प्रयोग कर सकें। अन्यथा आपको सिर्फ़ अपने कैमरापर्सन पर ही निर्भर रहना होगा। इस सन्दर्भ में आप तब अपनी ज़रूरत और सर्जनात्मक कल्पना

के अनुरूप उसका नहीं, बल्कि वही अपनी क्षमताओं और सीमाओं के अनुसार आपका मार्गदर्शन करेगा।

ठीक यही बात प्रकाश और ध्वनि के सम्बन्ध में भी कही जा सकती है। आप अगर इस तकनीकी ज्ञान से सम्पन्न होंगे तभी अपने कैमरापर्सन को सही ढंग से समझा सकेंगे कि आपको कैसे दृश्य चाहिए, आप उनका कैसा इस्तेमाल करना चाहते हैं और इसके लिए आपके कैमरापर्सन को क्या करना चाहिए।

अगर आपका कैमरापर्सन भी आपकी तरह प्रयोगधर्मी, कल्पनाशील और तकनीकी ज्ञान से सम्पन्न है और आपके साथ उसका बेहतरीन तालमेल है, तो न केवल वह आपकी बात भली भाँति समझ सकेगा, आपकी ज़रूरतों के अनुरूप परिणाम ला सकेगा बल्कि अपने सुझावों से आपकी भरपूर मदद भी कर सकेगा। वह आसानी से समझ जाएगा कि आप अपनी इस ऑउटडोर एंकरिंग के दौरान कैसा और क्या प्रभाव डालना चाहते हैं।

फ़्लाप लीडर और निकम्मी टीम का फ़्लाप-शो

अगर आप ख़ुद ही इस तकनीकी ज्ञान से शून्य हैं तो इस बात का पूरा-पूरा ख़तरा है कि तकनीक आप पर हावी हो जाए और आप अपनी योजना अथवा अपनी कल्पनाशीलता के अनुरूप तकनीकी कर्मचारियों और यंत्रों के सफल इस्तेमाल की बजाय ख़ुद ही यंत्रों और उनमें माहिर तकनीकी कर्मचारियों के पिछलग्गू बनकर रह जाएँ जो कि अपनी सारी तकनीकी दक्षता और कुशलता के बावजूद, लेकिन स्वयं **पत्रकार** नहीं होते।

ख़ुदा-न-ख़ास्ता कहीं वे भी अगर आपकी तरह नौसिखिए हुए तो 'ख़ुदा मिलाई जोड़ी एक अंधा इक कोढ़ी' की तर्ज़ पर आपकी ऑउटडोर एंकरिंग को 'फ़्लाप-शो' बनाने में बराबर के सफल जोड़ीदार साबित होंगे।

इसलिए, ऑउटडोर एंकरिंग के दौरान एंकर-रिपोर्टर और कैमरापर्सन तथा अन्य सहायक तकनीकी कर्मचारियों का अपने-अपने फ़न में दक्ष और एक-दूसरे के काम और ज़रूरतों के बारे में संवेदनशील होना बहुत आवश्यक होता है।

यह संवेदनशीलता, आपसी तालमेल और एक-दूसरे के बारे में बेहतर आपसी समझदारी से ही विकसित हो पाती है। कहना न होगा कि यह सारा कार्य 'टीमवर्क' होता है और निस्सन्देह ऑउटडोर एंकरिंग की इस टीम का लीडर एंकर-रिपोर्टर ही होता है।

14

टेलीविज़न इंटरव्यू

इंटरव्यू या साक्षात्कार टेलीविज़न पत्रकारिता का महत्त्वपूर्ण हिस्सा हैं। ये विभिन्न रूपों में टेलीविज़न में अपनी उपस्थिति दर्ज़ कराते रहते हैं। कभी स्टूडियो में सामूहिक चर्चा के रूप में, तो कभी जाने-माने व्यक्तियों से ख़ास मुलाक़ात के तौर पर। स्टूडियो के बाहर भी विभिन्न तरह से इंटरव्यू लिये-दिये जाते हैं।

टीवी पत्रकारिता में इंटरव्यू का बहुत महत्त्व होता है। इसीलिए किसी भी अच्छे एंकर की परख भी उसके द्वारा लिये जाने वाले इंटरव्यू से ही होती है। इंटरव्यू में उसके ज्ञान की, विषय और व्यक्ति की समझ की, परिपक्वता की, भाषा पर पकड़ की और ज़रूरत के मुताबिक़ सच्चाई उगलवाने की कला की परीक्षा हो जाती है।

ख़बरों की दुनिया में अच्छा इंटरव्यू करनेवालों और अच्छे इंटरव्यू का बहुत बड़ा योगदान होता है। वे ख़बरों को जन्म देते हैं, उन्हें विस्तार देते हैं, उनकी तह में जाते हैं और प्रश्नों के समाधान के तौर पर भी आते हैं।

इंटरव्यू के ज़रिए बहुत सी ख़बरें निकाली जाती हैं या वे बातचीत के

दौरान निकलकर आती हैं। कई बार तो वे बेहद विस्फोटक और ज़बर्दस्त हलचल पैदा करने वाली भी होती हैं। कई इंटरव्यू लेने वाले तो इंटरव्यू देने वाले से विवादास्पद चीज़ें कहलवाने में माहिर होते हैं और उनके हर इंटरव्यू दरअसल ख़बर पैदा करते हैं।

अगर कोई ख़बर है तो फिर उसके विस्तार में इंटरव्यू तरह-तरह से मददगार साबित होते हैं। उन विषयों से जुड़े व्यक्तियों से उनकी प्रतिक्रियाएँ जानने के बहाने इंटरव्यू किए जाते हैं। उन प्रतिक्रियाओं में ढेर सारी चीज़ें होती हैं जो ख़बरों की नई-नई परतें खोलती हैं, नये-नये विवादों और प्रश्नों को जन्म देती हैं। इस तरह वे ख़बरों को आगे बढ़ाती जाती हैं।

बहुत सारे इंटरव्यू शंकाओं का समाधान करने वाले होते हैं। वे प्रश्न उठाते नहीं, बल्कि उठ रहे सवालों को शान्त करते हैं।

इंटरव्यू किसी एक विषय या क्षेत्र तक सीमित नहीं हैं। राजनीतिक, सामाजिक, आर्थिक मुद्दों से लेकर खेल, फ़िल्म और मनोरंजन तक—ये सब जगह फैले हुए हैं।

अच्छे इंटरव्यू और चर्चाएँ बहुत देखी जाती हैं। इनकी दर्शक संख्या भले ही टीआरपी के चार्ट में अव्वल नम्बरों पर न दिखे, मगर अच्छे इंटरव्यू आधारित कार्यक्रमों को काफ़ी दर्शक मिल जाते हैं। असल बात यह है कि इनके प्रतिबद्ध दर्शक होते हैं। वे इंटरव्यू के कार्यक्रमों को विभिन्न वजहों से देखते हैं। किसी को किसी एंकर की सूरत या अन्दाज़ अच्छा लगता है तो कोई उस कार्यक्रम की अंतर्वस्तु (कंटेंट) की वजह से बँध जाता है।

इंटरव्यू चैनल के व्यक्तित्व का अटूट हिस्सा होते हैं। अच्छे इंटरव्यू चैनल के स्वभाव और उसकी गहराई को प्रकट करते हैं। उसको एक धार देते हैं, तेवर से लैस करते हैं। अगर इंटरव्यू हल्क-फुल्के, जनसंपर्क बढ़ाने वाले हुए तो चैनल के बारे में भी वैसी ही धारणा बनेगी, जबकि यदि मेहमानों से कठिन सवाल पूछने और उनसे सच उगलवाने वाले इंटरव्यू हुए तो चैनल की विश्वसनीयता बढ़ती है, उसे निर्भीक माना जाता है।

यह सही है कि आज अच्छे इंटरव्यू देखने को नहीं मिलते। हिन्दी चैनलों से ऐसे इंटरव्यू लगभग नदारद हो गए हैं जिनमें गम्भीर मुद्दों पर गम्भीर ढंग से पूरी गहराई और पैनेपन के साथ सवाल-जवाब किए जाते हों। दरअसल, अब स्थिति यह बन गई है कि इंटरव्यू में अन्तर्वस्तु से ज़्यादा इंटरव्यू के लिए बुलाए गए मेहमान पर ध्यान दिया जाता है यानी इस विधा में भी सेलेब्रिटी का तत्त्व हावी हो गया है। अगर जाने-माने व्यक्ति का इंटरव्यू न किया जाए तो उसे ज़्यादा तवज्जो नहीं दी जाती। कोई फ़ैशन और फ़िल्म की शख़्सियत स्टूडियो में हाज़िर हो जाए तो उसकी चर्चा जमकर की जाती है। अगर इनसे भी खरी-खरी बात की जाए तो भी इंटरव्यू की अहमियत बनी रहती, मगर ऐसा होता नहीं। ज़ाहिर है, ऐसे में सवाल-जवाब का स्तर भी गिर जाता है।

बहरहाल, आगे बढ़ने से पहले आइए, इंटरव्यू को थोड़ा विस्तार के साथ समझा जाए!

टीवी इंटरव्यू की परिभाषा, महत्त्व एवं उद्देश्य

टेलीविज़न इंटरव्यू के इतने सारे रूप प्रचलित हैं कि उसकी कोई एक सीधी-सपाट परिभाषा देना सम्भव नहीं है। कहने को कहा जा सकता है कि जब भी किसी व्यक्ति से बातचीत की जाती है या सवाल-जवाब किए जाते हैं तो वह इंटरव्यू कहलाता है। मगर रिपोर्टर तो दिन भर लोगों से बात करते हैं तो क्या सभी को इंटरव्यू की श्रेणी में रखा जा सकता है? किसी घटना पर लोगों की प्रतिक्रिया या राय ली जाती है तो क्या उन्हें भी इंटरव्यू माना जा सकता है? किसी घटना या विवाद पर किसी नेता, अफ़सर या अन्य व्यक्ति से आते-जाते अगर दो-चार सवाल कर लिए जाते हैं तो क्या उन्हें भी इंटरव्यू की श्रेणी में रखा जा सकता है? टॉक-शो में कुछ जाने-माने चेहरे होते हैं और कुछ अनजाने लोग भी। इनमें भी लोगों से पूछताछ की जाती है तो क्या टॉक-शो भी इंटरव्यू के ही दायरे में आ जाएँगे?

ज़ाहिर है, इंटरव्यू को परिभाषित करना आसान नहीं है या यों कहें कि अगर हम उन्हें परिभाषित करना चाहते हैं तो इसके लिए हमें कोई सीमा बाँधनी होगी, अंतर्वस्तु और रूप की एक मर्यादा तय करनी होगी।

इंटरव्यू या हिन्दी में कहें तो साक्षात्कार शब्द से जो बोध होता है, वह मोटे तौर पर एक व्यक्ति का दूसरे व्यक्ति से बात करने या सवाल-जवाब करने का है।

हालाँकि साक्षात्कार का मतलब प्रत्यक्ष मुलाक़ात है, आमने-सामने की भेंट है। इसमें उस तरह से सवाल-जवाब का अर्थ नहीं निकलता। मगर शब्द से ज़्यादा हमें भाव पर जाना चाहिए और वह वही है जो हमने ऊपर बताया है।

आमने-सामने की मुलाक़ात एक से भी हो सकती है और कई लोगों से भी। इस हिसाब से देखें तो सभी तरह की बातचीत इंटरव्यू के दायरे में आ जाएगी यानी एक से सवाल किए जाएँ तो वह भी इंटरव्यू है और बहुत से किए जाएँ तो वह भी इसी श्रेणी में आ जाएगा। मगर इससे बात बनती नहीं। अगर हम अंग्रेज़ी के शब्द 'इंटरव्यू' को लें तो ज़्यादा सहूलियत होगी। 'इंटरव्यू' से ध्वनि यह निकलती है कि जिसका भी इंटरव्यू लिया जा रहा है, वह अकेला है यानी इंटरव्यू लेने वाले तो अनेक हो सकते हैं मगर इंटरव्यू एक बार में एक ही व्यक्ति देगा। नौकरी आदि के लिए होने वाले इंटरव्यू में यही होता भी है? लेकिन क्या टीवी पर भी यही बंधन लागू होता है? इसका जवाब काफ़ी हद तक 'हाँ' होगा यानी ऐसे तमाम साक्षात्कार, जिनमें एंकर एक व्यक्ति से पूछताछ करता है, वह इंटरव्यू कहलाता है। इस लिहाज़ से टॉक-शो इंटरव्यू के दायरे से बाहर हो जाते हैं।

अब सवाल उठता है कि क्या इंटरव्यू को समय-सीमा के लिहाज़ से भी बाँधा जा सकता है? संवाददाताओं द्वारा की जाने वाली कम समय की बातचीत को हालाँकि कई नाम दे दिये गए हैं मसलन, सिमसेट, चैट वग़ैरा। इसका मतलब है कि संक्षिप्त बातचीत इंटरव्यू के दायरे में नहीं आती, तो क्या यह माना जाए

कि इंटरव्यू लम्बी बातचीत को, जो कि पन्द्रह मिनट से लेकर एक घंटे तक चलें, उन्हें कहते हैं? इंटरव्यू और साक्षात्कार में थोड़ा सा इत्मीनान और लम्बी अवधि का भाव तो है। इसीलिए इंटरव्यू कहते ही दिमाग़ में जो तस्वीर उभरती है, उसके मुताबिक़ स्टूडियो में या कहीं बाहर मेकअप करवाकर टाई-कोट पहना हुआ एंकर किसी व्यक्ति से सवाल-जवाब कर रहा है और यह सिलसिला तुरन्त नहीं ख़त्म हो जाएगा। इसी में इंटरव्यू का फार्मेट या ढाँचा भी स्पष्ट हो जाता है। ढाँचा यह है कि एंकर बारी-बारी से सवाल करेगा और मेहमान जवाब देता जाएगा।

अब आइए, देखा जाए कि इंटरव्यू होते कितने प्रकार के होते हैं!

टीवी इंटरव्यू के प्रकार

हालाँकि टेलीविज़न पर ज़्यादा इंटरव्यू वे पसंद किए जाते हैं जिनमें मेहमानों को कठघरे में खड़ा किया जाए और फिर उनसे आक्रामक अन्दाज़ में असुविधाजनक सवाल किए जाएँ। मगर टेलीविज़न के लिए किए जाने वाले सभी इंटरव्यू इसी तरह के नहीं होते और न ही हो सकते हैं। इसकी वजह यह है कि हर इंटरव्यू का एक ही मक़सद नहीं होता। वे विषय की आवश्यकता और दर्शकों की पसंद के हिसाब से बदलते रहते हैं। एक एंकर के लिए यह जानना ज़रूरी होता है कि वह किस तरह का इंटरव्यू करने जा रहा है। इसलिए आइए, पहले यह देखते हैं कि इंटरव्यू किस-किस तरह के होते हैं!

टेलीविज़न इंटरव्यू को अंतर्वस्तु के लिहाज़ से तीन हिस्सों में बाँटा जा सकता है—

1. जानकारी देने और शिक्षित करने वाले इंटरव्यू,
2. सच उगलवाने वाले इंटरव्यू और
3. मनोरंजन करने वाले इंटरव्यू।

1. जानकारी देने वाले इंटरव्यू

जानकारी देना और शिक्षित करना टेलीविज़न के मूल उद्देश्यों में माना जाता है। लेकिन अगर न्यूज़ चैनल इन उद्देश्यों को नज़रअन्दाज़ करते हैं तो भी उनके सामने ऐसे मौक़े बार-बार आते रहते हैं जब उन्हें अपना ध्यान इस पर केंद्रित करना होता है कि दर्शकों को कैसे ज़्यादा से ज़्यादा जानकारी दी जाए और उन्हें शिक्षित भी किया जाए, क्योंकि तब दर्शकों को यही चाहिए होता है। मसलन, जब कभी कोई हादसा हो जाता है तो दर्शक उस हादसे के बारे में तमाम जानकारी पाने को व्यग्र हो जाते हैं। वे हादसे के कारणों के बारे में जानना चाहते हैं, उस हादसे का कितना और कैसा असर हुआ और कौन उसके लिए ज़िम्मेदार हो सकते हैं,

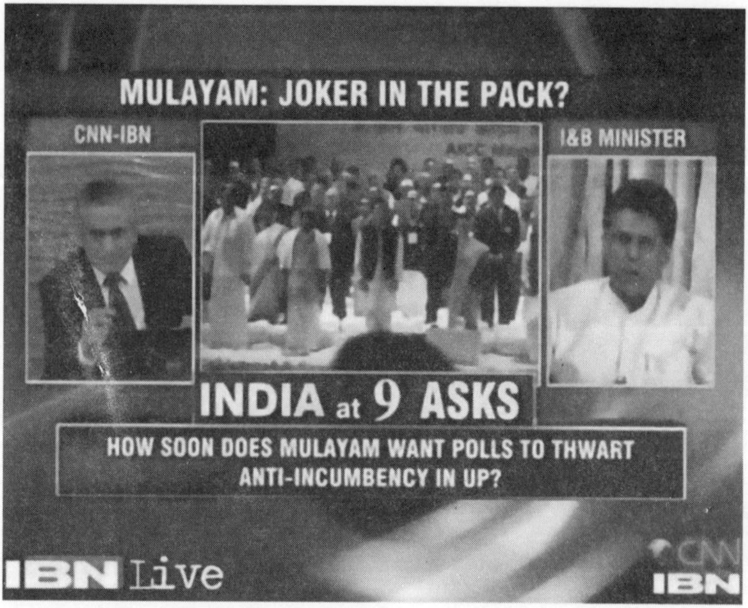

इन सब मसलों पर सूचनाएँ चाहते हैं। यही हाल अच्छी घटनाओं के मौक़ों पर भी हो सकता है। किसी संघर्षपूर्ण क्रिकेट मैच में जीत मिलने के बाद दर्शकों को उसके हर विवरण में दिलचस्पी जाग जाती है। वे जानना चाहते हैं कि किसने कितने विकेट लिये, कितने रन बनाए, कितने चौके-छक्के उड़ाए गए और कैसे यह जीत सम्भव हुई। इसी तरह अगर कोई भारतीय अंतरिक्ष यात्रा पर जा रहा होता है तो लोग उसके बारे में और अंतरिक्ष मिशन के बारे में विस्तार से जानना चाहेंगे। यहाँ जानकारी और शिक्षा दोनों मोर्चों पर काम किया जाता है।

शिक्षा एवं शिक्षाप्रद इंटरव्यू

शिक्षापरक इंटरव्यू भले ही न्यूज़ चैनलों में उतने न दिखते हों मगर उनकी तादाद बहुत अधिक होती है। इनमें करियर और सीधे-सीधे पढ़ाई-लिखाई से लेकर पाक विद्या तक सब कुछ समा जाता है। नये उत्पादों के बारे में इंटरव्यू जानकारी के साथ-साथ शिक्षित करने का काम भी करते हैं। जब किसी सफल व्यक्ति से मुलाक़ात करवाई जाती है तो उससे उसकी सफलता के राज़ पूछे जाते हैं जो कि दूसरों के लिए शिक्षा का काम करते हैं।

न्यूज़ चैनलों में भी बहुत से इंटरव्यू केवल सूचना और शिक्षा के नज़रिए से होते हैं। चुनाव के दौरान राजनीति और चुनाव से जुड़े ऐसे बहुत से कार्यक्रम होते

हैं जो कि केवल सूचित और शिक्षित करने का काम करते हैं। यहाँ तक कि मंत्रियों और अफ़सरों के इंटरव्यू भी दो तरह के होते हैं। हालाँकि हमेशा उम्मीद की जाती है कि एंकर उनको रगड़े, उनसे ऐसे सवाल करे जिनसे उसकी कलई उतर जाए, या वह सच्चाई उगलने को बाध्य हो जाए, मगर हमेशा ऐसा नहीं होता। कई बार उनके इंटरव्यू किसी योजना या नीति के बारे में विस्तार से जानकारी लेने के लिए भी किए जाते हैं। उस समय मक़सद यह होता है कि दर्शकों को ज़्यादा से ज़्यादा जानकारी दी जाए, बस। उदाहरण के लिए, आम बजट के बाद वित्तमंत्री के इंटरव्यू दो तरह से किए जा सकते हैं। एक तो बजट की खूबियों और ख़ामियों को लेकर और दूसरे, बजट में की गई घोषणाओं को विस्तार से बताने और समझने-समझाने के लिए।

सूचना और शिक्षा से जुड़े इंटरव्यू की तैयारियाँ भी इसके हिसाब से ही की जाती हैं। अव्वल तो इंटरव्यू करने वाले को उस विषय की, जिस पर उसे बातचीत करनी है, अच्छी नहीं तो ठीक-ठाक जानकारी होनी चाहिए । इसके बाद उस व्यक्ति के बारे में उसे जानकारी इकट्ठी करनी चाहिए जिसका उसे इंटरव्यू लेना है, क्योंकि तभी उसे अन्दाज़ा हो पाएगा कि वह किस तरह की जानकारी दे सकता है। इसके बाद उसे यह तय करना चाहिए कि दर्शकों के लिए कौन-सी जानकारी उपयोगी हो सकती है और उसके लिए किस तरह के सवाल किए जा सकते हैं। इंटरव्यू के पहले मेहमान के साथ कार्यक्रम और उसके विषय में चर्चा कर लेने से भी बहुत सारी चीज़ें साफ़ हो जाती हैं और वे इंटरव्यू को सही ढंग से करने में मदद करती हैं। लेकिन कई बार इसके लिए समय नहीं होता और तब एंकर को अपनी सहज बुद्धि, ज्ञान एवं पत्रकारीय समझ के सहारे ही आगे बढ़ना होता है।

2. सच्चाई उगलवाने वाले इंटरव्यू

एक समय था जब दर्शक वर्ग ऐसे इंटरव्यू बहुत पसंद करता था जिनमें नेताओं, अफ़सरों और मंत्रियों की खिंचाई की जाती थी। दर्शकों की रुचियाँ आज बदल गई हैं या चैनलों ने उनकी रुचियों को बदल दिया है। इसलिए अब ऐसे इंटरव्यू बहुत कम देखने को मिलते हैं। लेकिन सच्चाई यही है कि यह इंटरव्यू की सबसे कठिन श्रेणी है। ऐसे इंटरव्यू वही एंकर कर सकते हैं जिन्हें विषय और व्यक्तियों की अच्छी समझ तो हो ही, इसके अलावा जिसमें कड़े प्रश्न करने की हिम्मत हो और जिसे सही जवाब निकलवाने के गुर आते हों। आइए, पहले इस इंटरव्यू के चरित्र को भली भाँति समझ लिया जाए!

सबसे पहले तो यह कि हर व्यक्ति चाहे वह आम हो या ख़ास हमेशा कुछ चीज़ों को छिपाना चाहता है और कुछ चीज़ों को प्रचारित-प्रसारित करना चाहता है। वह नहीं चाहता कि उसकी नकारात्मक बातें लोगों के सामने आएँ—वे चाहे उसके भ्रष्ट आचरण से जुड़ी हुई हों, उसकी अक्षमताओं को उजागर करती हों या ऐसी जानकारियाँ हों जो उसके हितों को किसी भी तरह से नुक़सान पहुँचा सकती हों। सार्वजनिक जीवन या प्रशासन से जुड़े लोग बहुत मर्तबा जवाबदेही से बचने की कोशिश करते हैं क्योंकि इससे उन पर मुसीबत आ सकती है। जनहित का तकाज़ा होता है कि उक्त चीज़ों को सामने लाया जाए। लोगों को बताया जाए कि उनसे कहाँ

चूक हुई, या कि फलाँ व्यक्ति असल में कैसा है। इस तरह के रहस्यों से परदा हटाना, ज़िम्मेदार लोगों की कलई को खोलना, उनके पाखंड को तोड़ना पत्रकारिता का दायित्व हो जाता है। इंटरव्यू में एंकर यही करता है। इस दायित्व को पूरा करने के लिए इंटरव्यू के ज़रिए, एंकर में किस तरह की योग्यताएँ होनी चाहिए, आइए, अब उस पर ग़ौर करते हैं! इससे जुड़ी बहुत सारी चीज़ें हम एंकर की सामान्य योग्यताओं के सन्दर्भ में पहले ही बता चुके हैं। आइए, अब देखते हैं कि उनके अलावा और किस तरह की ख़ूबियाँ एंकर में होनी चाहिए!

रणनीति की जरूरत

पहले तो यह जान लीजिए कि इस तरह के इंटरव्यू एक तरह की जंग होते हैं। इनमें एंकर मेहमान पर अपने सवालों से हमला करता है और मेहमान बचने की कोशिश करता है। इस लड़ाई को अगर जीत-हार के अर्थ में न देखा जाए तो भी अंत में यह तो देखा ही जाता है कि एंकर कहाँ तक मेहमान को संकट में डालने और उससे वे बातें निकलवाने में कामयाब हुआ है जिन्हें वह नहीं बताना चाहता था। इसी के आधार पर इंटरव्यू की सफलता मापी जाती है और एंकर की योग्यता भी निर्धारित होती है।

ऐसे में इंटरव्यू की कामयाबी के लिए ज़रूरी हो जाता है कि एंकर अपने सवालों को इस तरह से गढ़े और पूछे कि मेहमान उनसे बचने न पाए। सवाल छोटे

और पैने होने चाहिए। परिस्थिति के अनुसार उन्हें अदला-बदला जाना चाहिए। सवालों को ऐसी जगह चोट करनी चाहिए जिससे मेहमान एकदम से सच बोलने को बाध्य हो जाए। कभी-कभी कहना पड़ता है कि आप सच नहीं बोल रहे हैं और हक़ीक़त यह है...वगैरह-वगैरह। कई बार मेहमान एंकर पर हावी होने के लिए आक्रामक रुख़ अख़्तियार कर लेते हैं और तब एंकर को विनम्र बनते हुए दृढ़ता के साथ सवालों का सिलसिला जारी रखना होता है। लेकिन ऐसा तभी सम्भव हो सकता है जबकि एंकर के पास पूरी और पक्की जानकारी हो। वह तथ्यों से लैस हो। मेहमान के अतीत-वर्तमान से परिचित हो, अन्यथा मेहमान को प्रतिप्रश्न करने या उलटवार करने का मौक़ा मिल जाएगा, वह एंकर पर हावी हो जाएगा और ऐसा होने का मतलब है सत्यानाश। इस तरह के इंटरव्यू में मेहमान को घेरने की एक रणनीति एंकर पहले से बनाकर चलता है। मगर इंटरव्यू के दौरान भी लगातार वह जाल बुनता रहता है। दोनों के बीच शतरंज की बिसात बिछी होती है और एंकर लगातार बादशाह को घेरने की फ़िराक़ में लगा रहता है। यह चूहे-बिल्ली के खेल जैसा भी होता है।

हाज़िर सवाली से काम लें

ऐसे इंटरव्यू में पहले से रटे-रटाए सवालों से काम नहीं चलता। हाँ, मोटे-मोटे सवाल एंकर के दिमाग़ में ज़रूर होते हैं। मगर यहाँ हाज़िर सवाली ही काम आती है। मेहमान के जवाब से सवाल निकालना और फिर उसी में उसे लपेटकर उससे

सच्चाई क़बूलवाने का हुनर एंकर के पास होना चाहिए। यहाँ भाषा पर अधिकार बहुत काम आता है। जिन एंकर के पास भाषा की समझ होती है, वे उसका बड़ी अच्छी तरह इस्तेमाल करके मेहमान को मुश्किल स्थितियों में डाल सकते हैं। शब्दों के कई-कई अर्थ होते हैं और वाक्यों को थोड़ा सा घुमा देने भर से उसके नये अर्थ निकलने लगते हैं। यहीं मेहमान की आंगिक भाषा (बॉडी लैंग्वेज़) की

समझ और इंटरव्यू में उसका इस्तेमाल भी एंकर की योग्यता में जुड़ जाता है। कई बार मेहमान कह कुछ रहा होता है और उसकी आंगिक भाषा सच्चाई की चुग़ली कर रही होती है। चतुर एंकर इसे तुरन्त पकड़ लेता है और फिर मेहमान को घेरने में देरी नहीं करता है।

लेकिन यह ध्यान रहे कि इस तरह के इंटरव्यू में जहाँ आक्रामकता की ज़रूरत होती है, वहीं एक तरह की शालीनता भी आवश्यक होती है। कई लोग आक्रामकता का मतलब ज़ोर-ज़ोर से बोलने और अपनी बात को सही साबित करने की ज़िद को ही आक्रामकता का पर्याय मानते हैं, जबकि ऐसा है नहीं। आप विनम्र होते हुए भी आक्रामक हो सकते हैं। आप हाव-भाव से यह ज़ाहिर कर सकते हैं कि आप सही जवाब से कुछ कम पर समझौता करने वाले नहीं हैं। मेहमान जब टाल-मटोल करता है तो आप अपने सवाल को बार-बार दोहराकर या उसे अलग-अलग ढंग से पूछकर अपने कड़े तेवर का इज़हार कर देते हैं और ऐसा करते हुए भी आपके चेहरे पर मुस्कान रह सकती है। दरअसल, आक्रामकता इंटरव्यू लेने वाले के सवालों से आती है। सटीक सवाल अपने-आपमें आक्रामक होते हैं।

बहुत से इंटरव्यू लेने वाले आक्रामक दिखने के चक्कर में असंगत हो जाते हैं। वे बेतुके सवाल करने लगते हैं, या मेहमान को बोलने ही नहीं देते। यह दर्शकों को अरुचिकर लग सकता है। सही जवाब देने वाले मेहमान को बेवजह कमज़ोर साबित करना ग़लत संदेश देता है। ऐसे में वह आहत होकर बदला लेने पर आमादा हो सकता है और एंकर को ऐसी परिस्थिति में डाल सकता है जो उसकी किरकिरी करती हो।

3. मनोरंजन करने वाले इंटरव्यू

न्यूज़ चैनलों में आजकल मनोरंजक इंटरव्यू की भरमार हो गई है। यह कहना ज़्यादा ठीक होगा कि गम्भीर विषयों पर होने वाले इंटरव्यू भी मनोरंजन में तब्दील कर दिये जाते हैं। यह इंटरव्यू अधिकतर तो सेलेब्रिटी-केंद्रित होते हैं। फ़िल्म, फ़ैशन, संगीत या खेल की दुनिया की जानी-पहचानी हस्तियों को बैठाकर हल्के-फुल्के सवाल करना, थोड़ी-बहुत चुहलबाज़ी, कुछ भावनात्मक प्रसंगों की रचना और बीच-बीच में गाने-वाने का सिलसिला भी चलाते रहना—इन इंटरव्यू की विशेषता होती है।

लेकिन मनोरंजक इंटरव्यू भी अच्छे ढंग से किए जा सकते हैं। उन्हें दिलचस्प बनाए रखते हुए गहराई और गम्भीरता पैदा की जा सकती है। हमेशा यह याद रखना चाहिए कि विषय कोई भी हल्का या गंदा नहीं होता। वह ऐसा तभी बनता है जब हम उसे अपने अज्ञान या अक्षमता से बनाते हैं। बहुत से लोग गम्भीर विषयों और अच्छे

मेहमानों के बावजूद इंटरव्यू को घटिया बना देते हैं, जबकि कुछ हल्के-फुल्के विषयों से भी महत्त्वपूर्ण बातें निकालकर दर्शकों के सामने रख देते हैं। कुल मिलाकर दारोमदार इंटरव्यू लेने वाले पर होता है।

मनोरंजक इंटरव्यू भी दो तरह के होते हैं—

1. **व्यक्ति केंद्रित :** इस तरह के इंटरव्यू में पूरा फोकस मेहमान पर होता है। मेहमान की निजी पसंद-नापसंद, उसकी उपलब्धियों, उसके संघर्षों आदि के बारे में सवाल-जवाब किए जाते हैं। उदाहरण के लिए अगर किसी फ़िल्म कलाकार को महत्त्वपूर्ण पुरस्कार मिला है तो उस समय वह व्यक्ति ही इंटरव्यू के केंद्र में होगा न कि पुरस्कार। पुरस्कार का केवल ज़िक्र होगा।

2. **विषय केंद्रित :** विषय केंद्रित इंटरव्यू में बातचीत किसी विषय पर होती है। मसलन, अगर म्यूज़िक एलबम की अश्लीलता पर बातचीत होनी है तो बावजूद इसके कि स्टूडियो में शाहरुख़ ख़ान या ऐश्वर्या रॉय क्यों न हों, सवाल-जवाब इन मेहमानों को लेकर नहीं होंगे, वे विषय पर ही केंद्रित हो जाएँगे।

हालाँकि इंटरव्यू को हमने दो वर्गों में विभाजित कर दिया है मगर ऐसी कोई रेखा नहीं खींची गई है कि दोनों के चरित्र बिलकुल तय हैं और उनसे हिला नहीं जा सकता। कई बार दोनों तरह के इंटरव्यू आपस में मिल जाते हैं। इंटरव्यू के दौरान

एंकर जब देखता है कि विषय पर बातचीत ढंग से आगे नहीं बढ़ रही है तो वह पैंतरा बदलकर दूसरी तरह के सवाल करने लगता है या कभी-कभी व्यक्ति केंद्रित इंटरव्यू में मेहमान ऐसी बात कह देता है कि फिर एंकर उसी विषय पर बातचीत केंद्रित कर देता है। यहाँ मुख्य बात यह हो जाती है कि कैसे इंटरव्यू की रोचकता को बनाए रखा जाए।

इंटरव्यू की तैयारियाँ

अब तक यह तो स्पष्ट हो गया होगा कि इंटरव्यू आधारित कार्यक्रमों में सफलता की कुंजी इंटरव्यू लेने वाले के हाथ में होती है। अगर यह कहा जाए कि ऐसे कार्यक्रम संचालक के ही शो होते हैं तो ग़लत नहीं होगा। इसीलिए कोई भी चैनल या प्रोडक्शन हाउस एंकर का चयन बहुत ही सोच-समझकर करते हैं। लेकिन ऐसे शो एंकर पर भी अतिरिक्त दबाव पैदा कर देते हैं क्योंकि वह शो का हीरो होता है और अगर हीरो ने अपना किरदार ढंग से नहीं निभाया तो कार्यक्रम भी फ़्लॉप हो जाएगा। कार्यक्रम की असफलता का दोष भी उसी पर मढ़ा जाएगा और बाक़ी चीज़ें

अनदेखी कर दी जाएँगी। कोई यह नहीं देखेगा कि मेहमान अच्छे बोलने वाले नहीं थे इसलिए बात नहीं बनी या कार्यक्रम के अन्य तत्त्वों की वजह से अपेक्षित प्रभाव पैदा नहीं हो सका। एंकर को यह छूट भी नहीं मिलती कि कार्यक्रम के मेहमान या विषय उसकी पसन्द के थे या नहीं। उसे तो हर तरह के विषयों और मेहमानों से भिड़ना होता है। हाँ, इसके लिए जिस तरह की तैयारियों की ज़रूरत होती है, उसमें उसे किसी तरह की कोर-कसर नहीं रखनी चाहिए।

इंटरव्यू की तैयारी के सूत्र

1. किसी भी इंटरव्यू को करने से पहले यह तय करना बहुत ज़रूरी है कि वह किया क्यों जा रहा है। अगर मक़सद जानकारी निकलवाना है और आप उसे मनोरंजक बनाने में जुट जाएँगे तो आपकी क़वायद बेकार जाएगी। आप भटक जाएँगे और इंटरव्यू दिशाहीन होगा। इसलिए सबसे पहले यह तय करें कि इंटरव्यू से हासिल क्या करना है।
2. अच्छे इंटरव्यू के लिए ज़रूरी है कि विषय को अच्छी तरह से समझ लिया जाए। विषय के विभिन्न पहलुओं की ठोस जानकारी होना परम आवश्यक है। ख़ास तौर पर तथ्यों-कथ्यों को अच्छी तरह से जाँच-परख लेना चाहिए। एक भी ग़लतबयानी मनोवैज्ञानिक स्तर पर आपको कमज़ोर ज़मीन पर ढकेल सकती है और मेहमान आप पर हावी हो सकता है।

3. कई बार विषय बहुत विस्तृत होता है और उसके सभी पहलुओं पर सीमित समय में बात करने का मतलब है इंटरव्यू का सत्यानाश। इसलिए चुनिंदा पक्षों को ही उठाना ठीक होता है।

4. मेहमान के बारे में पूरी जानकारी होनी चाहिए। वह कौन है, उसका अतीत क्या था, उसकी विचारधारा क्या है, उसकी कमज़ोरियाँ और ताक़त क्या हैं—इन सबका पता इंटरव्यू करने वाले को होना चाहिए।
5. इंटरव्यू करने वाले को एक पूर्वानुमान होना चाहिए कि उसके सवाल के जवाब में मेहमान क्या कहेगा और वह जो बोलेगा, उसके अनुसार उसका अगला सवाल क्या होना चाहिए। इसी को ध्यान में रखकर सवालों की तैयारी कर लेनी चाहिए।
6. उस विषय से सम्बन्धित तकनीकी शब्दों को अच्छे से समझ लें।
7. आप चाहें तो सवाल लिख लें, मगर बेहतर हो कि आप उन पर निर्भर न करें। लिखे हुए सवालों पर निर्भरता कई बार घातक होती है, क्योंकि मेहमान एक ऐसा जवाब दे देता है कि कई सवालों के जवाब उनमें होते हैं या कई सवाल फिर बेमानी हो जाते हैं। तय सवालों पर किए गए इंटरव्यू नीरस भी होते हैं, क्योंकि दर्शक अनुमान लगाने लगता है कि अब यह सवाल पूछा जाएगा और इंटरव्यू से सस्पेंस चला जाता है। इंटरव्यू वही अच्छे होते हैं जिनमें जवाब के आधार पर सवाल गढ़े जाएँ और पूछे जाएँ।
8. इंटरव्यू की भाषा बोलचाल की होनी चाहिए और सवाल करने का अन्दाज़ भी बातचीत करने जैसा होना चाहिए।
9. सवाल संक्षिप्त और सधे हुए होने चाहिए। उनमें बहुत ज़्यादा ज्ञान बघारने की कोशिश नहीं करनी चाहिए।

कैमरे के सामने

इंटरव्यू की पूर्व तैयारी तो ज़रूरी होती है मगर केवल उससे बात नहीं बनती। इंटरव्यू एक जीवंत विधा है और इसकी जीवंतता तभी बनी रह सकती है जबकि उसे उसी अन्दाज़ में किया जाए। ऐसे में आपका दिखना, आपकी आंगिक भाषा और इंटरव्यू करने का ढंग—सब कुछ महत्त्वपूर्ण हो जाता है। कैमरे के सामने इन चीज़ों का अवश्य ध्यान रखना चाहिए—

1. दर्शक एक झलक में ही समझ जाएगा कि एंकर कितना समझदार और विश्वसनीय है। अगर आपकी टाई टेढ़ी बँधी है, बाल बिखरे हुए हैं या फिर चेहरे पर हवाइयाँ उड़ रही हैं तो दर्शक आप पर भरोसा नहीं कर सकता, वह तुरन्त चैनल बदल लेगा।
2. वेशभूषा का चुनाव इंटरव्यू के विषय और मेहमान को ध्यान में रखकर किया जाना चाहिए। गम्भीर विषय पर बहुत फ़ैशनेबल कपड़े और आभूषण अटपटे लगेंगे।

3. हमेशा मेहमान की आँखों में देखना चाहिए। कैमरे की तरफ़ या फिर इधर-उधर देखने से दर्शक का भी ध्यान बँटता हैं और उसे यह भी लगता है कि आप गम्भीर नहीं हैं। पैरों को हिलाकर या गला खँखारकर अपने कमज़ोर आत्मविश्वास का परिचय न दें।
4. टेप रोल होने के बाद हमेशा याद रखें कि हर आवाज़ रिकॉर्ड हो रही है। लाइव इंटरव्यू की स्थिति में इंटरव्यू ख़त्म होने के बाद भी आपको चौकन्ना रहना चाहिए।
5. कैमरे के सामने आपको तनाव मुक्त दिखना चाहिए। कितना भी महत्त्वपूर्ण मेहमान हो, अनावश्यक उत्तेजना न दिखाएँ। कैमरे के सामने आपके लिए वह एक मेहमान भर है जिसका अच्छा इंटरव्यू आपको करना है।
6. जहाँ ज़रूरी हो, हाथों की हरकतों का सहारा लें, मगर बहुत ज़्यादा नहीं।
7. कैमरे के सामने आप अभिनय भी करते हैं मगर उसमें नाटकीयता कतई नहीं झलकनी चाहिए। चेहरे के भाव और आंगिक भाषा का आवश्यकतानुसार इस्तेमाल करें।
10. आवाज़ की पिच एक ऊँचाई पर होनी चाहिए और शब्दों तथा वाक्यों में जहाँ ज़रूरी हो, ज़ोर दिया जाना चाहिए।
11. इंटरव्यू कैसे शुरू करना है, यह पहले से तय होना चाहिए। अगर कैमरे को देखकर विषय और मेहमान का परिचय देना है तो उसकी तैयारी और रिहर्सल कर लेनी चाहिए।
12. अगर आप इंटरव्यू लेने की शुरुआत ही कर रहे हैं तो बेहतर होगा कि किसी को बैठाकर अभ्यास कर लें। रिकॉर्डेड इंटरव्यू को बार-बार देखें और दूसरों को दिखाकर सुधार करें।

इंटरव्यू लेने की रणनीति

किसी भी व्यक्ति को इंटरव्यू करने की एक रणनीति बनाकर चलना ठीक होता है। यह और बात है कि ये रणनीतियाँ कई बार धरी की धरी रह जाती हैं, क्योंकि कई जवाब इंटरव्यू लेने वाले को विवश कर देते हैं कि वह तयशुदा सवालों के बजाय दूसरे सवाल करे। फिर भी रणनीति का महत्त्व कम नहीं हो जाता, यह एक ठोस आधार तो दे ही देती है। फिर इस रणनीति में वार करने के अलावा मेहमान के पलटवार से बचने के गुर भी शामिल होते हैं। अगर एंकर इनके लिए तैयार नहीं होता है तो वह अटपटी स्थितियों में फँस जाता है।

1. **इंटरव्यू करने के पहले अपने आपसे यह पूछें कि आप मेहमान से क्या चाहते हैं? उससे ज़्यादा से ज़्यादा गाने सुनना चाहते हैं या ऐसी बातें उगलवाना चाहते हैं जिन्हें वह बताना नहीं चाहता? दिमाग़ में**

यह बात साफ़ रहने से इंटरव्यू को आप बेहतर ढंग से संयोजित कर सकते हैं।

2. विषय और मेहमान के रुख़ को देखकर अपने अस्त्रों का प्रयोग करें। अगर मेहमान शालीन और शान्त है तो आपकी आक्रामकता नकारात्मक प्रभाव पैदा करेगी। ऐसे में ख़ुद को शान्त रखते हुए धीरे-धीरे उसे बोलने के लिए उकसाया जा सकता है।

3. सवालों के जवाब लेने की कोशिश ज़रूर करें। अक्सर मेहमान असुविधाजनक सवालों को टालने की कोशिश करते हैं, आपका काम है उन्हें बचकर न जाने देना।
4. पूरे चौकन्नेपन के साथ मेहमान के जवाब सुनें। उसमें आपको ऐसी कई चीज़ें मिल सकती हैं जो अगले प्रश्न का आधार बन सकती हैं।
5. जैसे मकड़ी शिकार के लिए ताना-बाना बुनती है, वैसे ही एंकर को भी सवालों के ज़रिए घेरेबन्दी करते रहना चाहिए।
6. मेहमान को अपने ऊपर हावी मत होने दीजिए। अगर किसी प्रसंग पर वह आप पर भारी पड़ रहा है तो फ़ौरन बातचीत को उस तरफ़ मोड़ दीजिए जो उसका कमज़ोर पहलू है।
7. मेहमान के साथ दोस्ताना व्यवहार कीजिए। उसे पूरा सम्मान दीजिए, मगर विनम्रता का मतलब कमज़ोरी नहीं है। कहीं से भी यह मत ज़ाहिर होने दीजिए कि आप उससे कड़े सवाल नहीं करेंगे या उसे बख़्श देंगे।
8. कई बार मेहमान उलटकर सवाल कर देते हैं और एंकर को ही लपेटने की कोशिश करते हैं। ऐसी स्थिति से निकलने की तैयारी

होनी चाहिए। कहा जा सकता है कि फिलहाल आपको सवालों के जवाब देने हैं, इसलिए मेरे विचारों को छोड़िए और आप बताइए कि...

9. समय सीमा के हिसाब से मुद्दों को उठाइए। ऐसा न हो कि आप ढेर सारे मुद्दे उठाने के चक्कर में एक भी मुद्दे पर ढंग से बात न कर पाएं।
10. मेहमान को कार्यक्रम का इस्तेमाल मत करने दीजिए। हालाँकि हल्के-फुल्के विषयों या फिर जनहित के मामलों में उन्हें मौक़ा देना चाहिए। मगर नेतागण अक्सर कार्यक्रम में अपने मतदाताओं को सम्बोधित करने लगते हैं या फिर ख़ुद को साफ़-सुथरा घोषित करने लगते हैं। कई बार वे विपक्षी दलों और उनके नेताओं पर हमले के लिए कार्यक्रम का उपयोग करने की कोशिश करते हैं। उन्हें वहीं रोक देना चाहिए।
11. कई बार मेहमान से कड़े सवाल करने होते हैं और आशंका होती है कि कहीं वह नाराज़ न हो जाए। ऐसे में दूसरों के कंधे पर रखकर गोली दागी जा सकती है। मसलन, पूछा जा सकता है कि विपक्षी दलों ने आप पर आरोप लगाया है कि आपने...।
12. अक्सर मेहमान लम्बे उत्तर देते हैं। ऐसे में उन्हें बीच में रोककर वापस विषय पर लाना या अगला सवाल दागना चाहिए। आज के तेज़-तर्रार ज़माने में किसी व्यक्ति का लगातार बोलते जाना अच्छा नहीं माना जाता।
13. कई बार मेहमान ऐसे जवाब देते हैं जो आम दर्शकों की समझ से बाहर हो सकते हैं। ऐसे में बेहतर हो कि उन्हें आसान बनाकर दर्शकों को बताया जाए। अंग्रेज़ी में दिये गए जवाबों का हिन्दी में अनुवाद कर देना भी ठीक होता है।
14. इंटरव्यू के अंत में उसका सही ढंग से संक्षेप में निष्कर्ष ज़रूर दें और मेहमान का धन्यवाद भी अदा करें।

15. **ध्यान रहे, आप इंटरव्यू अपने लिए नहीं, दर्शक के लिए करते हैं। इसलिए एंकर को इस ढंग से सवाल करना चाहिए कि दर्शकों की कार्यक्रम में रुचि जाग्रत हो। एंकर को इसकी भी समझ होनी चाहिए कि दर्शकों की किन सवालों में ज़्यादा रुचि हो सकती है या मेहमान के किस जवाब को लम्बा या छोटा किया जाना चाहिए।**

इंटरव्यू एक ऐसी विधा है जो अभ्यास से सधती है और निखरती है। अनुभव की मँजाई इसमें सबसे ज़्यादा मददगार साबित होती है।

15

शब्दावली

अपमार्केट - संपन्न लोगों की रुचियों को प्रतिबिंबित करने वाला।

लुक एंड फील - चैनलों की दिखावट से पैदा होने वाला सौंदर्य बोध एवं भाव।

चैनल पैकेजिंग - चैनलों एवं उसके कार्यक्रमों को सुंदर बनाने के उपाय।

टेलीजेनिक - टेलीविज़न पर खूबसूरत दिखने वाले चेहरे। वास्तव में वे उतने सुंदर नहीं भी हो सकते हैं।

सेट्स - स्टूडियो को सुंदर एवं आकर्षक बनाने में इस्तेमाल होने वाली वे वस्तुएं जैसे टेबल, कुर्सी एवं पीछे के बनावटी हिस्से।

डेस्क - जहाँ समाचारों का चयन एवं निर्माण होता है।

कॉपी - समाचारों का लेखन।

पीसीआर - प्रोडक्शन कंट्रोल रूम, जहाँ से स्टूडियो की गतिविधियों का संचालन किया जाता है।

पैनल - पीसीआर के विभिन्न उपकरणों की श्रृंखला।

टेलीप्राम्पटर - एंकर इसी में देखकर ख़बरें पढ़ता है।

फोनो या फोन इन - फोन पर होने वाली वार्ता।

सिमसैट - संवाददाता से सीधी बातचीत।

लाइव - सीधा प्रसारण।

रिकार्डेड - प्रसारण के लिए पहले से रिकार्ड किया हुआ।

चैट - बातचीत, चर्चाएँ।

ओबी - आउटडोर ब्रॉडकास्ट वैन। इसका इस्तेमाल स्टूडियो से बाहर कार्यक्रम तैयार करने के लिए किया जाता है। इसके ज़रिए सीधा प्रसारण भी किया जाता है।

डीएसएनजी वैन - डायरेक्ट सैटेलाइट न्यूज़ गेदरिंग वैन। इसका उपयोग ख़बरों और कार्यक्रमों के सीधे प्रसारण के लिए किया जाता है।

वी सैट - सैटेलाइट के ज़रिए सीधे प्रसारण के लिए उपयोग में आने वाला उपकरण।

लीज़ लाइन - सीधे प्रसारण के लिए इस्तेमाल में होने वाली भूमिगत केबल, जो लीज़ पर मुहैया कराई जाती है।

लाइव कमेंट्री - किसी घटना या कार्यक्रम के समय की जाने वाली कमेंट्री।

फार्मेट - समाचारों एवं कार्यक्रमों को बनाने के विभिन्न रूप।

एंकर लिंक - एंकर द्वारा पढ़ी जाने वाली पंक्तियाँ।

वॉयस ओवर - किसी समाचार या कार्यक्रम में दृश्यों के साथ पढ़ी जाने वाली जानकारियाँ।

कंटेंट - सामग्री कार्यक्रम।

ब्रांडिंग - किसी कार्यक्रम, चैनल या व्यक्ति की पहचान को बाज़ार में स्थापित करने का तरीका।

वर्चुअल सेट्स - अवास्तविक सेट्स जो कंप्यूटर ग्राफिक्स के द्वारा तैयार किए जाते हैं।

❑❑❑